WERKEN UITGEGEVEN DOOR
DE LINSCHOTEN-VEREENIGING
XCII

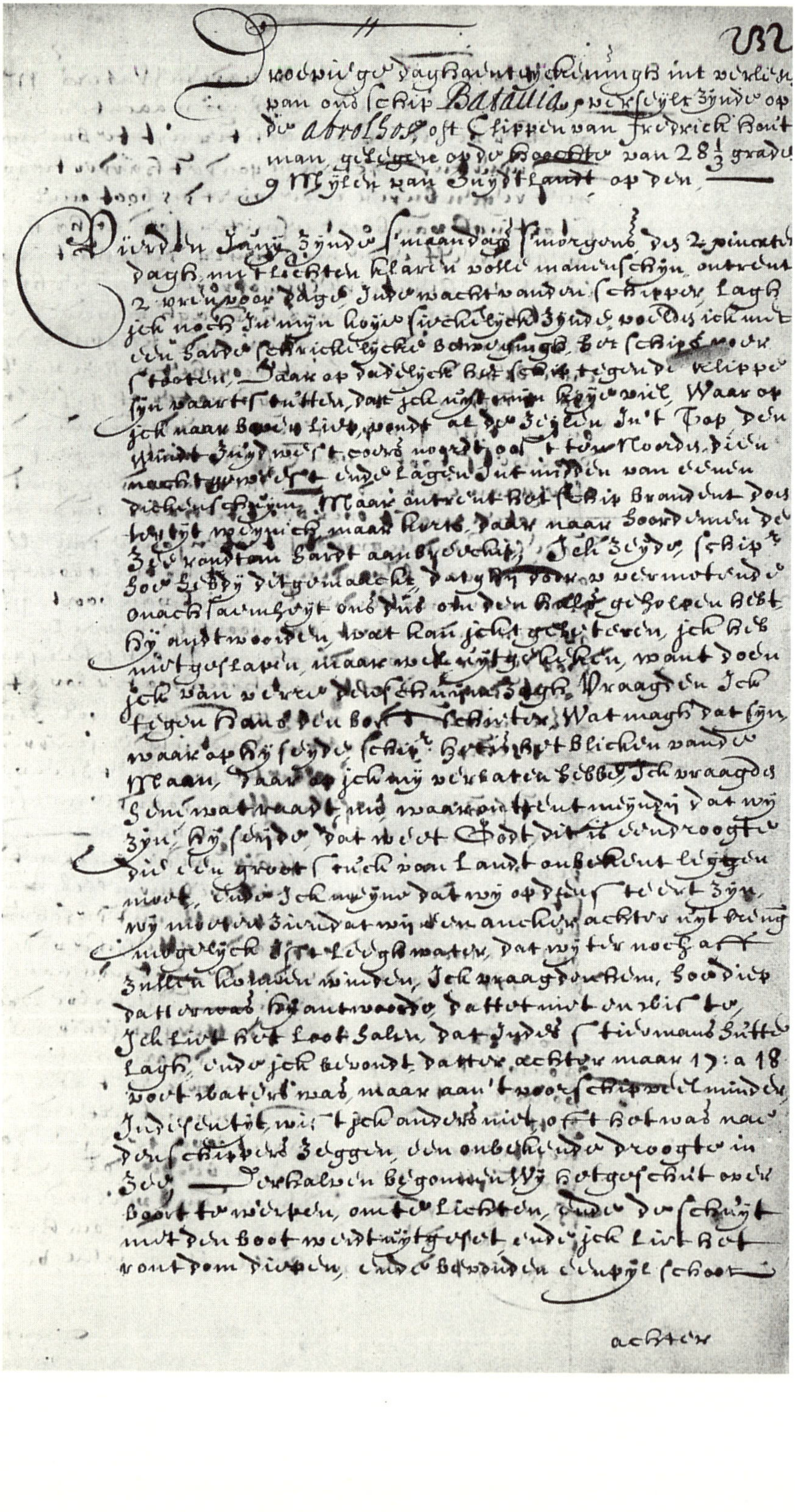
132

Droevighe dachaentekeningh int verlies
van ons schip Batavia, verseylt zijnde op
de abrolhos, oft clippen van Fredrick Hout
man, geleghen op de hoochte van 28 1/3 graden
9 Mylen van Zuydtlandt op den ——

Vierden Juny zijnde s'maendachs s'morgens des 2e pinxter
dagh, int lichten klaeren vollen maneschijn, ontrent
2 uren voor dage zijnde wacht van den schipper, lagh
ick noch in myn koye sieckelijck zijnde, voelde ick met
een harde schrickelijcke beweginge het schip voort
stooten, daer op dadelyck het schip tegen de klippe
syn vaerts stutten, dat ick uyt mijn koye viel, Waer op
ick naer boven liep, vondt al de zeylen int top, den
windt Zuydwest, coers noordtoost ten noorden, dien
nacht gevoert, ende lagen dus midden van een
wijde schuymen, maer ontrent het schip brandet dies
wijnich nogh, maer korts daer naer hoorde men de
zee van een hardt aenbrekende, Ick zeyde, schipper
hoe hebdy dit gemaeckt, dat wy door u vermetende
onachtsaemheyt ons dus om den hals geholpen hebt
hy andtwoorden, wat kan ickt gebeteren, ick heb
niet geslapen, maer wel uytgekeken, want doen
ick van verre dese schuym sagh, vraegden ick
tegen Hans den bootschieter, Wat magh dat syn
waer op hy seyde schipper het is het blicken van de
Maen, daer op ick my verlaten hebbe, Ick vraegde
hem wat raedt ende waer ontrent meyndy dat wy
zyn, hy seyde, dat weet Godt, dit is een droogte
die een groot stuck van Landt onbekent leggen
moet, ende ick meyne dat wy op d'eynde vant zyn
wy moeten zien dat wy een ancker achter uyt brengen
mogelijck is 't leggh water, dat wy ter noch af
zullen komen connen, Ick vraegde oock hem, hoe diep
dattet was, hy antwoorde, dattet niet en wiste
Ick liet het loot halen, dat zynde stiermans hutte
lagh, ende ick bevondt, datter achter maer 17 : a 18
voet water was, maer aen 't voorschip veel minder
Ick seyde tot wie t ick anders niet, oft het was nae
der schippers zeggen, een onbekende droogte in
zee —— Derhalven begonnen wy het geschut over
boort te werpen, om te lichten, ende de schuyt
met den boot werdt uytgeset, ende ick liet het
ront om diepen, ende bevonden een pyl schoot ——

achter

De schipbreuk van de *Batavia*, 1629

INGELEID DOOR

V. D. ROEPER

ZUTPHEN
WALBURG PERS
1993

Afbeelding stofomslag voorzijde: de moordpartij na de schipbreuk, uit:
Ongeluckige Voyagie, van't Schip Batavia, *1647.*
Afbeelding stofomslag achterzijde: een pagina uit het Pelsaert-journaal.
Afbeelding frontispice: eerste pagina van het Pelsaert-journaal, fol. 232r.

Ontwerp stofomslag: Marius Wagner

CIP-gegevens Koninklijke Bibliotheek Den Haag

Schipbreuk

De schipbreuk van de Batavia, 1629 / bezorgd door V.D. Roeper. - Zutphen : Walburg Pers.
-Ill. - (Werken uitgegeven door de Linschoten-Vereeniging, ISSN 0168-7107 ; 92)
Met index, lit. opg.
ISBN 90-6011-831-6 geb.
NUGI 645
Trefw.: Batavia (Oostindiëvaarder).

WOORD VOORAF

Met de uitgave van Francisco Pelsaerts manuscript over de gebeurtenissen tijdens en na de schipbreuk van het VOC-schip *Batavia* in 1629 voor de westkust van Australië, schenkt de Linschoten-Vereeniging voor de tweede maal aandacht aan het werk van deze illustere VOC-dienaar. In 1979 verscheen als deel LXXXI in de reeks Werken van de Linschoten-Vereeniging de eerste Nederlandse uitgave van Pelsaerts geschriften over het Mogol Rijk in India.

Het schijnt Pelsaerts lot geweest te zijn dat hij in de Engelse taal herontdekt moest worden. Al in 1925 en 1927 verschenen zijn geschriften over India in een Engelse vertaling en in 1964 publiceerde de Australische schrijfster Henriëtta Drake-Brockman een Engelse vertaling van Pelsaerts manuscript over de schipbreuk van de *Batavia* in haar boek *Voyage to Disaster. The Batavia Mutiny.* In haar inleiding behandelt zij allerlei bijzonderheden omtrent het schip, de opvarenden en de schipbreuk. Tot op heden is haar boek het standaardwerk geweest voor iedereen die de schipbreuk onderzocht. Dat waren in de eerste plaats diegenen die zich in Australië bezighielden met het lokaliseren van het scheepswrak en na de vondst ervan in 1963 met het bergen van voorwerpen en delen van het schip. De resultaten van het archeologisch onderzoek publiceerde J.N. Green in 1989 in zijn *Excavation report and artefact catalogue.* In de tweede plaats werd de geschiedenis van het schip onderzocht door de *Stichting Nederland bouwt VOC-retourschip,* die al enige tijd bezig is met het bouwen van een replica van een VOC-schip uit het begin van de zeventiende eeuw. De groei van de belangstelling voor de schipbreuk van de *Batavia* in ons land is hoofdzakelijk te danken aan het werk van deze stichting.

Een Nederlandse uitgave van Pelsaerts manuscript is hiermee gerechtvaardigd. Maar ook afgezien van deze populariteit verdient het manuscript de aandacht als bron van informatie over één van de meest zwarte bladzijden in de geschiedenis van de VOC. Dat de tekst in de tussenliggende 360 jaar aan kracht niets verloren heeft, zal een ieder merken die de tekst leest.

In deze uitgave wordt Pelsaerts tekst aangevuld met brieven en andere stukken over de schipbreuk. De tekst van de zeventiende-eeuwse 'bestseller' *Ongeluckige Voyagie, van't Schip Batavia* zal men hier echter niet vinden. Gebaseerd op een deel van Pelsaerts manuscript, kan het immers geen nieuwe informatie bieden, maar slechts herhalen wat al bekend was.

De inleiding besteedt achtereenvolgens aandacht aan de uitreding en de opvarenden van de *Batavia*, de reis van het schip van Texel tot Australië en de gebeurtenissen na de schipbreuk. Daarna wordt ingegaan op de aard en de totstandkoming van Pelsaerts manuscript en op de gedrukte teksten over de schipbreuk die in de zeventiende eeuw in Nederland verschenen.

Mijn dank gaat uit naar drs. R. van Gelder, mw. dr. E.S. van Eyck van Heslinga en dr. A.N. Paasman, die als Commissie van Toezicht het schrijven van dit boek begeleidden. Ook ben ik dank verschuldigd aan drs. R. Parthesius, prof. dr. D.H.A. Kolff en mw. A. Kieskamp, maar bovenal bedank ik D. Wildeman voor zijn hulp en steun bij het werken aan deze uitgave.

V. D. Roeper

INHOUD

LIJST VAN AFBEELDINGEN

DE SCHIPBREUK VAN DE *BATAVIA*, 1629

1 INLEIDING

Het nieuwe VOC-retourschip *Batavia* dat in oktober 1628 van de rede van Texel vertrok, zou Oost-Indië nooit bereiken. Na een reis van ruim zeven maanden liep het op een rif van de eilandengroep Houtmans Abrolhos voor de westkust van Australië. De muiterij, die door enkele opvarenden zorgvuldig was voorbereid, werd door de schipbreuk verhinderd. De meeste opvarenden overleefden de schipbreuk, en was het daar bij gebleven, dan zou het weliswaar een financiële tegenslag voor de VOC hebben betekend, maar de schipbreuk zou waarschijnlijk al snel vergeten zijn. Zo ging het echter niet. Terwijl de commandeur en enige officieren van het schip in een open boot naar Batavia voeren om hulp te halen, richtte een achtergebleven onderkoopman onder de overlevenden een grootscheepse en weloverwogen moordpartij aan. Met het plan het eerstvolgende schip dat langskwam te overmeesteren om er piraterij mee te gaan bedrijven, wilden hij en zijn handlangers het aantal overlevenden terugbrengen van 250 tot veertig sterke en betrouwbare mannen. Hoewel de moordpartij volgens plan verliep, slaagden ze er niet in om op het schip dat hen kwam redden de macht over te nemen. Toen zij door de teruggekeerde commandeur gevangen werden genomen, waren er reeds 125 mannen, vrouwen en kinderen omgebracht.

Al deze gebeurtenissen maakten de reis van de *Batavia* tot de gruwelijkste in de geschiedenis van de VOC. Het boek *Ongeluckige Voyagie, van't Schip Batavia* was in de zeventiende eeuw dan ook zeer populair.

Er is in deze inleiding niet naar gestreefd het verhaal tot in detail na te vertellen, maar voor een goed begrip van de bronnen is het wel noodzakelijk een chronologisch overzicht van de gebeurtenissen te geven en in te gaan op zaken die de gegeven bronnen niet beschrijven, zoals de gebeurtenissen tijdens de reis van de *Batavia*, de oorzaken van de schipbreuk en de moordpartijen, en de gerechtelijke procedures na het inrekenen van de moordenaars. Daarna wordt de totstandkoming van de gedrukte teksten over de schipbreuk behandeld. De afsluitende paragraaf handelt over de belangstelling voor de *Batavia* in onze tijd.

2 DE REIS VAN DE *BATAVIA*

2.1 De uitreding

De *Batavia* was één van de grootste schepen van de vloot die in het najaar van 1628 naar Oost-Indië zou vertrekken. Het charter voor dit schip werd in maart 1626 vastgesteld – het zou 160 voet lang, 12½ voet hol en 36 voet wijd worden[1] – en in 1628 was het schip juist gereed.[2] De lading van de *Batavia* en de andere schepen in de vloot zou niet afwijken van de gebruikelijke. In de eerste plaats ging er goud en zilver mee. Het geld en goud aan boord van de *Batavia* had een waarde van bijna 260.000 gulden.[3] Daarnaast vervoerde men allerlei Europese produkten die nodig waren in de VOC-posten in Azië. Bouwmaterialen, zoals de ca. 130 grote zandstenen blokken die te zamen een poort vormden, die de *Batavia* vervoerde, waren nuttige ballast.[4] Veel ruimte was nodig voor de opvarenden. Omdat in Azië gebrek was aan arbeidskracht, werden de schepen op de uitreis met zo veel mogelijk mensen bemand. De *Batavia* zou tweehonderd zeevarenden en honderd soldaten moeten vervoeren, 'ende meer, ist doenelijk'.[5]

In Amsterdam waren tot op het laatste moment onderhandelingen gaande tussen de Amsterdamse koopman Caspar Boudaen en Francisco Pelsaert, opperkoopman bij de VOC. Pelsaert had in dienst van de Compagnie zeven jaar in India doorgebracht en was daardoor goed op de hoogte van de produkten die daar gewild waren. Grootmogol Jahangir die India toen regeerde, hield veel van kostbare westerse artikelen. Jahangir had aan de vertegenwoordigers van de VOC in India laten vragen of er namens hem een handelaar als passagier met de VOC-schepen naar Europa mocht reizen om daar dergelijke zaken in te kopen. Dit werd hem echter geweigerd.[6] Pelsaert wist dus dat wat de VOC aan luxe-produkten in zou voeren, zeker verkocht kon worden. Er werden rijk bewerkte zilveren schalen en ander serviesgoed vervaardigd, en aan boord van de *Batavia* meegenomen. Boudaen bood namens de Antwerpse schilder Rubens een zeer kostbaar juweel te koop aan: een Romeinse camee van een uitzonderlijk groot formaat, die in het begin van de derde eeuw gesneden was.[7] Boudaen kreeg toestemming het juweel mee te geven aan Pelsaert, die bij de verkoop als tussenpersoon zou optreden. De VOC zou 28% van de verkoopprijs ontvangen.[8] Vlak voor het vertrek van de vloot werd de camee aan boord van de *Batavia* gebracht; het schip waarop Pelsaert zelf meevoer.

Op 26 oktober zag het er naar uit dat de vloot snel kon vertrekken, maar de commandeur van de vloot, Jaques Specx, had meer tijd nodig om zijn zaken in Nederland af te handelen en daarom werd besloten de

2. *Vermeend portret van Fransisco Pelsaert. Uit: Drake-Brockman,* Voyage to Disaster, *1964, t.o. p. 78. Ets naar een 17e-eeuwse gravure.*

schepen die klaar waren alvast uit te sturen. Francisco Pelsaert kreeg het commando over de vertrekkende schepen, maar mocht Specx onderweg de vloot van Pelsaert inhalen, dan stond vanaf dat moment de hele vloot weer onder commando van Specx.[9]

2.2 De opvarenden

Naar de eis van de Heren XVII waren er aan boord van de *Batavia* zo veel mogelijk mensen. Behalve zeelui en soldaten voeren er kooplieden, ambachtslieden en passagiers mee. De 303 mannen en jongens aan boord waren allen in dienst van de Compagnie; de 38 vrouwen en kinderen werden tot de passagiers gerekend. Zij vergezelden hun echtgenoten en vaders, meest ambachtslieden en soldaten, en zouden zich in Oost-Indië vestigen. In totaal telde de *Batavia* 341 opvarenden.[10]

2.2.1 Francisco Pelsaert[11] Voor Francisco Pelsaert werd het zijn tweede reis naar Azië. In 1616 was hij op 21-jarige leeftijd als assistent[12] uitgevaren en had tien jaar in Azië doorgebracht.

Voordat Pelsaert dienst nam bij de VOC woonde hij in Antwerpen met zijn moeder Barbara van Ganderheyden en zijn zusjes Anna en Oeyken.[13] Zijn vader was al overleden toen Pelsaert nog jong was,[14] maar hij groeide op in de nabijheid van zijn grootvader Dirick van Ganderheyden. Deze werkte als rentmeester en mogelijk heeft hij zijn kleinzoon ingewijd in de kunst van het boekhouden en administreren, wat bij Pelsaerts indiensttreding bij de VOC van pas kwam. Dirick van Ganderheyden liet bij zijn overlijden in 1613 huizen, land en rentes op onroerende goederen na. Barbara en haar kinderen waren zijn erfgenamen, maar voorlopig had Diricks derde vrouw het vruchtgebruik.[15] Twee jaar na zijn grootvaders dood werd Pelsaert aangenomen door de Kamer Zeeland van de VOC, op voorwaarde dat hij voor een borg van duizend gulden kon zorgen.[16] De reden van deze ongebruikelijke voorwaarde is niet bekend. Misschien vormde de erfenis van zijn grootvader het onderpand voor dit hoge bedrag. Zeker is, dat Pelsaert in 1628, toen zijn toekomst bij de VOC er rooskleurig uitzag, niet meer afhankelijk was van de inkomsten uit die erfenis. Op 20 oktober 1628 liet hij bij notaris Willem Cluijt in Amsterdam vastleggen dat hij alle bezittingen en rechten uit de erfenis van zijn grootvader aan zijn moeder schonk.[17]

In India had hij namelijk carrière gemaakt: via de functie van onderkoopman was hij opgeklommen tot opperkoopman en had van 1624 tot 1627 de leiding over het kantoor te Agra, een belangrijk politiek centrum in het Mogolrijk. Daar verzamelde hij informatie over de geschiedenis van het Mogolrijk en over de handel die daar te voeren was. Dit resulteerde in de *Kroniek* en *Remonstrantie* die hij in 1626 en 1627 schreef.[18] In 1627 werd er een opvolger gestuurd voor zijn functie in Agra en aangezien zijn derde diensttermijn erop zat, vroeg Pelsaert toestemming om naar het vaderland te mogen vertrekken.[19] Het is niet duidelijk waarom Pelsaert te Agra vervangen werd. Volgens zijn superieuren in Surat was hij een waardevolle collega, die zich zelfs de taal van het land eigen had gemaakt. Mogelijk wilde Pelsaert terugkeren om zijn zaak aan de Heren XVII, de hoofddirecteuren van de VOC, voor te leggen en via hen promotie te bedingen. Eind 1627 ging hij aan boord van het schip *Dordrecht* dat van Surat vertrok en in juni 1628 in Nederland aankwam.

Gedurende de zomermaanden van 1628 was hij waarschijnlijk druk bezig de bewindhebbers van de VOC en particuliere handelaars te interesseren voor zijn nieuwe inzichten betreffende de handel in India. Behalve de camee van Rubens nam hij ook kleinere juwelen mee, die wellicht op zijn aanwijzingen vervaardigd werden, zoals een 'mogolse tronie' uit agaat gesneden, die eigendom was van koopman Boudaen.[20] Met een andere Amsterdamse koopman, Johannes Dobbelworst, was hij ook in onderhandeling. Deze zond de juwelen die hij door Pelsaert wilde laten verkopen met een latere vloot naar Oost-Indië.[21] Op Pelsaerts advies stuurde de VOC na Pelsaerts vertrek zelf nog een kist met 'vier pilaren tot een ledicant, een podt, een lampet, ende een groote schotel, alles gemaeckt van louteren goude' om in India te verkopen.[22]

Pelsaert presenteerde zich in de vergadering van de Heren XVII met het verzoek hem bij de Gouverneur-Generaal en Raad van Indië in Batavia aan te bevelen. De Heren XVII hadden gezien Pelsaerts voortreffelijke staat van dienst geen reden om hem dat te weigeren en verzochten de Gouverneur-Generaal 'denselven Pelsart te advanseren tot zoodanige qualiteyten, als syne comportementeen sullen meriteeren'.[23] Een jaar later, in augustus 1629, wanneer er in Batavia een tekort aan leden voor de Raad van Indië dreigt te ontstaan, dragen de Heren XVII Pelsaert voor als kandidaat om te zijner tijd een plaats in die Raad te vervullen.[24]

2.2.2 Adriaan Jacobsz Schipper Adriaan Jacobsz van Durgerdam was ook al vele jaren in dienst van de VOC. In 1616 voer hij uit als bootsman op de *Bergerboot*[25] en tien jaar later werd hij aangesteld als 'kapitein en schipper' op het schip *Dordrecht* dat in oktober 1626 naar Oost-Indië vertrok.[26] Na Batavia voer het schip naar Surat, waar Pelsaert aan boord kwam om naar Nederland terug te keren. Het was waarschijnlijk de eerste kennismaking tussen Pelsaert en Jacobsz, en die verliep niet zonder problemen. De mannen kregen ruzie, waarbij Jacobsz zich tegenover Pelsaert 'met woorden vergrepen hadde'. Jacobsz werd door de aanwezige kooplieden bestraft, en vergat dit incident natuurlijk niet meer: zijn 'haat op den Commandeur' was ontstaan.[27] Pelsaert beschrijft Jacobsz later als een onbehouwen, asociale man.[28] Aan boord van de *Batavia* ontmoetten Jacobsz en Pelsaert elkaar voor de tweede maal met een lange reis in het vooruitzicht.

2.2.3 Jeronimus Cornelisz De derde man aan boord van de *Batavia* was de dertigjarige onderkoopman Jeronimus Cornelisz. Hij had als apotheker in Haarlem gewerkt en het was voor hem waarschijnlijk de eerste reis naar Azië. De reden waarom hij dienst nam bij de VOC is niet bekend maar er bestaat wel een vermoeden. Volgens Pelsaert was Cornelisz een gladde prater en 'veel listiger en doortrapter in den menschelijcken omganck [dan Jacobsz], alsoo in Hollant oft tot Haarlem een discipel ofte compagnon van Torentius geweest hadde'.[29]

Johannes Torrentius[30] was in die tijd een bekende schilder van stillevens. Volgens tijdgenoten dankte hij zijn talent aan een goddelijke bezieling; onder zijn als het ware goddelijke hand vormden de kleuren als vanzelf een harmonisch geheel.[31] Hij was een opvallend personage, dat zich altijd zeer rijk kleedde en zich als een vorst liet behandelen. Niet alleen tijdens frequente drinkpartijen, maar ook in nuchtere toestand spotte hij met hemel en hel. Hij was Amsterdammer, maar verbleef geruime tijd te Haarlem, waar hij in 1627 werd opgepakt wegens zijn onzedelijk leven, het spotten met God en zijn vermeende connecties met de Rozenkruisers. De bewijzen tegen hem waren niet sterk maar zijn ironische en dubbelzinnige antwoorden werden telkens in zijn nadeel uitgelegd. Na een langdurig proces, waarbij hij weigerde schuld te bekennen, werd hij in 1628 tot twintig jaar gevangenisstraf veroordeeld, maar vanwege zijn kwaliteiten als schilder door koning Karel I uitgenodigd naar Engeland te komen. Vrienden van hem werden tijdens zijn proces ook gestraft.

Als Jeronimus Cornelisz inderdaad een volgeling van Torrentius was, kan hij zich door dit proces genoodzaakt hebben gevoeld Haarlem te verlaten en dienst te nemen bij de VOC. In de processtukken over Torrentius komt zijn naam niet voor[32], maar het is goed mogelijk dat de twee mannen – de apotheker als leverancier en de schilder als afnemer van chemicaliën – elkaar kenden.

Over het leven van Cornelisz voor de reis is verder niets met zekerheid bekend. Mogelijk kwam hij uit een mennonitisch milieu; op een gegeven moment verzoekt hij gedoopt te mogen worden.[33] Eénmaal wordt hij door een andere opvarende met 'Jeronimus Cornelisz, sijnde een Vries'[34] aangeduid. In de trouwregisters van Haarlem komt zijn naam niet voor, hoewel hij volgens eigen zeggen getrouwd was en ook anderen hem een 'getrout man' noemen.

2.2.4 Andere opvarenden Eén van de assistenten aan boord van de *Batavia* was Salomon Deschamps. Waarschijnlijk kende Pelsaert hem al in India: Deschamps heeft Pelsaerts geschriften over India gekopiëerd.[35]

In tegenstelling tot de vrouwen en kinderen van het lagere personeel aan boord, was Lucretia Jansz een voorname passagiere. Haar echtgenoot Boudewijn vander Mijlen was al in Azië, zij reisde hem achterna en werd vergezeld door haar dienstmeisje Zwaantje Hendricx.

Gijsbert Bastiaensz uit Dordrecht bood zich in september 1628 aan als predikant voor Oost-Indië. Na een proefpredikatie en een examen voor de classis Amsterdam werd hij geschikt bevonden en toegelaten.[36] Zijn vrouw en zeven kinderen vergezelden hem op zijn reis. Zij zouden zich in Oost-Indië vestigen.

2.2 Van Texel tot Australië

De vloot die op 28 oktober 1628 van de rede van Texel vertrok bestond uit de schepen *Batavia*, *Buren*, *Dordrecht* en *'s Gravenhage*, de fluit *Assendelft* en de jachten *Kleine David* en *Sardam*. De *Batavia* trof direkt haar eerste tegenslag: het schip liep bij het vertrek al aan de grond. Maar het raakte weer los en kon een dag later de reis alsnog aanvangen. Het volgende oponthoud was bij de rede van Duins voor de zuidoostkust van Engeland. Daar moesten de schepen vaak nogmaals wachten op de vereiste wind om het Kanaal door te kunnen zeilen. Het wachten kon soms weken duren en deze keer was dat waarschijnlijk ook het geval; het schip *Galiasse* dat eind december van Texel vertrok, haalde de vloot in voor Kaap de Goede Hoop bereikt was.[37] Bij Duins deserteerden zes opvarenden van de *Batavia*.[38] Zoiets was niet ongebruikelijk: met de twee maanden gage die vooruit betaald waren op zak, gingen sommigen bij de eerste gelegenheid van boord.

Vertraging op de route naar Kaap de Goede Hoop kon een schip ook oplopen door te dicht onder de kust van Afrika te blijven zodat het in de Golf van Guinee terechtkwam. De kans daarop was groot wanneer het schip Sierra Leone aandeed om te verversen, wat in het begin van de zeventiende eeuw nog vaak gebeurde. De *Batavia* deed dat ook.[39] Pelsaert vond te Sierra Leone de jongen Abraham Gerritsz, die er enige maanden eerder van zijn schip *Leiden* gedeserteerd was en nam hem aan boord.[40] Hoe lang de *Batavia* bij Sierra Leone bleef liggen is niet bekend.

Een schijnbaar onschuldig incident deed zich kort na het vertrek van Sierra Leone voor. Onderkoopman Jeronimus Cornelisz merkte dat schipper Adriaan Jacobsz zich nogal veel met Lucretia Jansz bemoeide, maar zich enige tijd later meer voor Lucretia's dienstmeisje Zwaantje interesseerde. Toen Jeronimus aan Jacobsz vroeg wat daar de reden van was, zei Jacobsz dat hij van de koksvrouw had gehoord dat Lucretia een hoer was. Bovendien vond hij Zwaantje leuker om mee om te gaan.[41]

Echte moeilijkheden deden zich op dit traject niet voor. De bemanning van de *Batavia* was redelijk gezond; op de hele reis stierven slechts tien mannen aan scheurbuik en andere ziekten.[42] Rond 14 april 1629 arriveerden de *Batavia*, *Dordrecht*, *Buren*, *Sardam* en *Assendelft* aan Kaap de Goede Hoop.

Toen Pelsaert op een dag aan land was gegaan, verlieten Cornelisz, Jacobsz en Zwaantje het schip ook, ondanks een uitdrukkelijk verbod. De drie gingen eerst aan boord van het jacht *Assendelft* en 's nachts staken ze over naar het schip *Buren* waar met name Jacobsz zich in zijn dronkenschap nogal misdroeg. De leiding van het schip *Buren* kon dit, ondanks Jacobsz' hoge rang van eerste schipper in de vloot, niet door de vingers zien en lichtte Pelsaert in, die Jacobsz de volgende dag ernstig berispte. Jacobsz, die het incident aan boord van de *Dordrecht*, meer dan een jaar geleden, natuurlijk nog niet vergeten was, kon dit niet verkroppen en spuide zijn gal tegenover Jeronimus Cornelisz, die hij blijkbaar als bondgenoot was gaan zien. Wanneer de andere schepen niet in de buurt waren geweest, zo verzekerde Jacobsz, zou hij Pelsaert zeker flink onder handen hebben genomen. Aangemoedigd door Cornelisz sprak hij over zijn plan om na het vertrek van Kaap de Goede Hoop met het schip van de vloot af te raken, de *Batavia* te overmeesteren en als zeerover te gaan varen.[43]

Gedurende de acht dagen die de schepen aan Kaap de Goede Hoop bleven liggen, ging Pelsaert op jacht naar wild en werd er vers water en voedsel aan boord genomen. De verversingspost aan de Kaap zou pas in 1652 gevestigd worden en daarom werden brieven voor het vaderland, en waarschijnlijk ook kopieën van het scheepsjournaal of een verslag van het eerste deel van de reis, onder een steen achtergelaten. Het eerste schip dat op de thuisreis de Kaap aandeed, zou de papieren meenemen.[44]

Op 22 april 1629 vertrokken de vijf schepen. Twee dagen later werd Pelsaert ernstig ziek; gedurende twintig dagen kwam hij niet uit zijn kooi. Jacobsz en Cornelisz zagen hun vage plannen om het schip te overmeesteren bijna als vanzelf ten uitvoer komen. Bij overlijden van Pelsaert, kreeg Jacobsz officiëel het bevel over het schip en was Cornelisz tweede in rang.[45] De opper- en onderstuurman wilden waarschijnlijk niet aan een muiterij meedoen,[46] maar de hoogbootsman was op Jacobsz' hand. Daarmee was dan de meerderheid van de vijf leden tellende scheepsraad in principe in voor een muiterij, wat de zaak aanzienlijk zou vergemakkelijken.[47]

Gedurende Pelsaerts ziekte bleef Jacobsz zich misdragen. Hij bedronk zich, leefde openlijk samen met Zwaantje en ontsloeg haar zelfs van haar verplichtingen als dienstmeisje van Lucretia.[48] Samen met Jeronimus Cornelisz beraamden Jacobsz en Zwaantje een aanslag op Lucretia. Jeronimus stelde voor om haar met een mes over beide wangen te laten snijden. Jacobsz was echter van mening dat er beter een aanslag door een groot aantal mensen uitgevoerd kon worden, zodat het moeilijker zou zijn om de daders te straffen zonder een opstand te veroorzaken. Tot uitvoering van het tweede plan werd besloten. Daartoe werd de hoogbootsman ingeschakeld, die een groep van acht mannen bereid vond de klus te klaren.

Pelsaert was op 13 mei voor het eerst weer op. Daarmee was voor Jacobsz en Cornelisz de kans op een moeiteloze overname van het schip verkeken. De volgende avond, in de schemering na het avondeten, werd Lucretia overvallen en ingesmeerd met uitwerpselen en andere vuiligheid.[49] Pelsaert nam de zaak hoog op, maar had kennelijk moeite om erachter te komen wie er allemaal bij de aanslag betrokken waren. Van de andere schepen had hij geen hulp te verwachten want Jacobsz was er inderdaad in geslaagd van de vloot af te raken. Waarschijnlijk heeft Pelsaert wel een onderzoek ingesteld, maar van Jacobsz, Cornelisz en de hoogbootsman de nodige tegenwerking ondervonden. Op een gegeven moment was hij er dan toch achter wie de daders waren, zelfs dat Jacobsz de opdracht had gegeven, en kondigde aan dat alle betrokkenen in de boeien zouden worden gezet. Direkt liet Jacobsz door de hoogbootsman het gerucht verspreiden dat Pelsaert niet alleen de daders, maar ook alle andere opvarenden 'om vrouwen ofte hoeren wil' wilde straffen voor de aanslag, en dat zoiets nooit zou gebeuren wanneer Jacobsz zelf de leiding over het schip had.

Nu worden de plannen voor een muiterij eindelijk concreet: wanneer Pelsaert de daders wil straffen, zal een deel van het scheepsvolk de kajuit binnenstormen en Pelsaert overboord gooien. De toegang tot het soldatenverblijf wordt tijdelijk dichtgespijkerd, zodat van die kant geen verzet te vrezen is. Wanneer de machtsovername geslaagd is, worden van de ca. 340 opvarenden er 220 vermoord en de overblijvers zullen een tijdlang met het schip in de Indische Oceaan blijven om er op 'des compagnies schepen' te jagen. Wanneer men daar genoeg van heeft zullen schip en buit worden verkocht.

Sommige mannen, die van de plannen op de hoogte waren, sliepen nachtenlang met sabels in hun kooi, in afwachting van het startsein. Zo ver zou het echter niet komen.

3 DE SCHIPBREUK

3.1 Oorzaken

In de vroege ochtend van vier juni 1629 raakte de *Batavia* vast op een rif van de Houtmans Abrolhos, een eilandengroep voor de westkust van Australië. Niemand had verwacht al zo dicht bij land te zijn.

Het was in die tijd gebruikelijk na Kaap de Goede Hoop recht naar het oosten te varen, tussen de 35° en 40° ZB, in plaats van de Indische Oceaan met een noordoostelijke koers in een rechte lijn over te steken. Rond de 35ste breedtegraad heersen gunstige westenwinden, die de reis aanmerkelijk bespoedigden. Daar moest men zo lang mogelijk van profiteren, maar tegelijkertijd moest voorkomen worden dat het schip te ver door zou zeilen en op de de westkust van Australië belandde, die toen nog maar gedeeltelijk en bij benadering in kaart was gebracht. Het probleem was, dat het nauwkeurig bepalen van de lengtegraad op zee onmogelijk was. Daardoor kon de plaats waar de oostelijke koers gewijzigd moest worden in een noordelijke, niet precies aangegeven worden. Op basis van de afgelegde afstand, die dagelijks werd geschat, werd wel een indicatie gegeven. De oostelijke koers moest over een afstand van duizend mijl gevolgd worden. Onderweg konden alleen de eilanden St. Paul en Amsterdam, die ongeveer 700 mijl ten oosten van Kaap de Goede Hoop lagen, als baken dienen. Vaak werden ze ongezien gepasseerd.[50]

De kaarten die de stuurlieden gebruikten, gaven een steeds grotere vertekening naarmate men noordelijker of zuidelijker van de evenaar kwam. Op 35° ZB was de vertekening aanzienlijk. Hiervan getuigde ook Jan Pietersz Coen, die in 1627 van Nederland naar Batavia reisde en zich tot zijn schrik, veel eerder dan verwacht, gevaarlijk dicht bij de kust van Australië bevond.[51] Op de plaats waar Coen bijna schipbreuk leed, ligt de eilandengroep Houtmans Abrolhos, genoemd naar Frederik de Houtman die de eilanden in 1619 ontdekte. Het was precies op die plaats, op de hoogte van 28½°ZB en ongeveer 35 kilometer uit de kust van Australië, dat in 1629 de *Batavia* verging. Op het moment van de schipbreuk schatte men nog 150 mijl van de kust verwijderd te zijn.[52]

Op 4 juni, 'ontrent 2 uren voor dage', ziet de schipper recht vooruit een witte plek op het water en vraagt aan een man die samen met hem de wacht heeft, wat dat zou kunnen zijn. Het schijnsel van de maan, is het antwoord, want het is een rustige, heldere nacht met volle maan. Een ogenblik later loopt het schip vast. Van alles wordt geprobeerd om het schip los te krijgen, maar het blijkt op het moment van de schipbreuk hoog water te zijn en wanneer het eb wordt, zit het schip muurvast. Het schip blijkt midden tussen klippen en eilanden te liggen. De schipper verkent de omgeving en komt terug met het bericht dat er een paar eilanden zijn die bij hoog water droog lijken te blijven. Pelsaert besluit 'door het groot jammer geschreij datter int schip was door vrouwen, kinderen, ziecken, ende armhertige menschen' eerst zo veel mogelijk mensen met proviand aan land te brengen en ondertussen alle kostbaarheden uit het schip aan dek te brengen om die daarna in veiligheid te brengen.[53] Men probeert het schip zo te doen overhellen, dat de mensen en

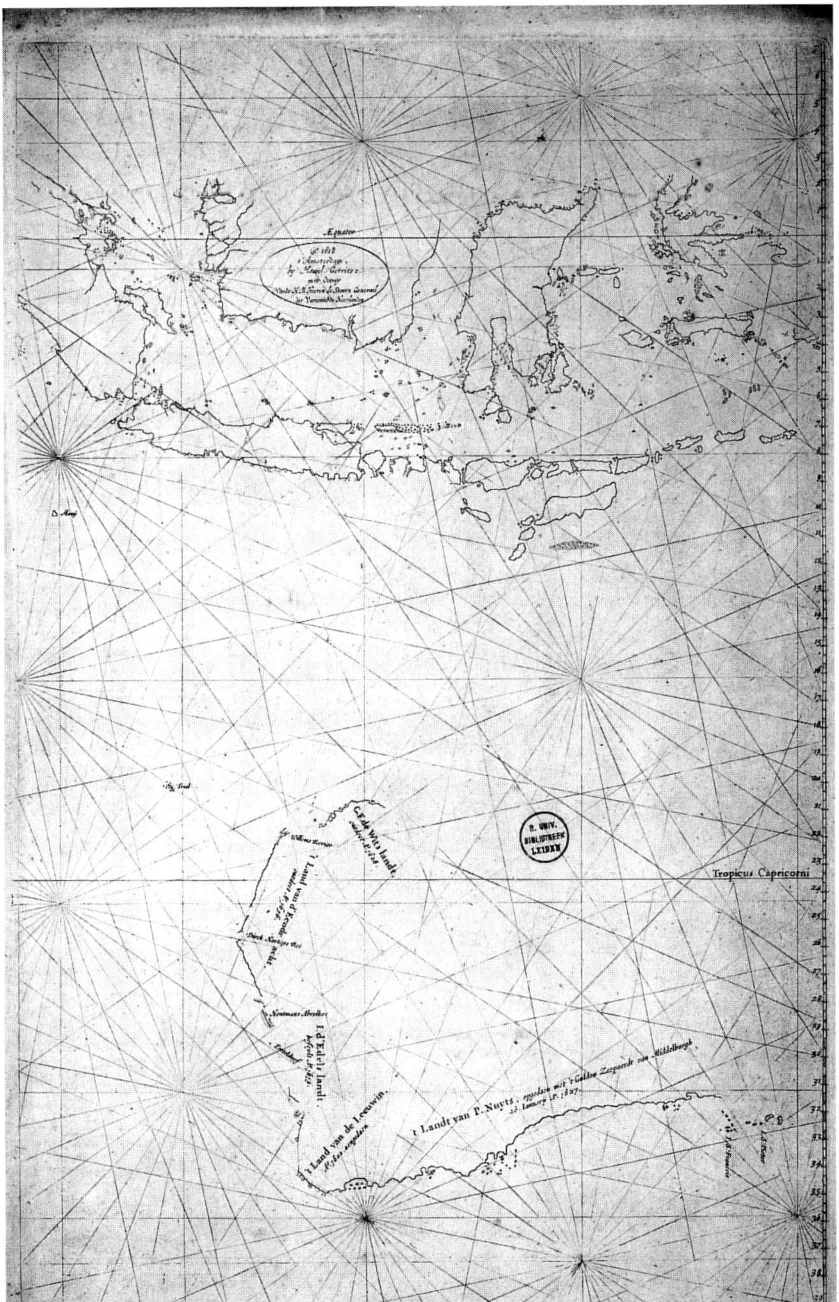

3. Kaart van de Indonesische Archipel en Australië door Hessel Gerritsz, 1628. Bron: UB Leiden, Res. Doos V, port. 287, nr. 37. Gravure

goederen aan de luwe kant van het schip van boord kunnen gaan, maar dat lukt niet en het schip zakt zelfs op de andere zij, zodat het veel moeite kost om de mensen van boord te krijgen. Een ander probleem is dat de matrozen en soldaten zich aan de drankvoorraad beginnen te vergrijpen.

De schipper, die de hele dag bezig was geweest mensen en proviand naar de eilanden te brengen, komt tegen de avond terug bij het schip met het bericht dat er paniek is uitgebroken en iedereen zo veel water drinkt en brood eet als hij kan. Pelsaert verlaat het schip onmiddellijk om de mensen aan land tot de orde te roepen. Het lukt hem daarna niet meer om weer aan boord te komen. Ook de volgende dag is de wind te hard om aan boord te gaan en om de mensen die nog op het schip zijn, aan land te brengen. Aan boord drinkt en plundert men. De achterblijvers openen Pelsaerts kist en verdelen zijn bezittingen. De aantekeningen over de aanslag op Lucretia worden door één van de plunderaars voorgelezen en daarna vernietigd; alle andere papieren gaan overboord.[54] De beschrijvingen van de situatie aan boord op dat moment zijn zeer beeldend.[55]

Op de avond van 5 juni stormt het nog steeds. Pelsaert bevindt zich met Jacobsz en ongeveer veertig anderen op een klein eilandje. Op een groter eiland zitten 180 personen, waaronder bijna alle vrouwen en kinderen, en op het schip zijn nog ongeveer zeventig mannen achtergebleven. Op het moment van de schipbreuk waren er 323 mensen aan boord van de *Batavia*.[56] Ongeveer dertig mannen zijn tijdens de schipbreuk omgekomen.[57] Op het eiland van Pelsaert is ca. 140 liter water en wat brood. Op het grotere eiland waren twintig vaten brood en een paar tonnetjes water aan land gebracht, maar de aanwezigen hadden die voorraden al flink aangesproken. Jacobsz en de anderen beginnen er dan ook bij Pelsaert op aan te dringen dat er water gezocht moet worden, wil er een kans bestaan op overleven. Pelsaert wil liever nog even wachten om te zien of de storm afneemt en het mogelijk is om meer mensen, wat voorraden en de kostbare lading van het schip te krijgen, maar hij heeft kennelijk niet genoeg overwicht.

3.2 Pelsaerts reis naar Batavia

Op 6 juni vertrekt de boot met Pelsaert en 36 anderen om op de eilanden in de buurt, en anders op het vaste Zuidland, zoals Australië toen genoemd werd, water te zoeken. De volgende dag voegt een sloep met elf personen zich bij hen. Op 8 juni leest Pelsaert alle aanwezigen een resolutie voor, waarin staat dat wanneer er ergens voldoende water wordt gevonden, dit naar de mensen bij het wrak gebracht zal worden, totdat de voorraad zo groot is dat de mensen een goede kans op overleven hebben, terwijl de boot naar Batavia vaart om hulp te halen. De sloep wordt achtergelaten op een eiland en die dag maakt men de oversteek naar het vaste land. In de nacht van 10 op 11 juni regent het, en Pelsaert hoopt dat de mensen bij het wrak die regen ook gekregen hebben. Op 14 juni zien de zes beste zwemmers voor het eerst kans om aan land te komen, maar ze vinden geen water. Wel zien ze naakte zwarte mensen, die hard weglopen als de Hollanders naderen. De volgende dag wordt er een betere plaats gevonden om aan land te komen. Pelsaert trekt met een groep mannen landinwaarts. Ze vinden wat regenwater dat in kuiltjes was blijven staan, maar geen stromend water. Die nacht wordt aan land doorgebracht.

Met 140 liter verzameld regenwater gaan ze de volgende middag van land, nu met het plan om naar de noordelijker gelegen Jacob Remessens Rivier[58] te varen, maar de wind is noordoost en het is moeilijk om onder de kust te blijven. Omdat de boot door stroom en wind snel naar het noorden is gedreven, en het dus des te moeilijker zal zijn om weer bij het wrak terug te komen, besluit Pelsaert op dit moment inderdaad naar Batavia te varen. Tien dagen later is Java al in zicht en op 3 juli ziet Pelsaert in Straat Sunda het jacht *Sardam*, dat tegelijk met de *Batavia* was uitgezeild. Hij gaat aan boord van een ander schip, *Frederik Hendrik*, dat op 24 januari 1629 uit Nederland was vertrokken. Een opvarende van dat schip schrijft over de schipbreukelingen:

> '48 personen ontmoeten haer met een boot daerin 2 vrouwen ende een jong kindt, quamp van het Suijdtlandt van het schip Batavia twelck aldaer strande, hadden 22 dag alsoo in zee omgesweeft, moetende haer behelpen met 2 mutskens water voor een gantsch etmaal. Dit schip Batavia seijlde voor den dach in de laetste wacht, bij still weder ende klaren manenschijn, waer door sij het branden van het water op de klippen voor blickeren van de mane aensagen ende niet eerder iets gewaer wierden, eer het schip met volle seijlen boven op de klippen liep, ende vast bleef sitten in sodanige voege, datter geen redden aen was.'[59]

Pelsaert blijft op de *Frederik Hendrik* en komt op 7 juli aan in Batavia, waar hij en zes van zijn officieren tegenover de Raad van Justitie een verklaring over de schipbreuk afleggen.[60] Van Gouverneur-Generaal Jan Pietersz Coen krijgt hij de opdracht om naar de Houtmans Abrolhos terug te keren om de lading van de *Batavia* te bergen en eventuele overlevenden te redden.[61] Het jacht *Sardam* wordt in allerijl gelost en met 26 personen bemand. Behalve Pelsaert en de opper- en onderstuurman van de *Batavia*, die de plaats van het wrak moeten zien terug te vinden, bestaat de bemanning waarschijnlijk geheel uit de oorspronkelijke bemanning van de *Sardam*. De schipper van de *Sardam* blijft ook op deze reis in die functie. Voor het bergen van goederen uit het wrak gaan zes 'exparte swemmers ende duyckers' mee; vier uit Gujarat in India en twee Nederlanders. Schipper Adriaan Jacobsz blijft achter in Batavia. Hij werd verantwoordelijk gehouden voor het verlies van zijn schip en waarschijnlijk had Pelsaert hem aangeklaagd wegens de aanslag op Lucretia Jansz. Op 13 juli wordt hij gevangen gezet.[62]

Hoogbootsman Jan Evertsz, die de aanslag op Lucretia had voorbereid, wordt ook in hechtenis genomen. Op 31 augustus wordt het vonnis dat de Raad van Justitie over hem had uitgesproken door Gouverneur-Generaal Coen en de Raad van Indië herroepen en verzwaard.

> 'Wat aengaet 't delict van den hoochbootsman Jan Evertsz hebbende seecker getroude vrouwspersoon op 't schip Battavia seer schandelijck mishandelt ende geschoffiert, daerover bij gemeldte collegie [de Raad van Justitie] gecondemneert is gegeesselt, gebrantmerckt ende ses maenden in de ketting geclончken te worden; sijn E. ende den Raet nader op de saecke geleth hebbende, bevindt de moetwille ende 't delict soo onmenschelijck ende van soo snooden gevolge, dat voorsz hoochbootsman tot exempel van andere ende voorstandt van alle eerlijcke vrouwen rechtmatich ende billick de doot heeft verdient.'[63]

Op 15 juli vertrekt de *Sardam* van Batavia. De terugreis verloopt moeizaam. Jacobsz en de stuurlieden hadden na de schipbreuk de positie van het schip op $28^{1}/_{3}$° ZB geschat.[64] Na iets meer dan een maand bevindt de *Sardam* zich op die hoogte, maar heeft vervolgens nog een maand nodig om het wrak en de eilanden terug te vinden.

3.3 De achterblijvers

Op 6 juni, wanneer Pelsaert met de boot vertrekt, zijn er nog 70 mensen aan boord van de *Batavia*. Op het eiland in de buurt van het schip blijven 180 mensen achter. Zij stellen het overhaaste vertrek niet op prijs en noemen het eiland waar Pelsaert twee nachten doorbracht Verraders Eylant. In een opmerkelijke anekdote over die eerste moeilijke dagen, speelt de dienstmeid van de predikant de hoofdrol.

> 'Die op het landt bleven, waren 5 etmalen sonder drincken of water, den eenen dronck sijn eigen water, een ander dronck het bracke water uijt den zee, doch hoe sij meerder droncken, hoe meerder dorst dat sij kregen. Sij kauwden loodt in de mondt, om den dorst te verdrijven, doch alles te vergeefs; ende stierven doen wel 10 menschen van dorst. Ondertuschen swom des predicants dienstmacht naer het schip toe, om water te verkrijgen, doch konnende het schip niet bereijken, heeft haer begeven op een klippe, die dicht bij het schip lach, latende haer een touw toewerpen, twelck sij om haer middel heeft gebonden, ende heeft haer alsoo door het starck barnen des waters, laten trecken, tot aen het schip, niet sonder groot pericul haers levens, ende was wonder, dat

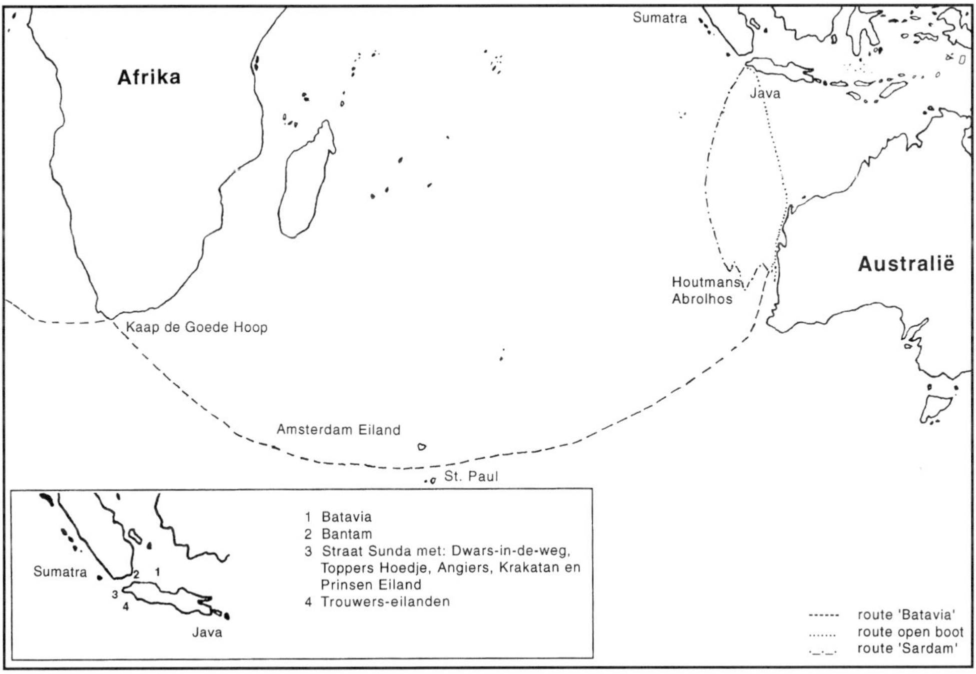

4. De route van de Batavia *en het jacht* Sardam. *Tekening: A. Kieskamp.*

> sij niet en versmoorde onder de barninge. De seste nacht liet Godt soo veel regenen, datse abondantelicken konden drincken, dit duijrde eenige dagen, het nu ende dan wat regenden, het welck sij in lakens vingen.'[65]

Na een aantal dagen slagen de meeste mensen op het schip erin aan land te komen. Jeronimus Cornelisz is één van de laatsten die na tien dagen met een deel van de boegspriet naar land drijft. Het eiland waar de schipbreukelingen zich bevinden, wordt Batavia's Kerkhof genoemd. Na verloop van tijd komen er stukken hout, vaten azijn en wijn, kisten met textiel en andere goederen aan het eiland drijven. Er worden tenten gebouwd, er zijn ketels om in te koken en er is vuur. Op vlotten gaan sommigen uit vissen en op een eiland in de buurt, dat Robben-eiland genoemd wordt, vangt men zeehonden. Anderen worden uitgestuurd om op nabij gelegen eilanden naar water te zoeken. Het lukt de meeste mensen in leven te blijven, hoewel het menu karig is.

Bij afwezigheid van bijna alle officieren van het schip, die immers met Pelsaert naar Batavia waren gegaan, hadden de schipbreukelingen een nieuw leidinggevend orgaan nodig, dus werd er een raad ingesteld waarvan Jeronimus Cornelisz als hoogste aanwezige officier het hoofd was. Wie er verder van die raad deel uitmaakten, is niet bekend. Kennelijk was de raad zelfs bevoegd de doodstraf op te leggen. Op 4 juli worden twee mannen die uit een wijnvat hadden gedronken door Cornelisz ter dood veroordeeld. De straf lijkt niet in verhouding te staan tot het misdrijf, maar was strikt genomen niet onterecht, want de mannen hadden zich immers schuldig gemaakt aan een vorm van muiterij. In dit geval meende de raad dat de doodstraf voor de ene overtreder terecht was, maar voor de ander niet. Jeronimus was woedend omdat de raad zijn uitspraak niet wilde steunen en zette de raad af. Met het instellen van de nieuwe raad, die bestond uit Coenraat van Huijssen en Jacop Pietersz Cosijn – twee van de hogere soldaten – en de assistent David van Zevanck, nam Cornelisz' schrikbewind een aanvang.

De weken vlak na de schipbreuk moeten voor degenen die aan boord van de *Batavia* in het muiterij-complot hadden gezeten, vol onzekerheden zijn geweest. De muiterijplannen waren na de schipbreuk uitgelekt en niemand wist hoeveel Pelsaert precies wist. Pelsaert en Jacobsz waren samen vertrokken en sommigen verwachtten dat Jacobsz Pelsaert wel spoedig uit de boot zou gooien en niet naar Batavia, maar naar een Portugese vestiging, bijvoorbeeld Malakka, zou gaan. Als Pelsaert Batavia haalde en met een schip terugkwam, liepen de muiters de kans gevangen genomen te worden. En zou een ander schip hen oppikken, dan bestond nog steeds de mogelijkheid dat de plannen bekend werden. Op het beramen van een muiterij stond de doodstraf en de grootste kans op overleven hadden de muiters dan ook wanneer ze het eerste schip dat langskwam zouden overmeesteren. Jeronimus en zijn nieuwe raad besloten de schipbreukelingen op veertig na te vermoorden en pakten de zaak weloverwogen aan. Allereerst namen ze van iedereen alle wapens af. Ongeveer twintig mannen, die zij dachten te kunnen vertrouwen, verdeelden ze over twee tenten en gaven hun alle wapens. Vervolgens lieten ze deze mannen telkens één of meer personen ombrengen. Aanvankelijk gebeurde dat in het geheim, meestal 's avonds of 's nachts, maar na verloop van tijd wist iedereen wat er gaande was, en werden er ook op klaarlichte dag mensen vermoord. Er waren ook groepen mensen naar andere eilanden gebracht om daar van honger en dorst te sterven. Wanneer ze te lang in leven bleven, werd er een ploeg moordenaars op af gestuurd.

Sommige mensen wisten te ontkomen en voegden zich bij een groep soldaten die kort na de schipbreuk was uitgestuurd om water te zoeken. Na een aantal dagen zoeken op een groot eiland ten noorden van Batavia's Kerkhof waren ze overgestoken naar een eiland dat westelijker lag. Bij toeval hadden ze daar twee grote putten met zoet water gevonden en er was meer dan voldoende voedsel om in leven te blijven.

Jeronimus Cornelisz vermoordde zelf niemand, maar beraamde alle moorden. Hij bepaalde wie omgebracht zou worden, wie het zou moeten doen en stelde de uitverkorene persoonlijk op de hoogte van het waar, wanneer en hoe. Voor sommige mannen werd zo'n opdracht beschouwd als een proef en was het uitvoeren ervan de enige manier om zelf in leven te blijven. Door Jeronimus' vertrouwelingen werd een opdracht daarentegen gezien als een gunst. Schrijnend is de passage over de 18-jarige Jan Pelgrom de Bije van Bemmel, die zo graag iemand wilde vermoorden, dat hij Jeronimus er dagelijks om smeekte.[66]

Jeronimus' filosofie, wellicht geïnspireerd op die van Torrentius, kwam erop neer dat hij geloofde in de fundamentele goedheid van God en daarmee het bestaan van de hel ontkende.[67] Een goede God kon immers geen kwade zaken als een duivel of een hel scheppen. Jeronimus verdedigde zijn gedrag met het argument dat alles wat hij deed hem door God ingegeven was, en daardoor niet door andere mensen bestraft mocht worden. Dergelijke ideeën maakten diepe indruk op een jongen als Jan van Bemmel, die de beweringen van Jeronimus op de proef stelde. Hij riep: 'komt nu duyvels, met al de sacramenten, waar sijdij, ick wilde wel dat ick nu eenen duyvel sach'.[68] Dat er geen duivel verscheen, sterkte zijn geloof in de theorie van Jeronimus. Weinigen zullen werkelijk uit geloofsovertuiging gemoord hebben; meedoen was van levensbelang.

Het was de taak van de predikant misdadigers te vermanen, en dat deed Gijsbert Bastiaensz dan ook. Hij had echter geen kans tegen de moordenaars. Het preken werd hem verboden en bidden moest in het geheim gebeuren. Sommige moordenaars putten zich uit in het maken van beledigende opmerkingen. Aan boord was vloeken en spotten met de godsdienst strafbaar, maar door Jeronimus werd het juist aangemoedigd.

> 'Als den predicant dese Godtlose boeven vermaende tot bidden, seijde eenen, laet ons singen, een meijsken op een rivierken satt; andere seijden, sal men al weer bidden; Biddende Godt, hij ons alle onder sijne vleugelen in bescherminge nemen wilde, soo hebben sij vinnen van robben boven haer hooft gehouden, ende spottelick uijtgeroepen, oué, wij sijnder al onder; andere seijden opentlicken, wij hebben robbenvleisch genoech, wat behoeven wij meer te bidden.'[69]

Natuurlijk werden vrouwen en kinderen door de moordenaars niet gespaard. Het ging er immers om dat er een groep sterke, betrouwbare mannen overbleef. Maar aangezien deze mannen wel bepaalde behoeften hadden, lieten zij zeven vrouwen in leven: Lucretia Jans, Anneken Hardens, Judith Gijsbertsz (de oudste dochter van de predikant), de gezusters Trijntje en Zussie Fredericx, Anneken Bosschieters en Marretje Louijs. Lucretia moest in de tent van Jeronimus wonen en Judith bij Coenraat van Huijssen. De andere vrouwen moesten iedereen ter wille zijn. Zij waren dan ook jaloers op de bevoorrechte positie van Lucretia en Judith.[70] Voor een meisje als Judith zou het een schande zijn om ongetrouwd bij een man te slapen. De beste oplossing die zij en haar vader konden bedenken was dan ook dat Van Huijssen met haar trouwde.[71]

Op 16 augustus wordt de honderdvierentwintigste moord gepleegd. Er zijn op Batavia's Kerkhof nog ongeveer veertig mensen in leven en wanneer er niet nog een groep schipbreukelingen op een ander eiland was geweest, zou Jeronimus in zijn opzet geslaagd zijn.

De groep soldaten die kort na de schipbreuk was uitgestuurd om water te zoeken vond dat uiteindelijk op een eiland ten westen van Batavia's Kerkhof. Hier leefden bovendien wallabi's, een klein soort kangoeroe, door de mannen 'catten' of 'hazen' genoemd, die zich makkelijk lieten vangen en zeer goed smaakten. Er waren ook vogels die eieren legden en er kon gevist worden. Maar toen ze, zoals afgesproken was, drie vuren maakten, werd er op Batavia's Kerkhof niet gereageerd. Het was juist op een dag dat er een groot aantal moorden plaatsvond. Kleine groepjes mensen die Batavia's Kerkhof wisten te ontvluchten, staken over naar het andere eiland en vertelden over de moordpartij. Uiteindelijk was de groep 47 personen sterk. Ze verwachtten een aanval van Jeronimus Cornelisz. Van wrakhout, spijkers en hoepels maakte men wapens, en de 42-jarige soldaat Wiebe Hayes uit Winschoten werd gekozen als leider.

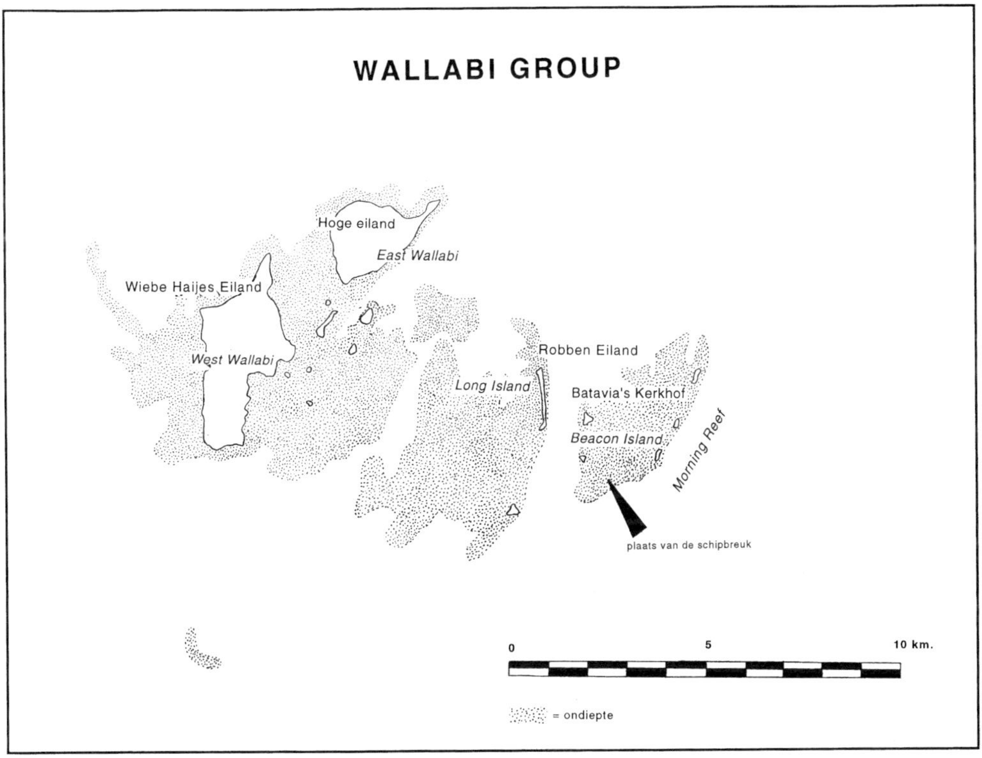

5. *De Wallabi Group van de Houtmans Abrolhos. Tekening: A. Kieskamp.*

In eerste instantie probeerde Jeronimus de groep van Hayes met geweld te overmeesteren, maar doordat er op Batavia's Kerkhof geen water en weinig eten was, en de anderen voedsel in overvloed hadden, waren Jeronimus' mannen te zwak en moesten ze snel afdruipen. Daarna probeerde Jeronimus het op een diplomatieke wijze. Hij ging met Hayes praten en bood hem textiel aan in ruil voor water. Andere leden van de delegatie van Jeronimus waren op datzelfde moment bezig een aantal soldaten van Hayes tot verraad om te kopen, zodat een volgende aanslag op Hayes wel succesvol zou zijn. Maar de soldaten lichtten Hayes in en toen Jeronimus de volgende dag terug kwam, werd hij direkt gevangen genomen. De vier leden van zijn raad kwamen in het gevecht om:

> 'De 4 principale hoofden der moordenaers wierden van de goede op het hoghe Eijlandt, dootgeslagen; haer hooffden onderkoopman, gevangen genomen, die in een diep gatt wierde gesmeten, daer moste hij vogelkens plucken ende schoon maken, waervan hij de 9 kreech tot sijn salaris.'[72]

Het verlies van de leiding betekende eigenlijk al de nekslag voor de muiters. Er werd nog wel een nieuwe leider gekozen, soldaat Wouter Loos, en onder zijn leiding weer een aanval gedaan, maar zonder succes. Het was 17 september, de dag dat Pelsaert na dertig dagen zoeken de plaats van het wrak terugvond.

3.4 Lokatie van het wrak

De Houtmans Abrolhos is eigenlijk een lange keten van koraalriffen en eilandjes die zich uitstrekt over een afstand van honderd km.[73] De afstand tot de kust van Australië is ongeveer 35 km. Binnen de Abrolhos worden drie eilandengroepen onderscheiden, die tegenwoordig de Wallabi Group, de Easter Group en de Pelsart Group worden genoemd. De Pelsart Group is de meest zuidelijke en is zo genoemd omdat er een scheepswrak was gevonden, waarvan lange tijd werd aangenomen dat het de *Batavia* was. De namen Batavia Road en Wreck Point zouden de lokatie van de schipbreuk aangeven. In werkelijkheid is de *Batavia* op een rif van de Wallabi Group gestrand. Dit is de meest noordelijke eilandengroep.

Alle eilanden, rotsen en riffen van de Wallabi Group bestaan uit een kalkachtige ondergrond die op sommige kleinere eilanden bedekt is met een dunne laag zand of guano (vogelmest) en op de grotere eilanden met zandduinen. Sommige eilanden hebben een struikachtige vegetatie, op andere groeit alleen wat zeekraal. Op de twee grootste eilanden, West Wallabi en East Wallabi, wordt water gevonden. Het is regenwater, dat door de poreuze bodem wordt opgenomen en zich in ondergrondse holtes verzamelt. Op beide eilanden komen wallabi's en verschillende soorten vogels voor. Op East Wallabi zijn heuvels van tien, twaalf en vijftien meter hoog; het werd dan ook het Hoge Eiland genoemd. West Wallabi is het grootste eiland en meet 5 km. in de lengte en op het breedste punt 3 km. in de breedte. Op dit eiland is de hoogste heuvel iets meer dan negen meter hoog. Het is het 'lange eiland' dat Pelsaert op 17 september beschrijft, het werd door Wiebe Hayes en zijn mensen bewoond en heette daarom Wiebe Hayes Eiland.[74] Tussen Oost- en West Wallabi liggen een paar kleine eilandjes, die Jeronimus gebruikte als uitvalsbasis tijdens de aanslagen op Hayes. Het eiland waar Jeronimus zelf verbleef, Batavia's Kerkhof, ligt negen km. ten oosten van West Wallabi maar is veel kleiner dan de beide andere eilanden; het meet nog geen 500 meter in de lengte. Tegenwoordig heet het Beacon Island. Een kilometer ten westen van dit eiland ligt een langgerekt eiland dat nu Long Island heet, maar door de schipbreukelingen Robben-eiland werd genoemd. Het wrak van de *Batavia* lag twee km. ten zuidzuidoosten van Batavia's Kerkhof op een rif dat nu Morning Reef wordt genoemd.

Pelsaert werd in zijn zoektocht gehinderd door de overwegend zuidoostelijke wind en de stroming, die hem telkens teveel naar het noorden deden afdrijven. De vuile grond en de branding die ze hier en daar zagen, maakten het kruisen bovendien gevaarlijk. Op 13 september kwam eindelijk het noordelijkste eiland van de Houtmans Abrolhos in zicht en besloot Pelsaert binnendoor te zeilen, in plaats van de riffen van buitenaf te naderen. Op 16 september meende hij de rotsen waar de *Batavia* was verongelukt en het Hoge Eiland te herkennen. De volgende dag zag hij rook op een lang eiland ten westen van het wrak en roeide direkt met een boot met proviand naar het dichtstbij gelegen Hoge Eiland, maar trof er geen mensen aan.

De *Sardam* ging onder het Hoge Eiland voor anker. De eerste overlevende die Pelsaert tegenkwam was Wiebe Hayes, die met een bootje van zijn eigen eiland naar het Hoge Eiland was overgestoken om Pelsaert te waarschuwen voor de muiters. Pelsaert vernam in het kort wat er tijdens zijn afwezigheid was gebeurd en ging snel weer aan boord van de *Sardam*. Toen de muiters even later aan kwamen roeien, was Pelsaert dus voorbereid. Hij beval de mannen hun wapens in zee te gooien en zodra ze aan boord kwamen, werden ze gevangen genomen. 's Avonds bracht Hayes Jeronimus Cornelisz aan boord van de *Sardam*. Pelsaert begon nog diezelfde dag met het verhoren van de misdadigers.

4 DE GERECHTELIJKE PROCEDURES

4.1 Rechtspraak door de scheepsraad[75]

In principe was rechtspraak aan boord van een VOC-schip allerminst een vanzelfsprekend verschijnsel. Opvarenden van koopvaardijschepen vielen onder de normale rechtspraak en overtreders moesten bij de eerste gelegenheid worden uitgeleverd aan de aangewezen instanties in Nederland, waar ze op de gebruikelijke manier werden berecht. De eerste reizen op Azië maakten het noodzakelijk dat er een regeling werd getroffen voor de rechtspraak aan boord. Op korte trajecten was het immers meestal geen probleem een overtreder in hechtenis te houden, maar op een reis die – uit en thuis – anderhalf jaar zou duren, was dat ondoenlijk. Naar voorbeeld van de rechtspraak op oorlogsschepen, werd de rechtspraak op de eerste tochten naar Azië aan de scheepsofficieren gedelegeerd.

Schepen op Azië werden uitgestuurd in vloten. Het hoogste orgaan van een vloot was de brede raad, waarin de commandeur van de vloot en tenminste alle opperkooplieden en schippers zitting hadden. Zware overtreders werden door de brede raad berecht. Civiele misdrijven konden door de scheepsraad van het betreffende schip worden afgehandeld.

In 1617 was de samenleving in Oost-Indië zodanig uitgebreid, dat het berechten van zware misdrijven aan boord verboden werd. Een misdaad op de heenreis moest voortaan in Indië worden afgehandeld; een misdaad op de terugreis door de normale instanties in Nederland. Het berechten van civiele misdrijven bleef de taak van de scheepsraad. Deze nieuwe regel kon tot gevaarlijke situaties leiden. Onder de halsmisdrijven viel niet alleen moord, maar ook het beramen van een muiterij. Wanneer bijvoorbeeld een groep muiters wel ontmaskerd, maar niet bestraft kon worden, betekende dat een bedreiging voor het hele schip. Daarom werd in 1619 de regel weer gewijzigd: nu konden de gevaarlijke misdadigers wel aan boord worden berecht, door de brede raad.

Een brede raad bestond alleen wanneer er een vloot was. In principe moesten alle VOC-schepen in vloten varen, maar in de praktijk gebeurde het regelmatig, dat een schip van de vloot afraakte. De bevoegdheden van de brede raad gingen in dat geval over op de scheepsraad.

De scheepsraad van een VOC-schip bestond in de 17e eeuw uit vijf leden: opperkoopman, schipper, onderkoopman, eerste stuurman en hoogbootsman. De raad besliste over alle zaken die de vaart van het schip en het dagelijks leven aan boord aangingen. Rechtspraak over civiele misdrijven behoorde dus ook tot de competentie van de raad en wanneer een schip alleen voer, had de raad zelfs de bevoegdheid halsmisdrijven te berechten en de doodstraf uit te spreken.

Door de regel die bepaalde dat gevaarlijke misdadigers direkt berecht moesten worden, was Pelsaert genoodzaakt zo snel mogelijk te beginnen met de rechtszaak. Het rechtsprekend orgaan zou in dit geval de scheepsraad van de *Sardam* zijn, aangevuld met twee leden, om aan het aantal leden van een brede raad te komen. In de scheepsraad, die al vanaf het vertrek van Batavia in functie was, zaten Pelsaert, schipper Jacob Jacobsz die met de *Sardam* was uitgekomen, opperstuurman Claas Gerritsz van de *Batavia*, onderstuurman Jacob Jansz, eveneens van de *Batavia*, en de hoogbootsman van de *Sardam*, waarschijnlijk Sijmon IJopzoon geheten.

Bij het berechten van soldaten was het gebruikelijk dat de hoogste functionaris van het militaire personeel zitting nam in de raad. Of dat in dit geval ook gebeurde is niet duidelijk. De naam van het zevende lid van de raad is Jan Willemsz Visch.[76]

Gewoonlijk had een VOC-schip meerdere kooplieden aan boord, en twee van hen hadden zitting in de scheepsraad. De *Sardam* was echter op een reddingsexpeditie en Pelsaert was waarschijnlijk de enige koopman aan boord en in de scheepsraad. Bij de verhoren wilde Pelsaert kennelijk wel een andere koopman of assistent in de raad hebben. Hij koos Salomon Deschamps, wat vreemd is, omdat Deschamps in opdracht van Jeronimus, om zijn trouw te bewijzen, een kind had gewurgd. Op het moment dat Pelsaert hem aan de raad toevoegde, wist hij waarschijnlijk niets van die moord, maar het zal niet lang geduurd hebben voor het hem ter ore kwam. Misschien liet hij Deschamps blijven omdat hij hem goed kende en vertrouwde. In ieder geval was Deschamps al die tijd bij Cornelisz op het eiland geweest, wat bij de verhoren van pas kon komen.

Deschamps fungeerde als schrijver voor de scheepsraad. Het is vreemd dat hij wel alle verhoren van Jeronimus Cornelisz en zijn handlangers ondertekende, maar niet de bijbehorende sententies (de rechterlijke uitspraak). Aangezien hij latere sententies, inclusief die van hemzelf, wel ondertekent, is het niet zo dat hij uit de raad was gezet.

De verhoren begonnen op 17 september aan boord van de *Sardam* maar de scheepsraad verplaatste zich de volgende dag naar Batavia's Kerkhof en de procedure werd daar voortgezet. In grote lijnen verliep de rechtszaak als volgt:

Het verhoren van een verdachte werd over een aantal dagen uitgesmeerd. Telkens moest hij terugkomen om een aantal nieuwe vragen te beantwoorden. Er werden meerdere personen op één dag verhoord. Op die manier kon informatie uit het ene verhoor in het andere gebruikt worden. De scheepsraad liet verdachten die niet wilden spreken, pijnigen. Een bekentenis was van essentiëel belang; zonder bekentenis kon de doodstraf niet gegeven worden. In een rechtszaak aan land had men keus uit allerlei pijnigingsmethoden, maar Pelsaert had geen pijnbank, scheenijzers of duimschroeven ter beschikking en pijnigen bestond in dit geval dan ook alleen uit het 'gieten van water'.[77] Hierbij werd de verdachte vastgebonden, een beetje achterover gekanteld en kreeg hij een trechter in zijn mond. Via die trechter werd hij langzaam volgegoten met water, zodat hij na verloop van tijd begon op te zwellen. Meestal was er maar weinig water nodig om de tong los te krijgen.

De provoost van de *Batavia*, wiens taak het was bij een dergelijk proces als openbaar aanklager op te treden en het proces voor te bereiden, was door de moordenaars omgebracht. Uit de aantekeningen die tijdens het proces werden gemaakt blijkt dat Pelsaert zelf de procedure leidde en de verdachten ondervroeg. Het lijkt in eerste instantie alsof hij de eerste stap van het proces, het verzamelen van informatie bij getuigen, oversloeg en direkt met de ondervragingen begon. Op diverse plaatsen blijkt echter dat hij wel degelijk getuigen hoorde.[78] Er zijn alleen geen getuigenverklaringen bewaard gebleven.

Pelsaerts scheepsraad pijnigde volgens de regels, wat wil zeggen dat het alleen gebeurde als de raad gegronde redenen had om aan de woorden van de verdachte te twijfelen en overtuigd was van zijn schuld. Verklaringen die tijdens de pijniging werden afgelegd waren niet geldig; de verdachte moest 'buiten pijn en banden' zijn bekentenis afleggen of herhalen. Pas dan kon het als bewijsmateriaal gelden.

Pelsaert onderzocht niet alleen de moordpartijen, maar alle strafbare feiten die waren gepleegd, namelijk: het beramen van muiterij op de *Batavia*; het plunderen van (geld)kisten en drankvoorraad vlak na de schipbreuk; het misbruiken van goederen die de Compagnie toebehoorden; het ombrengen en laten ombrengen van mensen; het misbruiken van (getrouwde) vrouwen; het beramen van muiterij op het eerste schip dat langs zou komen; het verhinderen van de preek en het vloeken. De muiterijplannen en de moordpartij werden wel als zwaarste delicten gezien. In de meeste gevallen verzwaarden de andere misdrijven de straf niet, ook omdat Pelsaert slechts beperkte strafmaatregelen tot zijn beschikking had. De zwaarste straf die hij oplegde was: dood door ophanging na het afhakken van beide handen en confisquatie van alle bezittingen van de veroordeelde; een straf die allerminst willekeurig was. Op moord en muiterij stond de doodstraf. Wanneer het slachtoffer van de veroordeelde open wonden vertoonde, kon een verwonding aan de straf worden toegevoegd. Financiële schade aan de Compagnie kon op de veroordeelde worden verhaald door het opleggen van een boete of door confisquatie van geld en goederen. In principe werd tegenover ieder delict dus een straf van dezelfde aard gesteld.

De straffen die de scheepsraad oplegde, moest zij tegenover haar superieuren te Batavia kunnen verantwoorden. Aan het eind van elk afzonderlijk verslag van een verhoor verklaarde de raad dan ook dat wat ze gehoord en gezien hadden, werkelijk zo was gebeurd, en dat ze dit te allen tijde tegenover de heren in Batavia wilden herhalen.

4.2 Verhoor en veroordeling van Cornelisz en zijn handlangers

In eerste instantie worden er acht mensen verhoord en berecht. De verhoren duren van 17 tot 28 september en geven in de meeste gevallen weinig problemen; pijniging is zelden nodig. Jeronimus Cornelisz is de enige weerspannige verdachte, die op alle mogelijke manieren onder zijn straf uit probeert te komen.

Cornelisz begint met het ontkennen van alle beschuldigingen. Van het feit dat vier van zijn vertrouwelingen door Hayes waren omgebracht maakt hij handig gebruik, door alle schuld op die vier mannen te schuiven. In de loop van de volgende dagen komt de scheepsraad stukje bij beetje achter de misdaden van Cornelisz. Op 22 en 23 september doet hij vrijwillig een reeks bekentenissen en daarmee is zijn verhoor min of meer afgerond. Maar als op 28 september nog meer belastende informatie boven tafel komt, trekt hij al zijn bekentenissen in en zegt dat hij die alleen had gegeven omdat er met pijniging gedreigd werd. Dit schept een probleem voor de scheepsraad. Iedereen is ervan overtuigd dat Jeronimus de doodstraf verdient, maar voor de veroordeling is een bekentenis nodig. Daarom wordt nog éénmaal met pijniging gedreigd. Jeronimus geeft toe dat hij schuldig is, en zegt dat hij door het ontkennen de procedure wat wilde rekken, zodat hij in Batavia zijn vrouw nog eens zou zien.[79] Diezelfde middag wil Pelsaert de eerste serie verhoren afronden. Hij laat Jeronimus' bekentenissen voorlezen en vraagt hem ten overstaan van alle aanwezigen of het inderdaad de waarheid is. Jeronimus antwoordt, dat er een bepaalde onterechte beschuldiging in voorkomt. Pelsaert laat direkt uitzoeken of dat zo is, maar komt tot de conclusie dat Jeronimus alweer heeft geprobeerd de scheepsraad te misleiden. Terwijl de scheepsraad vergadert over zijn straf, laat Jeronimus de predikant wat extra tijd voor hem bedingen, zodat hij nog gedoopt kan worden, tijd heeft om zijn zonden te overdenken en zich voor te bereiden op zijn dood. Dit kan hem natuurlijk niet geweigerd worden. De scheepsraad besluit dan ook dat de terechtstelling op maandag 1 oktober zal plaatsvinden, zodat Jeronimus op zondag gedoopt kan worden.

De volgende dag worden twee brieven van Jeronimus onderschept, waar in staat dat hij door iedereen belogen is, en onterecht veroordeeld. Pelsaert laat ze aan alle aanwezigen voorlezen en iedereen moet zweren dat wat Jeronimus heeft geschreven niet waar is. Weer wordt met pijniging gedreigd, en weer geeft Jeronimus toe dat hij schuldig is en dat hij had gelogen om tijd te winnen. Dan maakt Pelsaert de straf bekend: al Jeronimus' bezittingen worden door de VOC geconfisqueerd en hijzelf wordt opgehangen nadat beide handen zijn afgehakt. Als de datum van de executie bekend wordt, is Jeronimus ontzet. Hij vindt het veel te snel en voorspelt dat God door een wonder de executie zal verhinderen. Pelsaert verwacht een zelfmoordpoging en ziet erop toe dat alle scherpe voorwerpen buiten het bereik van Jeronimus worden gehouden. Op de avond van 29 september neemt Jeronimus vergif in, maar niet genoeg om te sterven. In allerijl krijgt hij een tegengif toegediend. Die nacht moet hij tenminste twintig keer losgelaten worden, 'omdat zijn voorgenomen mirakel, zoo van onderen, als boven werckten', zoals Pelsaert opmerkt.[80] De volgende dag wordt Jeronimus gehaald voor de preek en zijn doop. Hij weigert te komen. Met de onherroepelijke executie in het vooruitzicht hoeft hij zijn 'Torrentiaenschen opinie' niet meer te verbergen. Hij waarschuwt Pelsaert dat zijn daden hem door God waren ingegeven en omdat God niet in staat is iets slechts te veroorzaken, kunnen die daden niet slecht zijn. Wie hem erom veroordeelt, handelt dus tegen de wil van God en zal uiteindelijk ter verantwoording worden geroepen. Jeronimus' argumenten kunnen Pelsaert niet overtuigen. Met één extra dag uitstel, vanwege het slechte weer, wordt Jeronimus Cornelisz op dinsdag 2 oktober op Robben-eiland opgehangen.

De andere zeven misdadigers hebben nagenoeg dezelfde straf gekregen. Twee van hen bekennen vlak voor de executie ieder nog een moord en de andere veroordeelden waarschuwen Pelsaert dat er nog een groot aantal moordenaars en muiters vrij rondloopt, die de eerste gelegenheid om de *Sardam* te kapen te baat zullen nemen. Jan Pelgrom de Bije van Bemmel kan zich niet 'tot sterven voegen' en houdt niet op met huilen en bidden om genade. Hij vraagt of hij ergens op een eiland of op het Zuidland kan worden achtergelaten, waar Pelsaert uiteindelijk mee instemt.

4.3 Verhoor en veroordeling van de overige verdachten

Na de executie op 2 oktober wordt er zo veel mogelijk aan het wrak gewerkt, maar waarschijnlijk begint de scheepsraad al snel aan een nieuwe reeks verhoren.[81] Op 10 november gaat Pelsaert aan boord van de *Sardam* om het vertrek naar Batavia voor te bereiden. Nadat de duikers op 12 november zweren dat het onmogelijk is om meer goederen uit het wrak te bergen, neemt de scheepsraad op 13 november het besluit om de 15de te vertrekken. In dezelfde resolutie worden zes veroordelingen uitgesproken. Omdat deze zes misdadigers kennelijk niet zo'n grote bedreiging vormden als de eerste groep veroordeelden, moest de scheepsraad opnieuw de afweging maken of ze meegenomen zouden worden naar Batavia, of dat de zaak ter plekke afgehandeld kon worden. Er werd gekozen voor direkte bestraffing.

De zwaarste straf kreeg Wouter Loos, die verschillende moorden had gepleegd en tot Kapitein Generaal was gekozen toen Jeronimus Cornelisz door Hayes gevangen was genomen. De scheepsraad besliste dat hij samen met Jan van Bemmel op het Zuidland zou worden achtergelaten. Als ze in leven bleven, konden ze de Compagnie van dienst zijn door contact te leggen met de bewoners en uit te zoeken welke produkten er te krijgen waren.[82]

De andere vijf veroordeelden hadden ieder slechts één of twee moorden gepleegd, of geholpen bij moordpartijen zonder zelf iemand om te brengen. In de meeste gevallen gebeurde dat bovendien onder dwang. Hoewel de doodstraf in principe terecht zou zijn, vond de scheepsraad dat er voldoende verzachtende omstandigheden waren en besloot deze mensen niet ter dood te veroordelen, maar te kielhalen of van de ra te laten vallen. Het feit dat Salomon Deschamps één van die vijf was, heeft wellicht geleid tot het geven van deze lichte straffen.

Op 15 november vertrekt de *Sardam* met aan boord alle overlevenden en de uit het wrak geborgen goederen. Een maand eerder waren de de schipper van de *Sardam* en vier andere mannen met de boot uitgevaren om op verder gelegen eilanden naar aangespoelde goederen uit het wrak te zoeken, maar ze waren niet teruggekeerd. Zoektochten in de omgeving hadden niets opgeleverd, maar Pelsaert hoopte dat de mannen naar het vaste land waren gezeild en nog in leven waren. De *Sardam* zeilde daarom dicht onder de kust van Australië. De volgende dag zond Pelsaert een sloep naar het vaste land om naar de schipper te zoeken, maar hij werd niet gevonden. Wel was er zoet water in overvloed. Voetsporen en kleine paadjes wezen op de nabijheid van 'zwarten'. Pelsaert vond het een goede gelegenheid om Jan van Bemmel en Wouter Loos aan land te zetten. 's Middags zette de *Sardam* koers naar Batavia.

Na de veroordelingen van 13 november zat nog steeds een aantal verdachten gevangen. Pelsaert was van plan ze aan de bevoegde instanties te Batavia over te leveren, maar omdat de verdachten zelf dringend verzochten aan boord berecht te mogen worden, ging de scheepsraad inderdaad over tot een derde serie verhoren. De verdachten wisten dat de straf van Pelsaert veel lichter zou zijn dan de straf die ze in Batavia zouden krijgen. De scheepsraad verantwoordde deze laatste, onnodige rechtszaak aan boord met het argument dat de Gouverneur-Generaal dan niet gestoord zou hoeven te worden, aangezien hij waarschijnlijk al genoeg aan zijn hoofd had met de oorlog tegen de koning van Mataram. Negen mannen worden op 30 november veroordeeld en krijgen straffen die variëren van driemaal kielhalen en 200 slagen tot driemaal van de ra vallen en 50 slagen. Op 5 december arriveert de *Sardam* voor Batavia met het grootste deel van het geld – ongeveer 215.000 gulden – alle juwelen, met een waarde van ongeveer 60.000 gulden, wat zilverwerk en andere goederen uit het wrak.[83] Aan boord zijn bovendien 68 mannen, zeven vrouwen en twee kinderen van de *Batavia*.

5 AFHANDELING DER ZAKEN TE BATAVIA

5.1 Nogmaals verhoren en veroordelingen

De eerste tien dagen na zijn aankomst in Batavia had Pelsaert het druk met al het papierwerk. Het verslag van de gebeurtenissen moest met de eerstvolgende vloot naar het vaderland worden gestuurd en de schepen zouden op 18 december al vertrekken. Een lijst van alle geborgen goederen en een lijst van het aantal opvarenden van de *Batavia* dat onderweg gestorven, door de moordenaars omgebracht en door Pelsaert was gered, werden ook meegestuurd.[84] Tenslotte schreef hij nog een brief aan de bewindhebbers van de Kamer Amsterdam.[85]

Daarmee waren de zaken echter nog niet afgehandeld. De mensen die aan boord van de *Sardam* waren berecht en gestraft, werden wederom in hechtenis genomen en opnieuw veroordeeld.[86] Waarschijnlijk lag het aan de geringe status van een scheepsraad dat een tweede proces mogelijk was. Wanneer men vond dat de procedure niet naar behoren was verlopen of de straffen niet pasten bij het misdrijf, kon er een nieuwe procedure gestart worden. Het is moeilijk na te gaan in hoeverre Pelsaert bij deze processen nog betrokken was. Het onderzoek werd geleid door de advocaat fiscaal van Batavia; de Raad van Justitie berechtte de verdachten. De verzachtende omstandigheden die de scheepsraad had aangevoerd, werden totaal genegeerd. De misdadigers werden juist extra zwaar gestraft, om als afschrikwekkend voorbeeld te dienen. Degene die de zwaarste straf kreeg, Jacob Pietersz Cosijn, was door de scheepsraad nog niet berecht. Salomon Deschamps en drie anderen werden opgehangen. De andere acht personen kregen straffen die varieërden van het bijwonen van de executies, of geseling en brandmerking, tot loten om de doodstraf.[87]

Deze veertien personen waren niet de enigen die aan een proces onderworpen werden; Gijsbert Bastiaensz stond eveneens onder verdenking. Hij werd ervan beschuldigd dat hij zich niet naar behoren van zijn taak als predikant had gekweten.[88] De Raad van Justitie had hem schuldig bevonden. Bastiaensz verzocht revisie[89] en de kerkeraad van Batavia eiste dat de uitspraak van de Raad van Justitie herroepen werd. Uiteindelijk gebeurde dat ook.[90]

Het lijkt vreemd dat zelfs Lucretia beschuldigd werd. Waarschijnlijk

6. Eerste pagina van de brief van Fransisco Pelsaert, december 1629. Zie bijlage VI.

werd zij aangeklaagd door andere overlevenden, die haar gedwongen relatie met Cornelisz als medeplichtigheid aan de moordpartij uitlegden. Op Batavia's Kerkhof had Cornelisz haar steeds afgezonderd van de andere mensen, dus kontakt tussen Lucretia en haar lotgenoten was er niet. Zij verkeerde bovendien in de bevoorrechte positie dat ze aan één man was toegewezen, wat bij de andere vrouwen jaloezie opwekte. Er waren in haar zaak vele getuigenverklaringen verzameld.[91] De aanklacht luidde dat zij schuldig was aan

> 'ophitsinge, stijvingh tot boose feijten ende moorderije vant geberghde en t'gesalveerde volck [...] haer tot een boel vanden aldersnootsten moordenaer ende opgeworpen capiteijn Jeronimus Cornelisz begevende, waer door eenige door haer vals ingeven om t'leven sijn gecomen.'[92]

Omdat zij niet wilde bekennen, vroeg de advocaat fiscaal toestemming tot 'scherper exame', ofwel pijniging. De Gouverneur-Generaal en Raad van Indië besloten Lucretia een laatste kans te geven en stuurde secretaris Vander Lee en predikant Danckaerts naar haar toe, om haar ervan te overtuigen dat ze er beter aan deed 'de waerheijt van de saecke [te] openbaeren, op dat haer buijten torture ende pijne mochte houden, nademael de saecke soo notoir ende bij soo veel attestatien bewesen wierdt'. Lucretia hield vol dat zij onschuldig was.[93]

Noch de getuigenverklaringen tegen Lucretia, noch de verslagen van haar verhoor zijn bewaard gebleven. Waarschijnlijk doorstond zij de pijniging zonder te bekennen, want in dat geval zou ze als medeplichtige aan de moorden de doodstraf verdiend hebben, terwijl ze in oktober 1630 hertrouwde met Jacob Cornelisz Cuick van Leiden – haar eerste echtgenoot was al gestorven voor zij te Batavia arriveerde – en tussen 1635 en 1637 met haar nieuwe echtgenoot naar Nederland terugkeerde.[94]

Niet alleen werden de misdadigers zwaarder gestraft dan Pelsaert had gedaan; ook de beloningen voor goed gedrag werden in Batavia verhoogd. Pelsaert had het salaris van Wiebe Hayes van ongeveer tien gulden per maand verhoogd tot achttien[95] gulden en promoveerde hem tot korporaal. In Batavia werd hij gepromoveerd tot vaandrager, met een salaris van veertig gulden per maand. De soldaten werden gepromoveerd tot adelborst en zouden voortaan allemaal tenminste tien gulden per maand gaan verdienen. Dat laatste gold ook voor alle matrozen die minder dan tien gulden per maand kregen. Iedereen die zich 'getrouw betoont ende de quade vromelijck naar vermogen wederstaan' had, kreeg twee maanden gage als beloning.[96] De bemanning van de *Sardam* kreeg als beloning honderd realen van achten om onder elkaar verdelen.[97]

De enige opvarende van de *Batavia* die in maart 1631 nog in voorarrest zat, was schipper Adriaan Jacobsz. Hij werd verdacht van het beramen van muiterij op de *Batavia*, maar weigerde te bekennen.[98] Daardoor kon hij niet veroordeeld worden en de Raad van Indië wist niet goed wat er met hem moest gebeuren. Men vroeg de Heren XVII in Nederland om raad.[99] Die oordeelden, na alle processtukken gelezen te hebben, dat er tegen Jacobsz wel erg 'rou geprocedeert' was, op grond van zeer weinig bewijzen. Men vond dat wanneer er verder niets boven tafel kwam, Jacobsz van verdere vervolging ontslagen, en als passagier naar Nederland gestuurd kon worden.[100]

5.2 *Pelsaerts carrière*

Waarschijnlijk vreesde Pelsaert dat zijn carrière, die er bij het vertrek uit Nederland zo goed had uitgezien, onder de schipbreuk te lijden zou hebben. In zijn brief van 15 december 1629 probeerde hij eerst de Kamer Amsterdam van zijn onschuld te overtuigen.[101] Daarna richtte hij zich op de Raad van Indië. Op 28 januari 1630 verzocht Pelsaert in de vergadering te mogen verschijnen. Hij toonde de brief die hij in 1628 van de Heren XVII had gekregen, waarin men hem bij de Gouverneur-Generaal en de Raad aanbeval, en kreeg als antwoord dat men 'op sijn persoon ende comportementen [zou] letten omme met gelegentheijt ende naer merite gevordert te werden.'[102] Het was een wat terughoudend antwoord, maar Pelsaert had waarschijnlijk niet op iets positievers gehoopt. Dat hij door de Heren XVII als kandidaat voor de Raad van Indië was voorgedragen, wisten noch hijzelf, noch de Gouverneur-Generaal op dat moment.[103] Waarschijnlijk rekende iedereen erop dat hij nog tenminste een aantal jaren in India zou dienen. Het feit dat hij voor de verkoop van het grote juweel van Boudaen in India als tussenpersoon was aangewezen wijst daarop. Het zou ook vreemd zijn als Pelsaert, met zijn gedegen kennis van het land, de handel, de cultuur en de taal ergens anders geplaatst werd. Dat hij niet direkt naar India ging, kan hebben gelegen aan de moeilijke bereikbaarheid van de westkust gedurende een groot deel van het jaar. De moesson verhinderde scheepvaartverkeer op Surat van mei tot september.[104] Het zou nog een half jaar duren voordat Pelsaert naar India kon vertrekken.

In de tussentijd kreeg hij twee opdrachten van de Raad van Indië. In maart 1630 werd hij aangesteld als lid van een raad die een bepaalde rechtszaak moest heroverwegen.[105] Pelsaert was één van de tien leden van die raad. De andere opdracht was een expeditie naar Jambi op de kust van Sumatra, waar Portugese schepen de peperhandel en de Nederlandse schepen bedreigden. Pelsaert was op deze reis vice-commandeur.[106] De expeditie duurde van eind april tot juni 1630.

Kort daarna moet Pelsaert ernstig ziek zijn geworden. Waarschijnlijk heeft hij nooit goed kunnen herstellen van de ziekte die hij aan boord van de *Batavia* had gehad. De moeilijke reis vlak na de schipbreuk, en het verblijf op de eilanden tijdens de verhoren, zullen zijn gezondheid geen goed hebben gedaan. In zijn brief van 12 december 1629 schreef hij ook over zijn slechte gezondheid.[107] Op 14 juni 1630 liet hij zijn testament maken, waarin hij zijn moeder als erfgename aanwees.[108] Eind augustus of begin september 1630 overleed hij.[109]

Al direkt na zijn overlijden raakte zijn goede naam in opspraak. Onder zijn bezittingen werden juwelen gevonden die hem door de Amsterdamse kooplieden Boudaen en Dobbelworst waren gestuurd. Het was de bedoeling dat Pelsaert bij de verkoop als tussenpersoon zou optreden. Het was alleen niet duidelijk of de Heren XVII in dit geval wel toestemming hadden gegeven. In Batavia werd Pelsaert althans verdacht van privéhandel, wat aan alle VOC-dienaren verboden was.[110] De juwelen uit Pelsaerts inboedel werden met de eerste vloot naar Amsterdam gestuurd, tegelijk met de lijst van nagelaten goederen, die waarschijnlijk in een openbare veiling verkocht zijn.[111] Die lijst is niet bewaard gebleven.

Andere kritiek op de overledene betrof de onverkoopbaarheid van de camee van Boudaen en andere kostbare juwelen, die op aanraden van Pelsaert door de Compagnie en anderen naar India gestuurd waren. In 1631 verwachtte Van Diemen, lid van de Raad van Indië, dat de juwelen na lang zwerven door India en andere plaatsen waar de VOC handel dreef, weer naar Europa teruggestuurd zouden moeten worden.[112] Hij heeft daarin gelijk gekregen.[113] Misschien vond hij ook dat Pelsaert dat zelf had kunnen voorzien. Grootmogol Jahangir, voor wie al die kostbaarheden bestemd waren, was al overleden voordat Pelsaert in 1627 uit India vertrok.[114] Pelsaert verwachtte kennelijk dat dat de vraag naar juwelen niet zou beïnvloeden. Er waren immers talloze hoge edelen, die ook geïnteresseerd waren in dergelijke artikelen. Maar de opvolger van Jahangir, zijn zoon Sjahjahan, was dat niet, wat de VOC grote financiële schade berokkende.

De Heren XVII, die na het lezen van het Pelsaert-journaal het vertrouwen in Pelsaert al verloren hadden, stelden hem geheel verantwoordelijk voor de schade die de VOC door Jahangirs dood leed. Ze hadden zich lelijk in hem vergist, zo schreven zij, want niet alleen was hij buitengewoon slap opgetreden tegen de moordenaars; ook had hij de Compagnie 'grotelijcxs geabuseert' door zich met de privé-handel in te laten.[115] Wanneer hij nog in leven was geweest, had Pelsaerts carrière deze beschuldigingen waarschijnlijk niet overleefd.

De koopman Boudaen, die van Pelsaerts dood hoorde, verscheen in november 1631 in de vergadering van de Heren XVII om de 'tronie van den

Grooten Mogul' die hij aan Pelsaert had meegegeven, terug te vragen. Hij verontschuldigde zich voor het feit dat hij de Heren XVII nooit van deze transactie op de hoogte had gebracht. De Heren XVII wilden niet over de 'tronie' praten voordat Boudaen het contract over de camee tekende, want dat had hij nog steeds niet willen doen. Boudaen weigerde te tekenen en de Heren XVII besloten dat de 'tronie' aan de Compagnie verviel en dat de camee verzekerd te Batavia zou blijven.[116]

In maart 1632 verzocht Pelsaerts moeder om uitkering van de maandgelden en nagelaten contanten van haar zoon. De juwelen en andere koopmanschappen uit de boedel van Pelsaert hadden een waarde van 5583 realen van achten. Na aftrek van zijn schulden bleef een bedrag van 4470 realen van achten over. Dit bedrag verviel aan de Compagnie, vanwege de verdenking van privéhandel. De verdiende maandgelden, waarvan het bedrag niet bekend is, en de 771 gulden die ook tussen Pelsaerts bezittingen waren gevonden, werden wel aan haar uitbetaald. Bovendien kreeg zij 'uit consideratie' een uitkering van 3800 gulden. Zij moest dan wel een verklaring ondertekenen waarin zij zich met dit bedrag tevreden stelt, en afziet van verdere aanspraken.[117]

5.3 Gijsbert Bastiaensz en zijn dochter

Van de meeste overlevenden wordt na hun aankomst te Batavia niets meer vernomen. Predikant Gijsbert Bastiaensz en zijn dochter Judith worden in de archieven nog wel enkele malen genoemd. Bij de moordpartijen had Bastiaensz zijn vrouw en zes kinderen verloren. Na zijn rechtszaak en rehabilitatie wilde Bastiaensz met zijn enig overgebleven dochter met de decembervloot van 1630 naar het vaderland terugkeren. Dat mocht, op voorwaarde dat hij geen aanspraak maakte op zijn verdiende maandgelden en zijn dochter te Batavia achter zou laten.[118] Vervroegd naar huis terugkeren zou contractbreuk betekenen; Bastiaensz was voor drie jaar aangenomen en had nauwelijks een jaar in Batavia gewerkt. De eis dat hij geen aanspraak zou maken op zijn verdiende gage was dan ook alleszins redelijk. Het achterlaten van zijn dochter Judith was voor de predikant waarschijnlijk het grote probleem. Hij besloot te blijven. Hij hertrouwde in juli 1631 met Maria Cnijf, en werd naar Banda gestuurd, waar hij in maart 1633 overleed.[119]

Judith Gijsbertsz was waarschijnlijk in het begin van 1630 getrouwd met Pieter van den Hoeven, maar was alweer weduwe op het moment dat haar vader zijn verzoek bij de Gouverneur-Generaal en Raden indiende.[120] Men wilde haar niet naar Nederland laten terugkeren, omdat in Azië een tekort was aan huwbare Nederlandse vrouwen voor de hogere VOC-dienaren. Judith hertrouwde in februari 1631 met predikant Helmich Helmichsz, die later op Amboina gestationeerd was. Hij overleed er in 1634 aan dysenterie.[121] Uit de laatst bekende vermelding van Judith Gijsbertsz blijkt dat zij in 1635 als predikantsweduwe een uitkering krijgt van 300 gulden, en vanwege 'de swarigheeden, haar in 't verongelucken van 't schip Batavia aan 't Zuytlant overgekomen' nog eens 300 gulden.[122]

5.4 Gevolgen op langere termijn

De schipbreuk van de *Batavia* had de aandacht van de bewindhebbers nogmaals op het Zuidland gevestigd. Men wilde de nog onbekende delen van de kust verkennen, maar daarnaast bleef men zich afvragen of er ook interessante handelswaar te krijgen was. Schepen die later langs de kust van Australië zeilden, kregen de opdracht om te letten op een mogelijk signaal van Wouter Loos en Jan van Bemmel, die door Pelsaert waren achtergelaten.[123] Hun informatie kon van belang zijn voor eventuele volgende expedities. Er is echter nooit meer iets van hen vernomen.

Op de oorzaak van de problemen aan boord, de schipbreuk en de moordpartijen, hadden de bewindhebbers een heel eigen kijk. Niet de onenigheid tussen Pelsaert en Jacobsz, of de slechte inborst van Cornelisz, maar de aanwezigheid van de vrouwen op het schip had de moeilijkheden veroorzaakt. Het meenemen van vrouwen van lagere VOC-dienaren was in de tijd van de *Batavia* nog gebruikelijk, maar er kleefden vele nadelen aan, die de Heren XVII in een brief aan de Gouverneur-Generaal allemaal opsomden.[124] Uiteindelijk besloten de Heren XVII geen vrouwen meer toe te laten op de schepen, met uitzondering van vrouwen van hoge officieren en belangrijke passagiers, om 'voor te komen de perijckelen, dewelcke daaruyt kunnen ontstaan gelyck dat is gebleken aan't verongeluckte schip Batavia'.[125]

6 HET PELSAERT-JOURNAAL

Pelsaerts manuscript over de gebeurtenissen tussen 4 juni en 5 december 1629 werd met de vloot die op 18 december van Batavia vertrok, naar Nederland gestuurd. In juli 1630 kwam de vloot aan.[126] Het manuscript, dat 85 bladen in folioformaat beslaat, werd gebundeld met de andere zogenaamde Overgekomen Brieven en Papieren van 1630. Het stuk draagt de titel *Droeviege daghaenteyckeningh int verliesen van ons schip Batavia*, maar wordt wel kortweg met 'Pelsaert-journaal' aangeduid. Die naam is eigenlijk ook beter; *Droeviege daghaenteyckeningh* is in feite alleen de titel van het eerste deel van het manuscript, waarin de reis met de boot naar Batavia wordt beschreven.

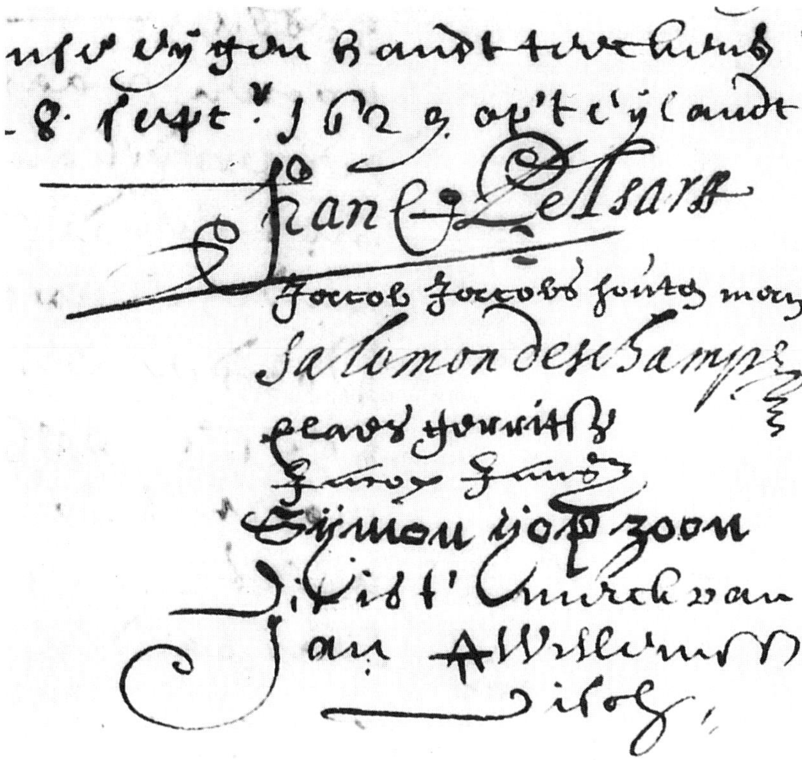

7. *Handtekeningen van de scheepsraad. Pelsaert-journaal, fol. 278v.*

In het Pelsaert-journaal wisselen dagaantekeningen, verhorenverslagen en vonnissen elkaar af. Bij eerste lezing is niet direkt duidelijk hoe het stuk is opgebouwd en wat de betekenis der afzonderlijk delen precies is. Vergelijking van de hand waarin dit stuk geschreven is met die Pelsaerts brief uit december 1629, roept bovendien vragen op omtrent de identiteit van de schrijver en de authenticiteit van het stuk.[127]

6.1 Vorm en opbouw

De dagaantekeningen van 4 juni tot 5 december vormen de rode draad in het Pelsaert-journaal. Ertussen zijn verhorenverslagen en sententies gevoegd. De resoluties van de scheepsraad maken deel uit van de dagaantekeningen. Na de dagaantekeningen is onder de titel *Verklaringh int corte, den oorspronck waarom, ende tot wat intentie Jeronimus Cornelissen ondercoopman, doen resolveren heeft tot het vermoorden van allent volck* een samenvatting opgenomen van de gebeurtenissen op de eilanden tijdens Pelsaerts afwezigheid.

Hoewel er in totaal 23 mensen door Pelsaert en de scheepsraad berecht werden, zijn alleen de volledige verhorenverslagen van de eerste acht personen opgenomen. Van de andere processen worden slechts de sententies vermeld. De getuigenverklaringen, die tijdens de processen moeten zijn afgelegd, ontbreken eveneens.[128] De verhorenverslagen zijn chronologisch opgebouwd, maar niet op het moment van het verhoor geschreven. Ze werden achteraf van kladaantekeningen gekopiëerd.[129] Elk afgesloten verhoor werd door de scheepsraad eigenhandig ondertekend en direkt gevolgd door de sententie, waarin een uitgebreide opsomming van de delicten en de uiteindelijke straf werden opgetekend. Ook sententies en resoluties werden door de voltallige scheepsraad eigenhandig ondertekend. Dit alles wijst erop dat het Pelsaert-journaal het officiële verslag van alle gebeurtenissen bevat, en dat losse aantekeningen, klad- en minuutversies, die zeker bestaan moeten hebben, verloren zijn gegaan.

De opbouw van het Pelsaert-journaal wordt verduidelijkt in onderstaande tabel.

Opbouw van het Pelsaert-journaal

232r-238v	Dagaantekeningen vanaf de schipbreuk op 4 juni tot de aankomst van Pelsaert te Batavia op 7 juli.
239v-250v	Dagaantekeningen vanaf het vertrek van de *Sardam* op 15 juli tot 27 september.
250v-254v	Resoluties van de scheepsraad op 28 september met de sententies in het kort.
255r-267v	Verhoor en sententie Jeronimus Cornelisz

268r-272v	Verhoor en sententie Jan Hendricx van Bremen
273r-276v	Verhoor en sententie Lenert Michielsz van Os
277r-280v	Verhoor en sententie Mattijs Beer van Munsterbergh
281r-285r	Verhoor en sententie Allert Jansz van Assendelft
285v-288r	Verhoor en sententie Andries Jonas van Luyck
288v-290v	Verhoor en sententie Rutger Fredericx van Groeningen
291r-293v	Verhoor en sententie Jan Pelgrom de Bye van Bemmel
294r-299v	Dagaantekeningen van 28 september tot 13 november.
299v-300v	Resoluties van de scheepsraad op 13 november.
301r-304r	Verhoor en sententie Wouter Loos.
304v	Instructie voor Wouter Loos en Jan van Bemmel.
305r-306v	Sententies van Salomon Deschamps, Rogier Decker, Abraham Gerritsz, Lucas Gellisz en Claas Harmansz.
306v-308v	Dagaantekeningen 14 november tot 2 december.
309r-312v	Sententies van Daniel Cornelisz, Hans Jacob Heijlweck, Cornelis Jansz, Jean Thirion, Andries Liebent, Hans Frederik, Olivier van Welderen, Jan Renou en Isbrant Isbrantsz.
313r	Dagaantekeningen van 3 december tot de aankomst te Batavia op 5 december.
315r-317r	*Verklaringh int corte* over de daden van Jeronimus Cornelisz.

6.2 De schrijver

Het Pelsaert-journaal is in dezelfde hand geschreven als één van Pelsaerts geschriften over India, die hij rond 1627 schreef.[130] Het zou voor de hand liggen aan te nemen dat Pelsaert beide stukken eigenhandig schreef. De brief die Pelsaert op 15 december 1629 schreef, vertoont echter een heel afwijkend schrift. Welk handschrift is dat van Pelsaert zelf? Voor het beantwoorden van die vraag zijn er verschillende aanwijzingen.

In de eerste plaats is er Pelsaerts eigen handtekening, zowel in het Pelsaert-journaal als onder de brief. De letters in die handtekening komen meer overeen met de letters in de brief, dan die in het Pelsaert-journaal. In zijn brief schrijft Pelsaert dat hij zelf bezig was met de administratieve afhandeling van de zaak in Batavia. Hij verwijst daarbij naar de lijst van opvarenden van de *Batavia.*[131] Deze lijst is geschreven in dezelfde hand als de lijst van geborgen goederen[132], die in twee versies bestaat. De eerste is geschreven in dezelfde hand als het Pelsaert-journaal en is aan boord van de *Sardam* geschreven. De tweede is in dezelfde hand als de brief van Pelsaert en werd na aankomst in Batavia gekopiëerd.[133] Als Pelsaert dus de laatste versie van de lijst schreef, schreef hij ook de brief, en niet het Pelsaert-journaal.

In de tweede plaats bestaat de veronderstelling dat Salomon Deschamps het geschrift over India kopiëerde[134], wat betekent dat Deschamps ook het Pelsaert-journaal schreef. Deze veronderstelling wordt ondersteund door het feit dat de letters in de handtekening van Deschamps overeenkomen met de letters in het stuk.[135] Daarnaast is het, gezien de functie van Deschamps en zijn rol in de scheepsraad van de *Sardam* tijdens de verhoren, volstrekt aannemelijk dat hij, en niet Pelsaert of een ander lid van de raad, als schrijver fungeerde. Een laatste aanwijzing in die richting wordt gevormd door de eedteksten die Jeronimus tijdens zijn bewind liet ondertekenen en waarvan kopieën, inclusief de namen van alle ondertekenaars, in het Pelsaert-journaal zijn opgenomen. Hoewel de handtekeningen min of meer in orde van rang zijn geplaatst, is Deschamps de laatste ondertekenaar.[136] Als schrijver had hij de mogelijkheid tijdens het kopiëren de volgorde van de namen te veranderen en de zijne helemaal onderaan te plaatsen, om daarmee te suggereren dat hij zich van Jeronimus en zijn 'complicen' distantiëerde.

Het identificeren van Deschamps als schrijver levert een nieuw probleem op. Het Pelsaert-journaal beschrijft immers de reis in de open boot naar Batavia en de terugreis met de *Sardam*, maar Deschamps bracht al die tijd door op Batavia's Kerkhof en kon dus onmogelijk die dagaantekeningen maken. Zelfs de verhoren kan hij niet vanaf het begin hebben meegemaakt. Pelsaert begon met het verhoren van Jeronimus al op 17 september, terwijl hij Deschamps pas de volgende dag terugzag.[137] Pas wanneer Pelsaert de misdadigers en de scheepsraad naar Batavia's Kerkhof verhuist, kan Deschamps zijn taak hebben opgevat. Dit betekent dat hij in ieder geval alle dagaantekeningen tot 19 september en het begin van de verhorenverslagen gekopiëerd moet hebben van aantekeningen die Pelsaert zelf had gemaakt.[138]

Wanneer Deschamps vanaf 19 september al het schrijfwerk voor zijn rekening nam, zou dat in de opbouw van het stuk merkbaar moeten zijn, doordat de dagaantekeningen van voor die datum door hem gekopiëerd moesten worden. In werkelijkheid sluiten de dagaantekeningen naadloos op elkaar aan en zijn dus ook de aantekeningen na 19 september later geschreven. Op 28 september, wanneer de sententies officiëel worden uitgesproken, moet Deschamps met het kopiëren wel min of meer bij zijn geweest[139]; de tekst van de sententies wordt op die datum immers aan de veroordeelden voorgelezen.

Waarschijnlijk is het dus zo dat Deschamps vanaf 19 september als lid van de scheepsraad de aantekeningen van de verhoren bijhield en direkt begon met het kopiëren van Pelsaerts dagaantekeningen vanaf het vertrek van de *Sardam* op 15 juli. Op 28 september voegde hij de officiële verhorenverslagen en de sententies toe, waarna de dagaantekeningen werden vervolgd. De latere sententies werden op de datum dat ze door de scheepsraad waren vastgesteld opgenomen. Het eerste deel van het manuscript, waarin de reis in de open boot wordt beschreven, kopiëerde hij eveneens en voegde hij vóór de dagaantekeningen op de *Sardam*[140]. De *Verklaringh int corte* wordt voor aankomst te Batavia geschreven op de laatste bladzijden van het katern waar de laatste dagaantekeningen in werden bijgehouden.[141]

Er is een opvallend verschil tussen de dagaantekeningen enerzijds en de verhoren en sententies anderzijds. De dagaantekeningen zijn vanuit Pelsaert zelf geschreven; ze beschrijven precies datgene wat Pelsaert deed, in de ik-vorm. De verhorenverslagen zijn zakelijker en over Pelsaert wordt in de derde persoon gesproken. Deschamps, die uit hoofde van zijn functie de verhorenverslagen voor zijn rekening nam, kan als auteur van dit deel van het Pelsaert-journaal worden beschouwd. Bij Pelsaert bleef wel de eindverantwoordelijkheid voor de inhoud van de verslagen liggen. De dagaantekeningen schreef Pelsaert in ieder geval tot 19 september, maar waarschijnlijk gedurende de hele periode, zelf, evenals de *Verklaringh int corte*. Daarom blijft Pelsaert de auteur van het Pelsaert-journaal, al was Deschamps degene die het stuk in de uiteindelijke vorm samenstelde.

7 TEKSTEN IN DRUK

7.1 Droevighe tijdinghe van de aldergouwelijckste Moordery

De eerste gedrukte tekst die in zijn geheel gewijd is aan de schipbreuk van de *Batavia* is het pamflet *Droevighe tijdinghe van de aldergouwelykste moordery, gheschiet [...] op 't Schip Batavia* dat in 1630 werd uitgegeven.[142] Het pamflet beslaat slechts vier pagina's: een titelpagina, een tekst van iets meer dan een pagina en een 'droevig clach-liedt' van twee pagina's. Het lied is dus het belangrijkste deel van het pamflet en de tekst ervóór dient als inleiding. De tekst is niet gebaseerd op het Pelsaert-journaal, maar voornamelijk op de inhoud van het lied. Het nieuws over de schipbreuk kwam op 7 juli in Nederland aan en waarschijnlijk verscheen het pamflet kort daarna. Plaats van uitgave was Rotterdam, zodat het aannemelijk lijkt dat degene die de informatie aan uitgever Cornelis Fransz doorspeelde een opvarende van het schip *Wapen van Rotterdam* was.[143]

Het zestien strofen tellende lied is typisch een nieuwslied; het geeft een overzicht van de gebeurtenissen tussen de schipbreuk en de aankomst in Batavia in december 1629. Alles wat het lied beschrijft, stemt overeen met feiten die uit andere bronnen bekend zijn, maar is tegelijkertijd zo gedetailleerd dat mag worden aangenomen dat de informatie in het lied uit de eerste hand is. De auteur van het lied bevond zich in eerste instantie bij Jeronimus Cornelisz op Batavia's Kerkhof, maar vluchtte later naar het eiland van Wiebe Hayes. Waarschijnlijk was hij één van de vijf matrozen die hij in de vijfde strofe noemt. De informatie in de inleiding op het lied is gedeeltelijk uit het lied gehaald, maar er moet ook een andere, wellicht mondelinge, informatiebron aan te pas zijn gekomen. Dat de schrijver van de inleiding de schipbreuk zelf niet meemaakte, blijkt uit zijn verklaring van Pelsaerts tijdige terugkeer met de *Sardam*: Pelsaert zou rustig in Batavia hebben gezeten, zich onbewust van de drama's die zich op de eilanden afspeelden. De redding was dan ook te danken aan iemand die naar Batavia was gestuurd om Pelsaert te halen. De schrijver had dus geen idee van de afstand van de eilanden tot Batavia.

7.2 Leyds Veer-Schuyts Praetjen

'Veerschuitspraatjes' en 'wagenpraatjes' waren een pamfletvorm waarin actuele, vaak politieke discussies werden weergegeven. Tijdens een reis in een veerschuit of wagen raken mensen van verschillende achtergrond met elkaar aan de praat en het optekenen van hun – fictieve – gesprek informeert de lezer over een bepaalde gebeurtenis.[144] Het *Leyds Veer-Schuyts Praetjen*[145] speelt tijdens een reis van Haarlem naar Leiden en geeft het gesprek weer dat een koopman en een burger uit Leiden voerden. Onderwerp van gesprek is het proces tegen Johannes Torrentius. Een eerdere druk van het pamflet dateert van 1628, toen de informatie nog actueel was. Aan de uitgave van 1630 zijn twee brieven toegevoegd van mensen die de schipbreuk van de *Batavia* overleefden. Hoewel alleen in de tweede brief het 'Torrentiaenen ghevoelen'[146] van Jeronimus Cornelisz wordt aangehaald, moeten beide brieven blijkbaar de verwerpelijkheid van Torrentius' leer illustreren.

De eerste brief[147] is gedateerd 11 december 1629 en werd ondertekend met 'U.L. dienstwilligen N.N. Coopman', waaraan de uitgever toevoegde: 'Hy meent de onder-coopman'. Gezien de inhoud van de brief komen van alle assistenten en boekhouders – dus diegenen die zichzelf met enige overdrijving onderkoopman zouden kunnen noemen – alleen Cornelis Jansz en Daniel Cornelisz in aanmerking. Zij zijn de enigen die niet direkt verdronken, niet tot de groep van Jeronimus behoorden en niet met Pelsaert naar Batavia gingen. Uit de brief blijkt verder dat de schrijver zich in eerste instantie met ongeveer zestig mensen op een eiland bevond, maar toen de handlangers van Jeronimus hem kwamen vermoorden, naar het eiland van Hayes vluchtte. Zoals duidelijk wordt in de bekentenis van Jan Hendricx van Bremen[148] speelde een aantal matrozen én assistent Cornelis Jansz dit klaar. Waarschijnlijk was hij de schrijver van de brief.

De tweede brief[149] is niet gedateerd en slechts ondertekend met 'U.E. dienstwillighen N.N.'. De schrijver voer in de open boot naar Batavia en keerde aan boord van de *Sardam* terug. Behalve Pelsaert, maakten ook de opper- en de onderstuurman deze reis mee, maar het is goed mogelijk dat dat voor meer mensen gold. De brief geeft verder geen enkele aanwijzing omtrent de identiteit van de schrijver.[150]

Dat beide brieven authentiek zijn, blijkt weer uit het feit dat de informatie die wordt gegeven in grote lijnen overeen stemt met informatie die uit andere bronnen bekend is, maar op bepaalde punten gedetailleerder is. De tweede brief is ook opgenomen in het pamflet *Wonderlijck verhael van het leven en gevoelen van Jan Symensz Torentius* dat in 1630 bij uitgever Louwerens Jansz in Haarlem verscheen.

7.3 *Ongeluckige Voyagie, van't Schip Batavia*

Ongeluckige Voyagie, van't Schip Batavia is het omvangrijkste (de eerste druk telde zestig pagina's in 4°), bekendste en meest populaire verhaal over de schipbreuk van de *Batavia* geworden. De tekst werd tussen 1647 en 1664 door vier uitgevers in negen drukken uitgebracht. Het is de enige tekst die op het Pelsaert-journaal werd gebaseerd. Het duurde vrij lang voor de tekst gepubliceerd werd; het Pelsaert-journaal was immers al in 1630 in Nederland aangekomen. Het lijkt erop dat er rond 1630 geen grote markt was voor dergelijke teksten, terwijl vijftien jaar later een hausse in de produktie van verhalen over VOC-reizen ontstond.[151]

In 1645 bracht de Amsterdamse uitgever Johannes Janssonius de tweedelige bundel *Begin ende Voortgangh van de Nederlantsche Geoctroyeerde Oost-Indische Compagnie* uit. De samensteller van de bundel was Isaac Commelin.[152] Deze gebruikte zowel reeds gedrukte als nog ongepubliceerde verhalen voor zijn bundel. De nieuwe verhalen baseerde hij op stukken uit het VOC-archief. Na de tweede druk van de bundel in 1646 bleef Commelin verhalen bewerken, maar een vervolg op de bundel zou niet meer verschijnen, omdat uitgever Joost Hartgersz in 1648 de bundel onder de titel *Oost-Indische Voyagien* in een eenvoudiger vorm nadrukte, en daarmee de markt voor de kostbare uitgave van Janssonius bedierf.[153]

Hoewel zijn naam in de uitgave van *Ongeluckige Voyagie* nergens vermeld wordt, zijn de overeenkomsten in stijl en manier van bewerken tussen deze tekst en bepaalde verhalen uit *Begin ende Voortgangh* zo groot, dat men mag aannemen dat Isaac Commelin ook de bewerker van deze tekst was. *Ongeluckige Voyagie* werd niet in de bundel opgenomen, maar verscheen in 1647 bij Johannes Janssonius.[154] Achter de tekst van *Ongeluckige Voyagie* werden twee andere verhalen opgenomen: het *Treur-bly-eynde Ongheluck, des Oost-Indische Compagnies Dienaers in't jaer 1636 weder-varen, in't Coninckl ijcke Hof van Siam* en *De groote Tyrannye van Abas, Coninck van Per-*

sien. De drie verhalen vertonen geen inhoudelijke samenhang. Hoewel het verhaal over de schipbreuk duidelijk het belangrijkst is, dienen de andere twee niet slechts als bladvulling: ze tellen resp. 47 en 9 pagina's. Waarschijnlijk had Commelin na het voltooien van *Begin ende Voortgangh* nog wat materiaal liggen waarvan hij uitgave wenselijk vond.

Hoe Commelin precies aan zijn bronnen kwam is niet bekend. Het is onwaarschijnlijk dat het VOC-archief voor hem toegankelijk was. Officiëel was het verboden informatie over de VOC te publiceren. In de praktijk werden de Overgekomen Brieven en Papieren, waar het Pelsaert-journaal deel van uitmaakte, echter door velen gelezen[155], zodat het voor Commelin geen groot probleem was om via-via aan een kopie van het stuk te komen.

De opbouw van *Ongeluckige Voyagie* uit 1647 is rommelig. De onoverzichtelijkheid van het Pelsaert-journaal speelde de bewerker parten. Een ander probleem was, dat hij het hele verhaal chronologisch probeerde weer te geven, terwijl er van de gebeurtenissen op de eilanden tijdens Pelsaerts afwezigheid geen chronologisch verslag bestond. Deze periode heeft hij moeten reconstrueren. Het verhaal eindigt nogal abrupt met het verhoor van Jeronimus Cornelisz en een getuigenis die Wiebe Hayes op 2 oktober 1629 aflegde. Over de andere verhoren en de periode na 28 september wordt niets vermeld. Dat Commelin zelfs de *Verklaringh int corte* aan het eind van het Pelsaert-journaal niet opnam, terwijl dit stuk toch de meest overzichtelijke samenvatting van de gebeurtenissen geeft, doet vermoeden dat Commelin slechts een deel van het Pelsaert-journaal tot zijn beschikking had.[156] Dat zou dan ook verklaren waarom hij zich excuseert voor het gebrek aan informatie en de lezer oproept nieuwe bronnen aan te dragen.[157] Wanneer hij het complete manuscript tot zijn beschikking had gehad, was die oproep niet nodig geweest.

Veronderstellen dat Commelin met een kopie van een deel van het Pelsaert-journaal werkte, kan ook verklaren waarom de getuigenis van Hayes ten laste van Jeronimus Cornelisz wel in de gedrukte tekst, maar niet in het Pelsaert-journaal voorkomt. Zoals in § 6.1 al bleek, moeten er meer verklaringen en andere stukken zijn geschreven dan in het Pelsaert-journaal werden opgenomen. Dat die stukken zich nu niet meer in het VOC-archief bevinden, wil niet zeggen dat ze in 1647 al verloren waren gegaan.

Commelin bleef ook na de eerste druk nog aan de tekst van *Ongeluckige Voyagie* werken. In 1648 verschijnt bij Janssonius een geheel herziene tweede druk onder de titel *Nieuwe en vermeerderde Ongeluckige Voyagie, Van't Schip Batavia*. Janssonius was echter niet de enige die brood zag in het uitgeven van de tekst. Voordat Janssonius zijn tweede druk voltooide, had zijn concurrent Joost Hartgersz al tenminste twee drukken van *Ongeluckige Voyagie* op zijn naam staan. De eerste druk van Hartgersz was een ongewijzigde nadruk van die van Janssonius. In de tweede druk heeft Hartgersz een belangrijk nieuw element aan het verhaal toegevoegd: een brief van predikant Gijsbert Bastiaensz aan zijn familie in Nederland.[158] Andere delen van het verhaal zijn anders gerangschikt dan bij Janssonius. In zijn eigen tweede druk spreekt Janssonius zijn ongenoegen uit over Hartgersz, die hij ervan beschuldigt de tekst 'om mijn schade, en misschien hem selver weynigh voordeel te doen, uyt nijdt ende afgunst heeft doen na-drucken'.[159] Maar Commelin schroomt uiteraard niet de nieuwe elementen die Hartgersz toevoegde in zijn herziene druk te verwerken. Eveneens in 1648, voor of na de tweede druk van Janssonius, bracht Hartgersz zijn derde druk van de tekst uit. De verhalen die in Janssonius' eerste druk achter *Ongeluckige Voyagie* waren opgenomen, nam Hartgersz alleen in zijn eigen eerste druk over. De latere drukken vult hij aan met enige pagina's 'Discoursen, den Oost-Indischen vaart betreffende'. In de tweede druk van Janssonius vervalt het verhaal over Siam, terwijl dat over de koning van Perzië gehandhaafd blijft.

Hartgersz nam *Ongeluckige Voyagie* op in de bundel *Oost-Indische Voyagien* die hij baseerde op Janssonius' *Begin ende Voortgangh*. In tegenstelling tot Janssonius stelde hij de bundel echter zo samen, dat de verhalen ook los verkocht konden worden. Op die manier bereikte hij een veel breder publiek dan Janssonius. Hoewel Janssonius in de tweede druk van *Ongeluckige Voyagie* de lezers oproept de verhalen van Hartgersz niet te kopen, en belooft alle teksten die Hartgersz publiceert 'in't selvige formaet, verbetert, vermeerdert, en met verscheyde kopere platen verrijckt' uit te brengen,[160] heeft hij zich niet aan deze toezegging gehouden. Noch van de bundel *Begin ende Voortgangh*, noch van *Ongeluckige Voyagie* zijn na 1648 bij hem nog drukken verschenen.

In 1648 bestonden er dus al drie verschillende versies van *Ongeluckige Voyagie*, in vijf drukken. Daar bleef het niet bij; de Utrechtenaar Lucas de Vries publiceerde in 1649 een nadruk van de tweede druk van Hartgersz. In 1651 bracht Hartgersz zijn eigen vierde druk uit en De Vries liet in 1653 nogmaals een herdruk verschijnen. Rond 1664 verscheen bij Gillis Joosten Saeghman een bundel verhalen onder de titel *Verscheyde Oost-Indische Voyagien*, gebaseerd op Hartgersz' bundel, en op dezelfde manier uitgegeven. *Ongeluckige Voyagie* was onderdeel van die bundel, zodat deze uitgave van Saeghman het aantal drukken van *Ongeluckige Voyagie* op negen bracht.

In 1654 verscheen in Rotterdam het boekje *De wonderen van't Oosten*, samengesteld door Arnoldus Montanus en gedeeltelijk gebaseerd op Hartgersz' bundel. Hierin is een korte samenvatting van *Ongeluckige Voyagie* opgenomen.

Zoals de tekst door de uitgevers steeds van elkaar overgenomen werd, kopiëerden zij ook elkaars illustraties. Janssonius heeft de meeste en de mooiste gravures bij de tekst laten maken. Hartgersz liet zes ervan nagraveren. In beide gevallen zijn de gravures niet gesigneerd. De Vries liet de illustraties van Hartgersz door Hendrik Winter kopiëren en Saeghman, die allerlei koperplaten en ander materiaal van Hartgersz overnam, kwam op die manier aan de platen die bij *Ongeluckige Voyagie* hoorden en gebruikte ze dan ook. Het is aardig om te zien hoe bij Montanus niet alleen de tekst, maar ook de illustraties zijn 'samengevat', in één kleine gravure.[161]

De druk van Saeghman was de laatste van *Ongeluckige Voyagie*. De tekst werd samengevat en in het Frans vertaald in 1672 opgenomen in Thévenots verzamelbundel met reisteksten.[162] John Harris vertaalde deze in het Engels en publiceerde hem in 1705.[163] In 1753 verschijnt er nogmaals een Franse samenvatting in *Histoire Generale Des Voyages* van A.F. Prévost.[164] Het werk van Prévost werd tussen 1747 en 1767 in het Nederlands uitgegeven, waardoor *Ongeluckige Voyagie*, in zeven pagina's samengevat, uiteindelijk weer terug kwam in eigen land.[165]

8 DE *BATAVIA* IN ONZE TIJD

Na deze achttiendee-eeuwse uitgaven raakte het verhaal enige tijd in de vergetelheid, totdat aan het einde van de negentiende eeuw in Australië de belangstelling voor de *Batavia* opbloeide. De schipbreuk met al zijn dramatische gevolgen werd gezien als een belangrijke gebeurtenis in de vroege geschiedenis van het land. Tot op heden is die belangstelling blijven bestaan, wat in hoofdzaak te danken is geweest aan het werk van H. Drake-Brockman. In lezingen, artikelen en romans vestigde zij de aandacht van het grote publiek op het verhaal, terwijl haar onderzoek naar de geschiedenis van het schip leidde tot het lokaliseren van het wrak. De *Batavia* werd gevonden terwijl zij de laatste hand legde aan het boek *Voyage to Disaster*, waarin de resultaten van haar onderzoek werden vastgelegd.

Tijdens de eerste acheologische expeditie in 1963 werden skeletten, munten, kanonnen en potscherven op de eilanden en in het wrak gevonden. In 1972 sloten de regeringen van Australië en Nederland een verdrag waarin werd bepaald dat de Nederlandse staat haar rechten op Nederlandse wrakken bij Australië overdroeg aan Australië. Het Western Australian Museum kreeg de verantwoordelijkheid voor de archeologische expedities naar die wrakken. Het grote werk aan de *Batavia* begon in hetzelfde jaar.[166]

8. *Gravure uit* Wonderen van't Oosten, *1651, p. 351.*

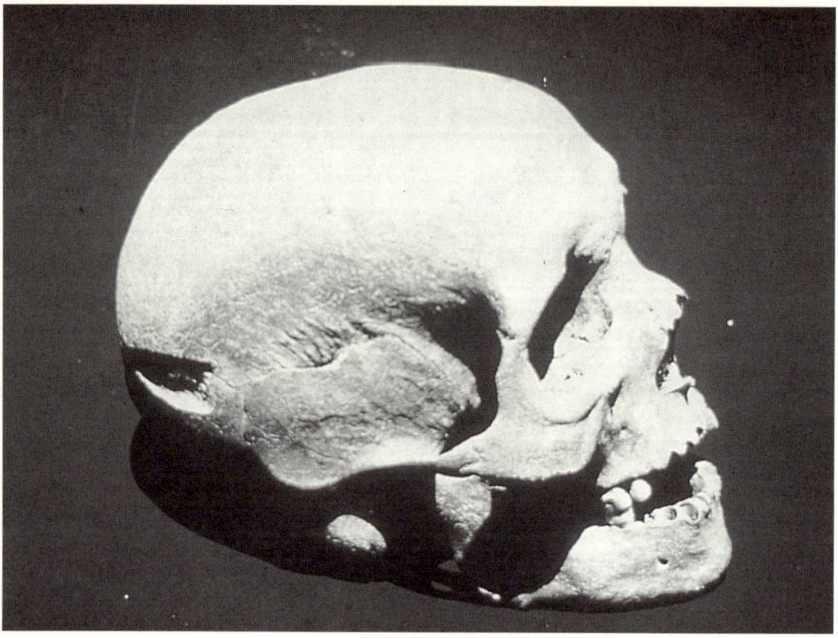

9. Een slachtoffer van de moordpartij, gevonden op Batavia's kerkhof. Foto: Patrick Baker/Western Australian Maritime Museum.

Niet alleen vele voorwerpen uit het wrak, maar ook delen van het schip werden geborgen. In het Western Australian Museum te Fremantle is een deel van de achtersteven gereconstrueerd; van de zandstenen blokken uit het ruim van het schip werd de poort opgebouwd die bedoeld was voor Kasteel Batavia.

In Nederland heeft met name het werk van *Stichting Nederland bouwt VOC-retourschip* tot grote belangstelling voor de geschiedenis van de *Batavia* geleid. Publikaties van de bouwers van de replica richtten zich voornamelijk op de (re)constructie van het schip, maar in het kielzog van de publiciteit over dit nieuwe schip verscheen in 1989 een hertaling van één van Hartgersz' drukken van *Ongeluckige Voyagie.*[167]

1 ARA, VOC 147, Resoluties Heren XVII, 29-3-1626.
2 Het schip kreeg de naam op 29-6-1628. ARA, VOC 229, Resoluties Kamer Amsterdam, die datum.
3 ARA, VOC 1097, OBP 1630, (Brief van Antonio van Diemen), 10-12-1629.
4 J.N. Green, *Excavation report and artefact catalogue,* 1989, p. 179-189.
5 ARA, VOC 147, Resoluties Heren XVII, oktober 1628.
6 ARA, VOC 1093, OBP 1628, (Brief van Pieter vanden Broecke), fol. 56.
7 Over de geschiedenis van de Grote Camee: A.N. Zadoks-Josephus Jitta, 'De Lotgevallen van den Grooten Camee in het Koninklijk Penningkabinet' in: *Oud-Holland,* 1951-IV, p. 191-211.
8 ARA, VOC 147, Resoluties Heren XVII, 27-10-1628.
9 Idem, 26-10-1628.
10 Zie het overzicht van de opvarenden, bijlage V.
11 Pelsaerts voornaam wordt vooral in recente publikaties regelmatig als 'François' gegeven, maar zelf tekende hij met 'Francisco'.
12 Eén van de lagere functies onder het administratieve personeel. Boven de assistent stonden de onderkoopman en de opperkoopman.
13 Stadsarchief Antwerpen, Weeskamer nr. 401, fol. 209.
14 Of de echtgenoot-zaliger van Pelsaerts moeder ook Pelsaerts biologische vader was, is niet duidelijk. Pelsaert en zijn zusjes worden 'voorkinderen', dus kinderen uit een eerder huwelijk, genoemd. Wiens huwelijk, wordt niet vermeld. Idem.
15 Stadsarchief Antwerpen, Weeskamer nr. 401, 5-7-1614, fol. 208 e.v.
16 ARA, VOC 7247, Resoluties Kamer Zeeland, fol. 351v.
17 GAA, Notarieel Archief, nr. 353, fol. 142.
18 Zie voor de integrale uitgave van deze manuscripten D.H.A. Kolff en H.W. Van Santen, *De geschriften van Francisco Pelsaert over Mughal indië, 1627,* Werken van de Linschoten-Vereeniging, LXXXI, 1979.
19 ARA, VOC 1093, OBP 1628, (Brief van Pieter vanden Broecke), fol. 58r.
20 ARA, VOC 148, Resoluties Heren XVII, 19-11-1631.
21 ARA, VOC 1099, OBP 1631, (Brief Antonio van Diemen), fol. 49r.

22 H.T. Colenbrander, *Jan Pietersz. Coen. Bescheiden omtrent zijn bedrijf in Indië*, 1919-1953 (7 dln.) Hiervan deel 5, p. 842.
23 Idem, p. 826.
24 Idem, p. 858.
25 Idem, deel 3, p. 392.
26 ARA, VOC 4695.
27 Pelsaerts manuscript over de schipbreuk van de *Batavia*, hierachter afgedrukt en in het vervolg aangeduid met 'Pelsaert-journaal'. Aldaar, fol. 258r-v.
28 Idem, fol. 315r.
29 Idem.
30 Latinisering van Jan Symensz vander Beecke.
31 A. Bredius, *Johannes Torrentius, schilder*, 1909, p. 4-5.
32 GAH, Stadsarchief kast 8.3, nr. 21: Dossier-Torrentius.
33 Pelsaert-journaal, fol. 294r. Het is waarschijnlijk dat Cornelisz dit verzoek als uitvlucht gebruikte op het moment dat hij veroordeeld werd. Niemand kon op dat moment controleren of hij al dan niet gedoopt was.
34 Brief van een overlevende in *Leyds Veer-Schuyts Praetjen*, 1630, p. 20. Zie bijlage IX.
35 Moreland, *Jahangirs India*, 1925, p. xiii en Kolff en Van Santen, 1979, p. 51. Zie ook § 6.2. Het is mogelijk dat Deschamps de kopie in de zomer van 1628 in Nederland schreef. In dat geval hoeft hij niet in India geweest te zijn. Maar aangezien personeel voor Azië meestal kort voor het vertrek van een vloot werd aangenomen en de diensttijd pas inging op het moment dat de vloot vertrok, is het niet waarschijnlijk dat dit voor Deschamps de eerste reis werd. Daarom lijkt het mij waarschijnlijker dat hij tegelijk met Pelsaert in India was en diens manuscripten op weg naar Nederland kopiëerde.
36 C.A.L. van Troostenburg de Bruyn, *Biographisch woordenboek van Oost-Indische predikanten*, 1893, p. 25.
37 J.R. Bruijn e.a., *Dutch-Asiatic Shipping*, 1979-1987 (3 vols.). Deel 2, p. 60 (vertrek) en Overzicht van opvarenden in bijlage V (mensen van de *Batavia* worden overgezet op de *Galiasse*).
38 Overzicht van opvarenden, zie bijlage V.
39 Waarschijnlijk op instructie van de Heren XVII, die de vloot van Specx ook de opdracht gaf daar te verversen. ARA, VOC 1097, OBP 1629 (Resoluties Specx), fol. 344v.
40 Overzicht van opvarenden, zie bijlage V.
41 Pelsaert-journaal, fol. 257r.
42 Overzicht van opvarenden, zie bijlage V.
43 Pelsaert-journaal, fol 257r en 258v.
44 Dat de *Batavia* zeker stukken moet hebben achtergelaten, blijkt uit de opmerking van predikant Gijsbert Bastiaensz, over de journalen die in Amsterdam moeten zijn. Zie bijlage X. De papieren brieven van de *Batavia* zijn nooit in Nederland aangekomen. Het duurde na het vertrek van de *Batavia* een jaar voordat een schip op de thuisreis de Kaap aandeed.
45 G.J. Hoogewerff, *Journalen van de gedenckwaerdige reijsen van Willem IJsbrantsz Bontekoe*, 1952, bijlage II, art. 8.
46 Zoals Jacobsz zelf zegt: Pelsaert-journaal, fol. 257r.

47 Het is een bijzondere vorm van muiterij die beraamd wordt. Het is immers geen muiterij in de zin van opstand tegen het gezag aan boord, maar eerder een diefstal van schip en lading door de officieren. Het gezag aan boord zal niet omver geworpen worden; het scheepsvolk krijgt alleen met een ander beleid te maken.
48 Pelsaert-journaal, fol. 314v-315r.
49 Idem, fol. 316r.
50 Bruijn e.a, *Dutch-Asiatic Shipping*, deel I, p. 71.
51 Colenbrander, 1923, deel 5, Brieven naar Patria, 30-10-1627. Zie ook G. Schilder, *Australia Unveiled*, 1976, p. 100.
52 Verklaring voor de Raad van Justitie, zie bijlage II.
53 Pelsaert-journaal, fol. 232v.
54 Idem, fol. 273r.
55 Zie vooral Pelsaert-journaal, fol. 310 r-v.
56 Van de 341 opvarenden overleden tien mannen, deserteerden er zes en werden er drie door Pelsaert op andere schepen gezet. Eén jongen kwam bij Sierra Leone aan boord. Zie bijlage V.
57 Pelsaert geeft in het overzicht van opvarenden, bijlage V, het getal van veertig verdronken mannen. Voor een deel zijn dat echter de mensen die na 6 juni nog van boord probeerden te komen, en moeten dus van de zeventig mensen op het schip afgetrokken worden.
58 Deze rivier komt rond 1628 op kaarten wel voor, maar welke rivier ermee bedoeld wordt, is niet duidelijk. Zie ook Schilder, 1976, p. 76-77.
59 Uit 'Voijagie van Wilm ten Holten, naer Oost Indien anno 1629'. Het beknopte verslag van deze reis is opgenomen in een opmerkelijk anoniem manuscript, van ca. 1645, in het vervolg aangeduid met 'Ms. Harderwijk', waarin allerlei samenvattingen van reisverslagen en wetenswaardigheden over de VOC en de WIC zijn verzameld. Oud Archief Harderwijk, 2052, fol. 30-31.
60 Zie bijlage II.
61 Zie bijlage III.
62 Colenbrander, 1923, deel 5, p. 758.
63 Idem.
64 Zie bijlage III. Deze schatting klopte niet met de feitelijke positie van 28 $^1/_2$° ZB.
65 Uit Ms. Harderwijk, ca. 1645, fol. 36r. De anekdotes over de schipbreuk van de 'Batavia' in dit manuscript zijn niet uit enige andere bron bekend. Zeer waarschijnlijk zijn zij gebaseerd op mededelingen van iemand die de ramp meemaakte.
66 Pelsaert-journaal, fol. 293r.
67 Merk op dat Cornelisz een samenhangende theorie presenteert, gebaseerd op een geloof in God, terwijl uit de uitlatingen van Torrentius veeleer een fundamentele twijfel aan het bestaan van God blijkt. Zie de passage over zijn terechtstelling, Pelsaert-journaal, fol. 294v.
68 Pelsaert-journaal, fol. 293r.
69 Uit Ms. Harderwijk, ca. 1645, fol. 37r.
70 Zie bijv. de brief van Bastiaensz in bijlage X.
71 Idem.

72 Ms. Harderwijk, ca. 1645, fol. 36v
73 De afstanden in deze paragraaf zijn gebaseerd op J.N. Green, 1989, p. 2-3. De gegevens over de eilanden zijn ontleend aan *Sailing Directions for Australia*, vol. IV, 1932, p. 377-380.
74 Pelsaert noemt het soms ook Hoge Eiland.
75 De algemene gegevens zijn gebaseerd op H. Hoogenberk, *De rechtsvoorschriften voor de vaart op Oost-Indië, 1595-1620*, 1940, met name hoofdstuk IV, en P. van Heijnsbergen, *De pijnbank in de Nederlanden*, 1925.
76 De volgorde van de handtekeningen van de leden van de scheepsraad is naar rang. IJopzoon tekent als zesde (daarom wordt aangenomen dat hij de hoogbootsman was) en Visch als zevende. Visch is analfabeet, hij zet geen handtekening, maar een merkteken. Pelsaert vermeldt op 18 september een Jan Willemsz van Dort als bootsman op de *Sardam*. Mogelijk is dit dezelfde persoon als Jan Willemsz Visch. Bootsman betekent matroos; Visch zou dus matroos kunnen zijn. Het is ook mogelijk dat Pelsaert in plaats van bootsman, hoogbootsman bedoelde. In dat geval zou Visch hoogbootsman zijn, en IJopzoon moet dan een andere functie, bijvoorbeeld van militair officier, hebben gehad.
77 De illustratie in *Ongeluckige Voyagie, Van't Schip Batavia*, 1647, waarop een complete martelkamer wordt afgebeeld, is dan ook misleidend. Zie afbeelding 15.
78 Zie bijv. Pelsaert-journaal, fol. 250r, waar Pelsaert meldt dat hij twee slachtoffers wil ondervragen. Ook fol. 251r: 'soo bevinden wij volgens [...] getuygenisse, van al de levende persoonen' en 251v: 'naar lange examinatie van alle menschen die op't eijlandt geweest zijn'.
79 Het is niet waarschijnlijk dat Jeronimus' vrouw, als hij die al had, in Batavia was.
80 Pelsaert-journaal, fol. 294v.
81 Alleen het verslag van het verhoor van Wouter Loos is in het Pelsaert-journaal opgenomen, de andere niet. Van deze veroordeelden is alleen de sententie die in de resolutie van 13 november wordt gegeven, bekend.
82 Pelsaert-journaal, fol. 304v.
83 ARA, VOC 1097, OBP 1630, (Brief van Antonio van Diemen), 10-12-1629.
84 Zie bijlagen IV en V.
85 Zie bijlage III.
86 De twee Franse soldaten Jean Thirion en Jan Renou zijn de enigen die niet nogmaals berecht worden.
87 ARA, VOC 1099, OBP 1631, (Resolutien bij d'Heer Specx) , 28-1-1630, fol. 19r.
88 J. Mooij, *Bouwstoffen voor de geschiedenis der protestantsche kerk in Nederlandsch-Indië*, 1927-1931 (3 dln.), deel 1, p. 331.
89 ARA, VOC 1099, OBP 1631, (Resolutien bij d'Heer Specx), fol. 25r-v.
90 Mooij, 1927-1931, deel 1, p. 345.
91 ARA, VOC 1099, OBP 1631, (Resolutien bij d'Heer Specx), fol. 24r.
92 Idem.
93 Ibidem.
94 Drake-Brockman, 1964, p. 70.

95 In het Pelsaert-journaal, fol. 254v, werd voor Hayes' nieuwe salaris oorspronkelijk 28 gulden genoteerd, wat later werd veranderd in 18 gulden. Het hoeft niet te betekenen dat Pelsaert het salaris naderhand verminderde, zoals Drake-Brockman, 1964, p. 157n, suggereert; het kan ook een verschrijving zijn geweest.

96 ARA, VOC 1099, OBP 1631 (Resolutien bij d'Heer Specx), fol. 19v.

97 Idem, fol. 24v.

98 ARA, VOC 1099, OBP 1631, (Brief Antonio van Diemen), fol. 56v.

99 Idem.

100 ARA, VOC 315, Copien van Brieven ende papieren gesonden na d'Oostindien, 23-11-1631.

101 Zie bijlage VI.

102 ARA, VOC 1099, OBP 1631, (Resolutien Specx), 28-1-1630, fol. 19v-20r.

103 De vloot met dat bericht zou pas tegen het einde van 1630 te Batavia arriveren.

104 H.W. van Santen, *De Verenigde Oost-Indische Compagnie in Gujarat en Hindustan, 1620-1660,* 1982, p. 26.

105 ARA, VOC 1099, OBP 1631, (Resolutien Specx), fol. 23v.

106 Idem, fol. 30r.

107 Zie bijlage VI, fol. 583v.

108 Kolff en Van Santen, 1979, p. 41.

109 De precieze datum is niet bekend. In de vergadering van Gouverneur-Generaal en Raden van 13 september wordt over Pelsaerts nagelaten goederen gesproken, dus hij overleed in ieder geval vóór die datum. ARA, VOC 1099, (Resolutien Specx), fol. 49r.

110 Idem.

111 ARA, VOC 1099, OBP 1631, (Brief Van Diemen), fol. 57r.

112 Idem.

113 De camee was rond 1655 terug in Nederland, Zadoks-Josephus Jitta, 1951, p. 201, en bevindt zich nu in het Koninklijk Penningkabinet te Leiden.

114 ARA, VOC 1093, OBP 1628, (Brief Pieter vanden Broecke), fol. 57r.

115 ARA, VOC 315, Copien van Brieven na d'Oostindien, 27-8-1630 en 12-11-1631.

116 ARA, VOC 148, Resoluties Heren XVII, 19 november 1631.

117 Idem, 17-3-1632. M.i. wijzen die extra uitkering en de verklaring erop dat de beschuldiging van privéhandel niet hard gemaakt kon worden. Wanneer privéhandel zou zijn bewezen, zou Pelsaerts schuld ook niet van het bedrag afgetrokken worden dat de VOC toekwam, maar van zijn verdiende gage.

118 ARA, VOC 1099, OBP 1631, (Resolutien Specx), fol 61v.

119 C.A.L. van Troostenburg de Bruyn, 1893, p. 25.

120 Als zij een rouwperiode van een jaar aanhield, moet haar eerste echtgenoot uiterlijk in februari 1630 zijn overleden.

121 C.A.L. van Troostenburg de Bruyn, 1893, pp. 176-177.

122 J. Mooij, 1927-1931, deel 1, p. 18.

123 Zie bijvoorbeeld de instructie in J.E. Heeres, *Het aandeel der Nederlanders in de ontdekking van Australië 1601-1765,* Leiden, 1899, p. 66.

124 ARA, VOC 315, Copien van Brieven na d'Oostindien, 27-8-1630.

125 P. van Dam, *Beschryvinge van de Oostindische Compagnie*, ed. F.W. Stapel, 1977, (7 dln). Derde boek, p. 357. De resolutie werd genomen in 1650. Waarschijnlijk werden de bewindhebbers door de recente uitgaven van het boek *Ongeluckige Voyagie, van't Schip Batavia* aan de ramp herinnerd, en werd het daarom als voorbeeld aangehaald. Zie § 7.2.

126 J.R. Bruijn e.a., *Dutch-Asiatic Shipping*, vol. III, p. 32.

127 Vergelijk afbeelding 1 en 6. De brief is opgenomen in bijlage VI.

128 Zie § 4.

129 De katern-opbouw van het Pelsaert-journaal wijst dit uit. Aangezien de verhoren parallel verliepen, moeten de originele verhorenverslagen ieder op een nieuw katern beginnen. In het Pelsaert-journaal is dit niet het geval; elk verhoor sluit direkt aan op de voorgaande sententie. Zie ook de tabel.

130 Namelijk een kopie van de *Remonstrantie*, VOC 4906.

131 Brief van Pelsaert, 12 december 1629, fol. 583v. Zie bijlage VI.

132 Waarschijnlijk is het deze lijst waar Pelsaert naar verwijst als hij het heeft over de 'geberchde boeckenn', idem.

133 Hoewel de stukken niet zijn gedateerd, is toch met zekerheid te zeggen waar ze geschreven werden. In de eerste versie van de lijst van geborgen goederen (ARA, VOC 1098, fol. 529) werd vermeld dat deze goederen aan Gouverneur-Generaal Coen werden overgeleverd. Dat Coen al enige maanden geleden overleden was, wist men aan boord van de *Sardam* nog niet. In de tweede versie van de lijst (idem, fol. 581, zie bijlage IV) wordt Specx als Gouverneur-Generaal genoemd.

134 Moreland, 1925, p. xiii vermeldt dat 'on evidence of handwriting, Mr. Bijlsma [archivaris ARA rond 1925, vr] concludes that it [de kopie van de Remonstrantie] was written by a junior factor, named Salomon Deschamps'. Een artikel over dit onderwerp van de hand van Bijlsma heb ik niet kunnen achterhalen, zodat het zeer goed mogelijk is dat het hier een mondelinge mededeling betreft.

135 Waarschijnlijk was dit precies het argument van Bijlsma, en belanden we hier in een cirkelredenering.

136 Pelsaert-journaal, fol. 259v.

137 Op 18 september vaart Pelsaert voor het eerst naar Batavia's Kerkhof. Pelsaert-journaal, fol. 246r.

138 Ik veronderstel dat Pelsaert dat zelf deed omdat er geen reden zou zijn Deschamps als schrijver aan te stellen als hij al een schrijver aan boord had.

139 Of tenminste vóór 2 oktober; de extra bekentenissen die op die datum werden afgelegd, worden in de marge toegevoegd. Zie bijv. Pelsaert-journaal fol. 278v.

140 Dat dit stuk later gekopiëerd werd dan de dagaantekeningen van de *Sardam* blijkt uit het feit dat de twee delen niet precies op elkaar aansluiten. Het eerste deel beslaat een katern van acht bladen plus drie losse bladen. Het tweede deel begint op een nieuw katern.

141 Tussen de laatste dagaantekening en de *Verklaringh* zit een aantal blanco bladzijden. Dit geeft aan dat Deschamps niet wist hoeveel ruimte hij nog nodig zou hebben voor de dagaantekeningen op het moment dat hij aan de *Verklaringh* begon. De reis was dus nog niet voltooid.

142 Zie bijlage VII.
143 Dit was het enige schip in de vloot dat Rotterdam als thuishaven had. *Dutch-Asiatic Shipping*, vol. III, p. 32.
144 C.E. Harline, *Pamphlets, printing, and political culture in the early Dutch republic*, 1987, ch. VII.
145 *Leyds Veer-Schuyts Praetjen, tuschen een koopman ende borger van Leyden*, 1630.
146 Idem, p. 20. Zie bijlage IX.
147 Zie bijlage VII.
148 Pelsaert-journaal, fol. 269v.
149 Zie bijlage VIII.
150 W.F. Wertheim en A.H. Werheim-Gijse Weenink, *Ketters en kwezels, regenten en rebellen*, 1968, p. 42, veronderstellen zonder verdere argumentatie dat de briefschrijver onderstuurman Claes Gerrtisz was.
151 In deel I van mijn doctoraalscriptie *Journalen ter zee ende reysen te lande*, 1992, beschrijf ik de ontwikkeling van de produktie van gedrukte teksten over reizen naar Oost-Indië in de 17e eeuw. De produktie steeg van 3 eerste en 4 latere drukken in de jaren 1630 tot 16 eerste en 35 latere drukken in de jaren 1640. Aldaar, p. 19.
152 De namen van Janssonius en Commelin komen niet in de uitgave voor; de bundel werd anoniem gepubliceerd. Isaacs zoon Caspar Commelin vermeldt de bundel, met uitgever en auteur, in zijn *Beschrijvinge van Amsterdam*. Zie C.R. Boxer, 'Isaac Commelin's Begin ende Voortgangh' in *Dutch Merchants and Mariners in Asia*, 1988, p. 2.
153 V. Roeper, 1992, p. 28-29.
154 Janssonius noemde zich in dit geval Jan Jansz.
155 Alle bewindhebbers van de VOC hadden toegang tot de Overgekomen Brieven en Papieren, en het recht delen ervan voor eigen gebruik te kopiëren. R. Raben (ed.), *De archieven van de Verenigde Oostindische Compagnie 1602-1795*, 's-Gravenhage, SDU, 1992, p. 30.
156 Namelijk fol. 232 t/m 264.
157 *Ongeluckige Voyagie*, 1647, p. 16.
158 Zie bijlage X.
159 *Nieuwe en vermeerderde Ongeluckige Voyagie*, 1648, 'Waerschouwinge tot den Leser'.
160 Idem.
161 Montanus, 1651, p. 135.
162 *Relations de divers Voyages Curieux*, Paris, 1672, 4 vols. Vol. Ic, p. 50-56.
163 *Navigantum atque Itinerantium bibliotheca, Or, a compleat collection of voyages and travels*, London, 1705, 2 vols. Herdruk 1764, vol. I, ch. 1, section xxi (p. 320-325).
164 *Histoire Generale des Voyages ou nouvelle collection de toutes les Relations de voyages par mer et par terre*, Paris, 1746-1761, 16 vols. Vol. 11 (1753), p. 202-208.
165 *Historische beschryving der Reizen of nieuwe en volkome verzameling van de allerwaardigste en zeldzaaamste zee- en land-togten*, deel 18 (1759), p. 353-360.
166 J.N. Green, 1989, p. 1.
167 G.C. Molewijk, *Pelsaerts journaal van de ongelukkige reis van het schip Batavia*, 1989.

10. De schipbreuk van de Batavia, *uit* Ongeluckige Voyagie, *1647, tussen p. 2-3. Gravure*

VERANTWOORDING

Hierna volgt de tekst van het manuscript dat onder de titel *Droeviege daghaenteyckeningh int verliesen van ons schip 'Batavia'* is opgenomen in het archief van de VOC dat zich tegenwoordig in het Algemeen Rijksarchief in Den Haag bevindt. Deze tekst is aangevuld met tien bijlagen die chronologisch zijn geordend. Te zamen geven tekst en bijlagen een overzicht van alle belangrijke 17e-eeuwse bronnen over de schipbreuk van de *Batavia* voor zover die nu bekend zijn. Minder omvangrijke en minder belangrijke bronnen worden in de inleiding aangehaald.

Over de totstandkoming en de aard van het manuscript is in § 6 geschreven. De tekst is chronologisch geordend, maar doordat er een groot aantal omvangrijke verhorenverslagen en sententies is tussengevoegd, is de chronologie niet altijd duidelijk. De tabel in § 6.1 toont de opbouw van het manuscript en kan bij het lezen van de tekst verhelderend zijn.

Bijlagen II t/m VI zijn manuscript-bronnen uit het VOC-archief die voornamelijk betrekking hebben op de afhandeling van de zaken nadat Pelsaert in Batavia was aangekomen. De tekst in bijlage III is overgenomen uit de bronnenuitgave van H.T. Colenbrander, *Jan Pietersz Coen. Bescheiden omtrent zijn bedrijf in Indië*, waarvan de bronnen zich in het VOC-archief bevinden.

Bijlage I en bijlagen VII t/m X zijn bronnen die alleen als gedrukte tekst bekend zijn. Bijlage VII verscheen als zelfstandig pamflet, bijlagen VIII en IX waren onderdeel van het pamflet getiteld *Leyds Veer-Schuyts Praetjen, tuschen een koopman ende borger van Leyden.* Beide pamfletten werden in 1630 uitgegeven en waren het eerste nieuws over de schipbreuk dat in druk verscheen. Bijlagen I en X maakten deel uit van de eerste, respectievelijk derde druk van *Ongeluckige Voyagie, van't Schip Batavia*, een verhaal dat in 1647 voor het eerst gepubliceerd werd. De volledige tekst daarvan is in deze uitgave niet opgenomen maar in § 7.2 wordt het verhaal en de totstandkoming ervan wel behandeld.

De vindplaats van de bron is bij elk stuk in de eerste noot aangegeven.

Als transcriptiemethode is in het geval van de manuscriptteksten gekozen voor de 'gemengde methode' van het Nederlands Historisch Genootschap[1], wat in grote lijnen inhoudt dat op standaardisering van u en v, korte en lange i, rechte en ronde r, en korte en lange s na, de oorspronkelijke spelling is aangehouden. Het gebruik van hoofdletters is naar hedendaags gebruik genormaliseerd en de interpunctie is wat uitgebreid. Bepaalde afkortingen zijn stilzwijgend opgelost en onbelangrijke doorhalingen en verbeteringen in het manuscript zijn niet aangegeven. Opvallende verschrijvingen en verbeteringen zijn echter wel in de noten terug te vinden. In het manuscript zijn soms woorden, namen of getallen niet ingevuld en is op die plaats een grotere of kleinere plek opengelaten. In de transcriptie is op die plaatsen dan ook een aantal spaties opengelaten. Voor zover mogelijk is in een noot aangegeven wat er op die plaats had moeten staan. Tussen rechte haken is met foliumnummer en -zijde telkens de pagina-overgang aangegeven.

Ook in de transcriptie van de gedrukte teksten is het gebruik van hoofdletters aangepast en is geen onderscheid gemaakt tussen de lange en de gewone s. Het schuine streepje (/) in de Gotisch gezette teksten is als komma overgenomen. Evidente zetfouten zijn vervangen door de meest waarschijnlijke lezing en in de noten altijd verantwoord. Tussen rechte haken zijn de pagina-overgangen aangegeven door middel van het paginanummer of de katernsignatuur.

Voor de woordverklaringen is in eerste instantie gebruik gemaakt van het *Woordenboek der Nederlandsche Taal*.[2] Waar dit woordenboek niet voldeed, zijn andere lexica geraadpleegd. In principe wordt elk woord alleen de eerste keer dat het voorkomt verklaard. De geografische namen in de tekst zijn terug te vinden op de kaarten (afb. 5 en 6). Zie voor de gebruikte inhouds- en lengtematen de volgende tabel.

Inhoudsmaten[3]		*Lengtematen*	
aam	ca. 150 l.	kartouwschot	ca. 2000 m.
kan	ca. 1,7 l.	musketschot	ca. 400 m.
legger	ca. 600 l.	mijl	ca. 7400 m.
mutsje (mutsken)	ca. 0,15 l.	pijlschot	ca. 300 m.
stoop	ca. 2,5 l.	voet	ca. 30 cm.
varken (verken)	ca. 300 l.		

1 *Richtlijnen voor het uitgeven van historische bescheiden*, 6e herziene druk, 1988, p. 15-17.

2 M. de Vries, L.A. te Winkel e.a., *Woordenboek der Nederlandsche Taal*, 1882-heden (26 dln.)

3 Bronnen: J.M. Verhoeff, *De oude Nederlandse maten en gewichten*, 1983; P.G.M. Diebels, 'Voeding op de schepen van de VOC' in: *Leidschrift* 1988-1, p. 63. De schootsafstanden werden door J.P. Puype, conservator Legermuseum te Delft, uitgezocht.

VERSLAG VAN DE SCHIPBREUK VAN DE *BATAVIA* DOOR FRANCISCO PELSAERT

4 JUNI TOT 5 DECEMBER 1629[1]

[232 r] Droeviege daghaenteyckeningh int verliesen van ons schip *Batavia* verseijlt zijnde op de *Abrolhos* oft Clippen van Fredrick Houtman gelegen op de hoochte van 28 1/3 graden, 9 mijlen van Zuijdtlandt[2] op den

Vierden junij zijnde s'maandag s'morgens den 2 pincxter dagh met lichten klaren volle manenschijn ontrent 2 uren voor dage inde wacht vanden schipper, lagh ick noch in mijn koije sieckelijck zijnde, voelden ick met een harde schrickelijcke beweghingh, het schips roer stooten, daar op dadelijck het schip tegen de klippe sijn vaart stutten, dat ick uyt mijn koije viel. Waar op ick naar boven liep, vondt al de zeijlen in't top, den windt zuydwest, coers noord oost ten noorden, dien nacht geweest ende lagen int midden van eenen dicken schuym. Maar ontrent het schip brandent doen ter tijt weynich, maar korts daer naar hoordemen de zee rondtom hardt aanbreecken. Ick seyde, schipper hoe hebdij dit gemaeckt, dat ghy door u vermetende onachsaemheijt ons dus om den hals geholpen hebt. Hij andtwoorden, wat kan ickt gebeteren, ick heb niet geslapen, maar wel uijtgekeken, want doen ick van verre den schuym zagh, vraagden ick tegen Hans den bosschieter[3], wat magh dat sijn, waar op hij seijde, schipper het is het blicken vande maan, daar op ick mij verlaten hebbe. Ick vraagden hem, wat raadt, nu, waar ontrent meijndij dat wij zijn. Hij seijde, dat weet Godt, dit is een droogte die een groot stuck van landt onbekent leggen moet, ende ick meijne dat wij op den steert[4] zijn, wij moeten zien dat wij den ancker achter uyt brengen, mogelijck ist leegh[5] water, dat wij ter noch aff zullen konnen winden[6]. Ick vraagden hem, hoe diep datter was, hij antwoorde, dattet niet en wiste. Ick liet loot

1 uit: VOC 1098, fol. 232-317
2 Zuijdtlandt: Australië
3 bosschieter: matroos die belast is met het onderhoud van het geschut
4 steert: uitloper van een rif
5 leegh: laag
6 ter aff winden: een anker uitwerpen en het schip lostrekken terwijl het ankertouw opgewonden wordt

halen, dat in des stiermans hutte lagh ende ick bevondt, datter achter maar 17 a 18 voet water was, maar aan 't voorschip veel minder. In desen tijt wist ick anders niet, oft het was nae den schippers zeggen, een onbekende droogte in zee. Derhalven begonnen wij het geschut over boort te werpen, om te lichten, ende de schuijt met den boot werdt uijtgeset, ende ick liet het rontdom diepen, ende bevonden een pijlschoot [232 v] achter aen tschip 7 vadem waters, maar voorwaarts heel droogh. Wij maackten een werp ancker veerdigh, om achter uyt te brengen. Ondertusschen begondet harder te wayen met regen buyen, ende wiert den boot met een stortingh[7] van boort gesmeten, soo dat hij heel wegh dreeff, ende mostender de schuyt nae toe senden om hem te helpen oproijen, dan eer hij aan boort konde komen, was het dagh geworden, ende bevonden ons doen rondtom inde klippen ende droogten ende begonden seer subijt door het vallen van't water (want wijder met vol hoogh water op geseijlt waren) ontrent het schip te storten, ende branden datmen door het stooten van t'schip niet langer staan, ofte gaan en konde. Daerom vonden goet den grooten mast over boort te halen, om dattet niet dadelijck inden grondt stooten souden, dan als hij aff was, bevonden wij dat hij ons groote schade dede, want wij konden hem niet van boort quijt worden, omden boot aan boort te mogen leggen, door de groote brandingh. Noch ick en sagh geen landt dat mij docht met hooch water boven te blijven, als een eijlant dat naar gissingh wel 3 mijlen vant'schip lagh, daerom zondt ick den schipper naer 2 kleijne eijlantiens, ofte klippen, niet zeer verde van't'schip om te sien offmen daar de menschen, ende eenigh goet soude konnen bergen. Ontrent den 9 uren quamp den schipper weder omdattet door de steenen ende klippen niet wel mogelijck was te komen, wantmen op d'een plaats, met de schuijt niet over en mocht, ende op't ander ettelijcke vademen diep. Hij rapporteerden, dat de eijlanden naar ooghmerck niet onder en liepen. Derhalven door het groot jammer geschreij datter int schip was door vrouwen, kinderen ziecken, ende armhertige[8] menschen, vonden goet het meeste volck eerst aan landt te zetten, om ondertusschen het gelt, ende de kostelycxte waeren, gereet boven te krijgen, daar ick mijn uijtterste beste in arbeijde. Dan Godt de Heere geesselden ons met veel roeden, want tegen alle devoir[9] die wij aanwenden om het schip inde lij te doen overhellen, ofte bevallen, vielet heel [233 r] contrarie, door de oneffen klippen daar het op zadt, 't welck veroorsaacten, dat het volck seer lancksaam uijt het schip konden comen. Ten anderen, was het schip al ten 10 uren gebarsten ende mostmen zien met alle veerdigheijt wat broot uijt de broot kamer te krijgen. Op water

7 stortingh: brekende hoge golf
8 armhertige: bange
9 devoir: ijver

hadden wij hope genoech om te bekomen, dan onsen goeden wil ende ijver stutten den godloosen, ongeregelden hoop, soo soldaten, als bootsgesellen, met haar consoorten, die ick van dranck, ofte wijn int ruym niet konde houden, datmen onderwijlen daar niet bij en konde, ende het geheele ruym driftigh wierdt, dat ter nauwer noot $1^1/_2$ legger met kitten[10], ende emmers volden, ende bovenop t'schip gereet lach, soo dat den dagh verliep, ende hadde den boot maar drij tochten gedaan met volck, waar mede 180 zielen, 20 vaten broodt ende eenige tonnekens met water aan lant geset hadde. Ontrent der zonnen onderganck quam den schipper met den sloep aen boort die een juweel cassien met eenigh volck aen landt gebracht hadde, zeijde tegens mij het en helpt niet dat wij water en broot bergen, wandt elck drinckt daar aan landt sijn bekomst, ende verbieden en heeft geen kracht, ten zij dat ghij der ander oorder[11] in stelden, waar op ick inde schuijt viel, om ons water t'welck ick sagh weijnich meer voor eerst te krijgen was, daar toe zulcken menichte van menschen, dat het beter most geordert worden, van meeninge dadelijck weder te keeren, om volgens onse resolutie, met den naasten boot het gelt te halen. Maar Godt betert, ick was nauwelijck van boort oft het begonde soo hart te waijen dat het buyten menschelijcke macht was met den boot naert'schip te komen, jae ternauwernoot, dat wy hem niet konden bergen van wech te drijven.

's Morgens voor dage sijnde den 5 setten wij partije volck met eenigh broot, ende water op het grootste eijlantien, want wij dien nacht in 2 partijen ghescheijden hadden geweest, ende ick voer vandaar inde sloep sijnde ende den schipper inden boot om naar boort te gaan, daar ick naar langh roijens, ontrent den middagh eerst quamp, ende den boot en kondet [233 v] niet op laveren, door den harden windt omdat zy geen zwaarden en hadde ende keerde wederom naar t'eijlandt. Noch ick en konde door de harde brandingh met de sloep aent'schip niet komen wandt de stortings smeten over de campanie[12] heenen. Ick lagh langen tijt ontrent het schip, om eenen gelegentheijt waar te nemen, dat ick had konnen aan boort comen, dan te vergeeffs[13]. Op t'leste wasser een timmerman Jan Egbertsz van Amsterdam, die hem verstoute door de brandingh aende sloep te komen, die den onder coopman Jeronimus Cornelisz met noch wel 70 mannen die aen t'schip waeren, zondt, biddende, dat men haar soude helpen wandt daar was geen bergingh int schip meer. Hoe leet, dat het mij was, konnen alle redelijcke menschen oordeelen. Ick versocht, ofter geen middel was, om 5 a 6 plancken, ofte deelen te krij-

10 kitten: kleinere vaten of kuipen
11 oorder: orde
12 campanie: kampanjedek; hoogste dek
13 dan te vergeeffs: maar het was tevergeefs

gen om sweerden tot den boot te maken, ten anderen dat sij een vlodt, ofte twee zouden toestellen, om haarlieden te bergen, ende met den eersten boot die aan boort soude komen, wilden ick het gelt halen, waar mede den voorsz Jan Egbertsz weder naar boort toe zwom, ende wierpen sij dadelijck ses plancken overboort, die wij kregen, waar mede ick tot mijnen groot leetwesen naar t'eijlant keerden, daar ick den timmerman vast besich vondt met een sweert te maken, van een stuck vande stenge, die daar aan landt was komen te drijven.

Des achtermiddags begondet hardt uyt den noordtwesten te stormen, ende wiert het schip dien dagh vande baren zeer bevochten datment dickwils niet zien en konde, ende verwonderlijck scheen, dattet aan malkanderen konde blijven. Des avonts overrekenden wij ons water, hoe veel quantiteijt dat wij in kleijne vaatgiens hadden, ende bevonden op het kleijnste eijlandeken daar wij waeren, met het volck vanden boot, ende schuyt ontrent 80 kannen, waar toe wij inde 40 menschen waeren, ende op het grootste eijlandt daar 180 zielen waeren, was noch veel minder. Derhalven murmureerden t'volck, waerom dat wij op de eijlanden oft daar [234 r] ontrent geen water gingen soecken, wandt anders konden wij haar, noch zij ons niet helpen ende zouden zoo te gelijck moeten vergaan, het welck mij den schipper zoo voordroegh, oft anders dattet volck apparent met den boot door zouden gaan, tot welcke resolutie ick niet konde bewillicht worden. Ick proposeerde, men zoude de uutcomste van't weder ende schip zien, want sulcken hoop schoon volck, ende des compagnies rijcke middelen te verlaten, mij voor Godt, ende mijn Hooghe Overicheijt tot *Batavia* niet te verantwoorden stont. Zij protesteerdender hardt tegen, ende belooffden aan wat landt dat wij water vonden, het zij aan eijlanden oft het vaste Zuydtlandt, dat sij willich waren om weder te keeren, om de ander menschen met soo veel tochten waters te assisteren, als noodigh soude gevonden worden. Ten lesten naar dat wij't selve wel gedebateert, ende over wogen hadden, datter geen hoope van water uyt het schip te bekomen stondt, ten ware dattet schip ontstucken viel, ende soo aan lant quam drijven, off datter dagelijcx grooten regen viel, waar mede wij ons mochten laven (dan altsamen onsekere middelen sijnde), resolveerden naar lange biddens dat sij mij beweechden, als bij de resolutie blijckt, dat wij souden aande naastgelegen eijlanden, ofte aan het vaste landt water soecken, om haar, ende ons in het leven te behouden, ende zoo wij geen water en vonden, dat wij dan met den boot nae *Batavia* op de genade Godts, onse reijse soude vervorderen, om ons droevigh noijt gehoorde ongeluckigh wederwaren te verwittigen. Maar al vooren versocht ick aenden schipper, dat hij eenige mannen soude ordonneren, om met mij met de schuyt aan het ander eijlantien te vaeren, eensdeels om onse meeningh haar te verklaren. Dan hij radent mij aff, aant'eijlant te vaaren, seggende zij zullen u daar houden, ende t'sal u berouwen, ten anderen isser niemandt die met u vaeren wildt. Ick persisteerden [234 v] dat sonder aan t'eijlant te gaan, bij het volck niet van zinne was mede te vaeren om water te zoecken, dan dattet beter eerlijck met haar moogelijck te sterven was, als met hardten verdriet te blyven leven, zoo wij geen en vonden. Int leste verwilllighden ick[14] den hooghbootsman met 6 mannen die mij met de schuyt aant'eijlant zouden zetten, met conditie, soo sij zagen, dat ick daar vastgehouden wert, zijlieden dan met de schuijt mochten door gaan. Ick namp een vaatgien water mede om aan het volck te geven, dan als sij ontrent het lant quamen, dorsten sij niet aanleggen, zeggende, sij sullen u ende ons houden, wij en willen niet naarder komen. Al evenwel meenden ick overboort te springen, dan den hoogbootsman trock mij achter over, ende roijden soo wegh, intgesicht van alle menschen die het bovengesz aangesien hebben, soo dat ick van mijn voornemen belet werdt ende most Godt betert des avonts weder keeren.

Adij[15] 6 ditto, met den daghe, schreeff ick op een bladt van een tafelboeck[16], als dat wij met den boot gingen, om op d'omliggende eijlanden, ofte vaste Zuijtlant water te gaan soecken, ende soude soo spoedigh weder keeren alst doenlijck konde zijn, ende leijden t'selve onder een vande broottonnen die wij daar lieten, ende gingen met den boot t'seijl. Voeren dien dagh aan twee besondere[17] eijlanden, alwaar wy op't grootste wat brack water vonden dat vanden regen inde kuijltgiens vande klippen aande strant was blijven staan, maar de zee hadder al meest ingespoelt.

Adij 7 dito bleven hier leggen, om onsen boot, met een planck op te boijen[18], want wij bevonden, dattet anders niet mogelijck soude geweest hebben het vaste landt te krijgen. Tegenden avondt, zagen wij den sloep aan komen roijen, die ick ontrent het schip gelaten hadde, waar in was Gillis Franssz, halffwaack[19], [235 r] met noch 10 mannen, dieder mede water quamen soecken, dan ziende datter geen en was door de menichvuldige putten die wij gegraven hadden zoo versochten sij om met ons te mogen gaan, naar het vaste landt, t'welck ick haer toestonde. Wij namen de schuyt oock mede om ons te beter oft gemackelijcker het water zoecken, ofte door de brandinghe te halen, soude vallen. Ten anderen, wasser niemant die met de schuyt weder naar het ander eijlant ofte wrack wilde vaeren.

Adij 8 dito des morgens, gingen wij van dit eijlandt t'seijl naar het vaste landt, als wanneer ick allen t'volck de resolutie, bij ons genomen, voor

14 verwilllighden: vond ik bereid
15 adij: op de dag
16 tafelboek: notitieboek
17 besondere: afzonderlijke
18 op te boijen: de boorden met planken op te hogen
19 halffwaack: derde stuurman

11. De zoektocht naar zoet water, uit Ongeluckige Voyagie, *1647, tussen p. 8-9. Gravure*

gelesen hebbe ende haar daar op den eedt affgeeijscht, die sij deden, ende luyden als volgt

Alsoo op alle de eijlanden ofte klippen hier ontrent ons verongelucte schip *Batavia* geen water en vinden, omde gebergde menschen int leven te behouden, soo heeft den commandeur ernstelijck aan ons gebeden, ende voor gedragen, dat wij naar het vaste landt sullen vaeren, ende zien, oft het Godt believen sal dat wij aldaar water vinden, om vandaar het volck met soo veel tochten, te assisteren, tot dat wij gissingh konnen maken, dat eenen geruijmen tijt het leven sullen konnen behouden, om ondertusschen ijmant daar toe t'ordonneren die ons droevigh wedervaeren, aanden Ed. Hr. Generaal, soude brengen, 'twelck wij ondergesz toegestaan hebben, naa dat ons den noodt hoe veel datter aangelegen is, om voor Godt ende onse hooghe Overigheijt te verantwoorden, soo ernstich voor gedragen is. Hebben goetgevonden, ende geresolveert onse uyttterste devoir te doen, om onse arme medebroeders, in haeren noot te helpen. In teecken der waarheijt, heben dit met ons eijgen handtteijckens onderteijckent ende bij allen t'volck beswooren, desen 8 junij 1629.

Was onderteeckent,	*Francisco Pelsart*
Claas Jansz Dor	Ariaen Jacopsz
Claas Willemsz Graaf	Claas Gerritsz
Michiel Claasz	Hans Jacobs Binder
	Jacob Jansz Hollert
	Jan Evertsz

[235 v] Des middags de hoogte gehadt van 28 graaden 13 minuten, zagen oock korts daar naar het vastelandt, ende gisten 6 mijlen n. ten w. van ons schip te zijn. Den windt west, hadden gront op 25 ende 30 vadem. T'savonts ontrent 3 uren inden nacht, wendent wij weder van t'lant aff, ende nae den middernacht liepender weder nae toe.

Adij 9 dito des morgens, waeren wij noch ontrent 3 mijlen vande wal, den windt meest n.w. met wat regen, dit etmaal bij gissingh vertiert[20] 4 a 5 mijlen, n. ten w. behouden. Den wal streckt hier meest n. ten w. ende z. ten o., het is slecht clippigh[21] landt sonder geboomte, ontrent soo hoogh als Doeveren[22] in Engelandt. Hier zagen wij een inbochtgien, als mede leeghachtigh duijnich landt, daar wij meenden aan te lopen, maar dicht bij komende bevondent aan de wal seer te storten, ende te branden, ende begonde seer subijtelijcken de dieningh[23] uyt den westen soo hardt en-

20 vertiert: gevorderd
21 slecht clippigh: vlak, steenachtig
22 Doeveren: Dover
23 dieningh: deining

de hoogh op den wal te loope dat wij't niet wel konden affleggen, ende verhief hem den windt hoe langh hoe meer.

Adij 10 dito hielen wij het dit geheele etmaal aff en aan, door den harden windt, ende mosten wegen den storm die der op stont, uyt den n.w. de sloep, die wij mede genomen hadden, laten drijven, ende smeten oock partije van ons broot met hetgeen dat inden wegh was over boort, omdat wij het water niet en konden uytbaelien[24]. Des nachts waeren wij in grooten noot om te zincken, door den harden windt ende t'hol water[25], ten anderen kondent vande wal niet leggen, omdat wij geen zeijl mochten voeren, als alleenlijck op de zee te bicken[26], het regenden den gehelen nacht soo dat ick hoop ons volck, den selven regen op het eijlandt mede sullen gehadt hebben.

Adij 11 dito s'morgens, begonde het weer wat te stillen ende liep den windt w.z.w., doen wendent wij om den noort, maar de zee liep noch even groff.

[236 r] Adij 12 dito des middags hoogte gehat van 27 graden, liepen dicht langs de wal henen, den wint z.o. maar konden geen gelegentheijt vinden, om met den boot aan landt te komen, door de harde brandingh. De cust heel stijll affgebickt zonder eenigh voorlandt, oft inbochten, als andere landen wel hebben, maar scheen, een dor vervloeckt aartrijck, sonder looff oft gras.

Adij 13 dito des middags hoogte gehadt van 25 graden, 40 minuten, wij bevonden, dat wij hart om den noort dreven, ende waeren omden hoeck daar hem de wal meest n.n.o. ende z. zuyt west streckt, dit etmaal meest n. behouden. t'Lant noch al rooden steen affgebict sonder voorlant ende al meest van een hoochte, oock niet mogelijck door de brandingh om aan te komen.

Adij 14 dito des morgens, hadden een weijnigh koelte maar op den dagh, wiert het heel stil, smiddags hadden de hoogte van 24 graden, n. behouden, ende den windt z.o. Den stroom leyden ons dagelijcx, tegen onsen wil, omden noort, want wij met weijnich zeijl, dicht langs de wal liepen. Naar den middagh zagen wij roock op t landt, derhalven roijden der nae toe, om te zien offmender aan zoude konnen komen, zeer verblijt wesende, want ick presumeerden, sooder menschen waeren, datter oock water moste zijn. Aande wal, bevondt ick dat het heel schorren[27] opgaande gront was, vol steenen, ende klippen, ende brandender hardt aan, alevenwel zwommender 6 mannen aan d'landt, ende wij bleven met den

24 uytbalien: uithozen
25 hol water: hoge golven met diepe dalen
26 te bicken: op en neer te deinen
27 schorren: steile
28 allenthalven: niets anders dan

boot op 25 vadem, buyten de brandingh geset. Ons volck zochten tot tegenden avondt allenthalven[28] naar water, maar vonden geen, zagen oock vier menschen, die op handen, ende voeten, waeren komen kruypen, naar ons volck toe gaan, dan de onse haar onversiens, uyt een leechte op thooge dicht bij komende, sprongen sij op ende [236 v] liepen met vollen loop wegh t'welck wij genoechsaam uijt den boot sagen. Het waeren swarte menschen, heel naackt, sonder yets bedeckt te hebben, ende des avonts quam ons volck weder aan boort gewommen, altsamen zeer gequetst vande klippen, daar zij door de brandingh op gesmeten waeren, daerom lichten ons dregge[29] weder, om beter gelegentheyt te zoecken, ende zeijlden des nachts met kleijn zeijl, dicht langs de wal buytende brandingh, tot

adij 15 dito des morgens, dat ons ontrent den punt bevonden daar een groot reciff[30] affstreckten, ontrent wel een mijl t'zee, dan wij liepen tusschen de landtlijcke, ende zeelijcke reciff deur, twelck wij gisten op 23 graden te leggen, ende seijlden soo langs de cust, daer hem langs heenen een reciff strect, waar tusschen het landt, heel slecht, ende stil water schijnt te sijn. Wij deden ons best om daar in te komen, dan vonden geen openingh als ontrent den middagh, dat wij een gadt sagen, dat niet en branden, liepen daar in maar was zeer steenich, ende somtijts, maar een a 2 voet waters. Dese wal, hadde een duijnich voorlandt van ontrent een mijl breet, eermen aant'hooge landt kompt, derhalven begonden op diverse plaatsen te delven, dan was zout water. Partije volck gingen naar 't hooge landt, daar sij bij geluck eenige kuyltiens, in een clip vonden, daar zoet water vanden regen in was blijven staan, het scheen oock datter weijnich tijt te vooren zwarten geweest waeren, want daar lagen beenen van crabben, ende assche van vier[31] bij. Hier stelpten wij een weijnich onsen grooten dorstnoot want wij schier niet meer en mochten, ende t'zedert blijven van't schip maar een a 2 mutskens water des daags gehadt hebben, zonder eenigen wijn, oft anderen dranck. Hier vergaarden wij boven ons drincken, ontrent 80 kannen waters, ende bleven desen nacht hier leggen, tot

[237 r] adij 16 dito dat wij des morgens verder gingen, om te zien ofter int gebergte geen meer kuylen en waeren, dan ons zoecken was te vergeeffs want het scheen daar in langen tijt niet geregent te hebben, ende van lopent water, wasser geen apparentie, omdattet over de hoogte wederom heel slecht, ende dor landt was, sonder geboomte, lover, oft gras, als allenthalven, hooge miere hoopen, van aarde op geworpen, t'welck van verre niet qualijck menschen hutgiens en geleeck. Daar waeren oock zulck menichte van vliegen die ontrent den mondt, ende in d'oogen quamen zitten, datse niet aff te keeren waeren. Hier zagen wij mede 8

29 dregge: klein anker
30 reciff: rif
31 vier: vuur

zwarte menschen, die elck een stock inde handt hadden, ende quamen tot ontrent een musquetschoot verde wel bij ons, dan als wij naar haar toe gingen, soo liepen zij wegh, ende konden haar tot geen stilstaan krijgen, om bij hun te mogen komen. Tegen den middagh als wij zagen datter geen meer water te bekomen was, gingen t'zeijl ende liepen doen, door een ander openingh vant reciff, dat wat noorderlijcker lagh. Hier hadden wij de hoogte van 22 graden ende 17 minuten. Ick was van meeningh, naar Jacop Remmessens Rivier te loopen maar den wint liep n.o. soo dat wij de wal niet konden houden, derhalven waeren genootsaackt te resolveren omdat nu over de 100 mijlen van ons gebleven volck waeren, ende tot noch toe, geen water gevonden hadden om haar t'assisteren, als alleenlijck voor ons lieden, dat wij 2 mutskens des daags soude mogen genieten, ons best te doen, om onse reijse inde name Godes, op t'spoedichste naar *Batavia* te vervorderen, om door den edele heer Generaal eenige ordre, ofte middelen tot secours int werck mochte gestelt worden.

Adij 17 dito des middags geen hoochte gehadt, maar bij gissing geseijlt 15 mijlen. n.w. ten noorden behouden, den windt n.o., topzeijl met droogh weder.

[237 v] Adij 18 dito des middaghs geen hoogte gehadt, maar bij gissing dit etmaal geseijlt 10 mijl, w.n.w. behouden, rou hart weer met regen, den windt n.o. Op den middag liep den windt noorden, doen leijdent wij omden oost.

Adij 19 dito des middaghs geen hoogte gehadt, bij gissingh geseijlt 17 mijlen, n.n.o. behouden, den windt n.w. ten westen, ruigh weer met regen.

Adij 20 dito des middaghs de hoogte gehadt van 19 graden 29 minuten, dit etmaal geseijlt 22 mijl, noorden behouden, den windt w.z.w., slap topzeijl, met wat regen.

Adij 21 dito des middags geen hoogte gehadt, bij gissingh gezeijlt 23 mijl, noorden behouden, den windt liep van z.w. tot het z.o. toe, altemet wat koelte, dan weer wat stilder.

Adij 22 dito des middags, de hoogte gehadt van 16 graden 10 minuten, dit etmaal geseylt 24 mijl, noorden behouden, den windt meest z.o. slap topseijl, met droogh weer. Het scheen dat den stroom[32] mede omden noort geloopen was, anders konden wij soo veel breede[33] niet gewonnen hebben.

Adij 23 dito des middaghs geen hoogte gehadt, bij gissingh geseijlt 16 mijlen, n. ten w. behouden, den wint liep heen en weer van het oost tot het west, dan wat coelte, dan weer stilten met wat regen, t'savonts begon het wat te coelen, uyt den z.z. oosten.

32 storm verbeterd in stroom
33 breede: breedte

Adij 24 dito des middaghs de hoogte gehadt van 13 graden 30 minuten, dit etmaal geseijlt 25 mijlen, noorden ten westen behouden, den windt z.o. ten z., top seijl met droogh weer.

Adij 25 dito des middags de hoogte gehadt van 11 graden 30 minuten, dit etmaal geseijlt 31 mijlen n. ten w. behouden, den windt meest z.o. topseijl met droogh weer. Desendagh zagen wij veel steenkroos[34] drijven.

Adij 26 dito des middags, de hoogte gehadt van 9 graden 56 minuten, dit etmaal geseijlt 24 mijlen, n. ten w. behouden, den windt meest z. oost, met droogh weer.

Adij 27 dito des middags geen hoogte gehadt, bij gissingh dit etmaal geseijlt 24 mijlen, n. ten w behouden, den windt z.o. topsijl met wat regen. Ontrent namiddagh zagen wij het landt *Java*, naar gissingh op de hoogte van 8 graden, ende warender noch 4 a 5 mijl aff. Wij zetten onsen coers w.n.w. langs den wal, tot tegen den avondt, dat wij eenen hoeck voor uijt zagen, daar een eijlantien van aff lagh, vol geboomten. [238 r] Inden avondt zeijlden voor bij dien hoeck, daar een reciff affstreckten, ende bevonden achter t'selffde eenen grooten inbocht, wandt zeijldender n.n.west in, wierpen hier op een dregge, op 8 vadem hardtgront den geheelen nacht tot

adij 28 dito des morgens met den dagh, dat wij ons dregh lichten, ende roeijden naar landt, om water te soeken, alwaar wij tot onsen geluck, een affloopent water vonden, Godt heb danck en loff, want wij nu onsen grooten dorstnoot blusten, dus lange geleden, volden hier onse vaatgiens, ende gingen voor den middagh wederom t'zeijl.

Adij 29 dito des morgens, doen het tweede quartier uijt was[35], doen zagen wij een eijlantien voor uijt dat wij aan stierboort lieten liggen, met den dagh waeren wij nevens den westelijcxten inbocht, vandaer moetmen w.n.west aangaen, alhoewel datmen de wal, door den bocht verlaat, maar eer datmen aande *Trouwes* Eijlanden komt, gemoetmen t'landt weder. s'Middags de hoogte gehadt van 6 graden 48 minuten, dit etmaal geseijlt 30 mijlen, meest w.n.west behouden. Ontrent halff achtermiddagh zeijlden wij tusschen beyde de *Trouws* Eijlanden door, op het westelijcxte staan veel clappesboomen[36], t'savondts waeren wij noch een mijl vanden zuijdthoeck, van *Java*, ende drij glaasen inde tweede wacht[37] begonden wij het nauw te vatten[38] tusschen *Java*, ende de Princen Eijlanden.

Adij 30 dito des morgens waeren wij nevende *Princen* Eijlanden, s'mid-

34 steenkroos: blaaswier of kelp
35 doen het tweede quartier uijt was: na afloop van de tweede wacht; ca. 4.00 uur
36 clappesboomen: klapperbomen
37 3 drij glaasen inde tweede wacht: anderhalf uur na het begin van de tweede wacht; 1.30 uur
38 vatten: bereiken

dags wast ontrent 2 mijl vertiert door stilte, tot savonts toe, begondet uyt den lande wat te coelen.

Primo jullius, des morgens wast weder stil, des middaghs waeren wij noch 3 mijl van Dwars Inde Weegh, den windt variabel, tegenden avondt begondet uut den voortwesten wat te waijen, waar mede wij voorbij Dwers Indenwegh geraackten, maar s'nachts wierdet heel stil, ende mosten meest den geheelen nacht laten roijen tot

adij 2 dito des morgens dat wij aan *Toppers Hoetgien* quamen, daar lagen wij tot 11 uren, en wachten op eenen zeewindt, dan kregen weijnich coelte zoo dat wij weder den heelen dach moesten roeijen, ende hadde tegenden avondt maar 2 mijl opgewonnen[39]. [238 v] Int ondergaan vande zonne sagen wij een zeijl achter uyt, ontrent Dwers Inden Wegh, derhalven wierpent op een dregge, onderden wal, om het selve in te wachten.

Adij 3 dito des morgens voor daghe, liet ick de dregge lichten ende liepen naar het schip toe, om daar gheweer[40] uyt te haelen, alsoo wij niet en wisten, hoe dattet met die van *Java*, ende ons lieden stondt[41], dan dicht bij komende, sagen wij drij schepen, waar van het naaste t'jacht *Sardam* was, daar ick aenvoer, verstont uijt den coopman Van Dommelen, dat het grootste schip *Fredrick Hendrick* was, waar d'heer *Raemborch*[42] raedt van *Indien* op was. Oversulcx voer icker dadelijck nae toe, alwaar ick zijn Ed. met herten leet ons droevigh ongeluck heb moeten vertellen. Hij dede mij veel vrientschap, ende vondt goet, dat ick op sijn schip blijven soude, tot *Batavia* toe. De ander schepen waeren *Brouwershaven*, ende *Weesp*, waar op was den commandeur *Grijph*[43], komende in compagnie vande heer commandeur *Pieter vanden Broeck*[44] uijt *Suratte* maar waren van malkanderen gescheyden.

Adij 4 dito quamp het schip *Bommel* oock bij ons, mede komende van *Souratte*, zeijde, dat noch eenighe schepen buytende Straat[45] gesien hadde, maar niet wetende oft het Engelse, dan van onse schepen geweest waeren.

Adij 7 dito arriveerden wij des avondts, met den donckeren ter reede van *Batavia*, Godt heb danck en loff.

[239 v]Dachaanteijkeningh op mijn wederom reijs naar het Zuijdtlandt, gesonden vanden Ed. Hr. Generaal *Jan Pietersen Coen*[46], met het

39 opgewonnen: gevorderd
40 gheweer: wapens en munitie
41 de situatie op west-Java was gespannen; van eind september tot begin november 1629 zou Batavia belegerd worden door een krijgsmacht van Mataram
42 Raemborch: Crijn van Raemburch; Extraordinaris Raad van Indië 1630-1633
43 Grijph: rond 1628 koopman te Surat
44 Pieter vanden Broeck: Pieter van den Broecke (1585-1640), opperkoopman te Surat en tot 1629 directeur aldaar.
45 de Straat: Straat Sunda
46 zie de instructie van Coen, bijlage III

jacht *Sardam*, om de menschen van ons verongelucte schip *Batavia* op te zoecken, ende mede te brengen met alle de contanten, ende goederen, die mogelijck zullen zijn te visschen, ende sijn wij inden name Godes

adij 15 jullius, des morgens, met den landelijcken windt, t'zeijl gegaan. Des achtermiddags ontrent het Menscheeters Eijlandt, gemoeten het schip *Leijden* d'welck des 8 maij anno 1628 uyt het vaderlandt geseijlt was, in compagnie van t'schip t'Wapen van *Enchuijsen*, dat den 12 octobre passado ontrent de *Sierra Lionas* op gesprongen was ende maar 57 persoonen, door t'schip *Leijden* daar van gebergt, tot dien tijt haddense over de 170 dooden gehadt, maar het resterende volck, was tamelijck kloeck, alsoo zij een maandt aan *Celebar* op *Sumatra* ververscht hadden. Des avonts zagen mede t'schip de *Beets* oft *Wigge* van *Hoorn*, dat inde vloote vanden Edele Heer *Jaques Specx*[47] uytgeseijlt was.

Adij 16 dito was het meest still, zoo dat wij met zeijl weijnich avanceerden, maar dreven hardt de Straat uyt. Des avonts zagen wij de Prince Eijlanden.

Adij 17 dito des morgens, hadden wij de Princen Eijlanden o.n.o. van ons, het was den heelen nacht niet stil geweest, dan voor zonnen opganck, begonde het uyt den z.o. op te koelen[48], onsen cours z.z.w. Tegen den middagh liepet eenen streeck oostelijcker soodat wij maar z. ten westen zeijlen konde, gisten mijlen geseijlt te hebben, ende z.w. ten zuyden behouden.

Adij 18 dito des middags hoogte gehadt van 8 graden 25 minuten, zuydelycke breede, den windt z.o. coers z.z.w. gisten geseijlt te hebben 25 mijlen z.w. ten zuijden behouden.

Adij 19 dito des middags hoogte gehadt van 9 graden 56 minuten, den windt z.o. coers z.z.west, gisten geseijlt te hebben 24 mijlen, z.w. ten z. behouden.

[240 r] Adij 20 dito des middaghs hoogte gehadt van 11 graden, den windt z.o. ten oosten, koers z. ten westen, gisten geseylt te hebben 20 mijl z.z.w. behouden.

Adij 21 dito den windt variabel, ende zomtijts stilte. Inden morgen kregen wat regen, zoodat wij ontrent 30 a 40 kannen waters vergaarden, s'middags de hoogte van 11 graden 38 minuten z.w. ten zuyden behouden, gisten 11 mijlen geseylt te hebben.

Adij 22 dito een topseijl koelte[49] gehadt, den windt z.o., coers z.z.west.

47 Jaques Specx; Extraordinaris Raad van Indië 1622-1627, zou Jan Pietersz Coen opvolgen als Gouverneur-Generaal van Indië

48 te koelen: te waaien

49 topseijl koelte: matige wind, circa windkracht 4

s'Middags de hoogte gehadt van 12 graden 41 minuten, gisten 19 mijlen geseijlt te hebben, ende z.w. ten zuijden behouden.

Adij 23 dito een topseijl koelte, alhoewel den wint altemet wat variabel was, met stille[50] buijen, s'middaghs de hoogte gehadt van 14 graden, gisten 22 mijl geseijlt te hebben, ende z.w. ten zuijden behouden.

Adij 24 dito de windt z.o. coers z.z.w. ende z.z.w. ten zuijden behouden, hadden s'middags de hoogte van 15 graden 14 minuten, ende 22 mijlen geseijlt.

Adij 25 dito den wint o.z.o. koers z.z.w. behouden, de hoogte van 16 graden 16 minuten, ende 17 mijlen geseijlt.

Adij 26 dito den windt oost, coers z.z. oost, ende zuijden behouden, s'middags de hoogte van 17 graden, 2 minuten, gisten 23 mijlen geseijlt te hebben.

Adij 27 dito des middaghs, de hoogte gehadt van 18 graden 55 minuten den windt o. ten zuyden met stilten, gisten zuijt behouden, ende 15 ½ mijlen geseijlt.

Adij 28 dito s'morgens liep den windt z.z.o., derhalven wendent oostelijck over, met stoffregen[51], ende moije koelte, des middags de hoogte van 19 graden 45 minuten, gisten zuijden behouden.

Adij 29 dito den windt z.z.o met doncker motregen, s'middags geen hoogte gehadt, gisten 20 mijlen geseijlt te hebben, ende o.n.oost behouden.

Adij 30 dito den windt weder z. oost met doncker weder, des middaghs geen hoogte gehadt, gisten   mijlen geseijlt te hebben, ende z. west behouden.

Adij 31 dito s'middags de hoogte van 20 graden 9 minuten, [240 v] ende lanckte 132 graden 8 minuten, als nu begon den windt te zuyelijcken, soodat wij 't oostwaarts over geleijt hebben, ende z. oost ten oosten geseijlt tot snachts, dat den wind west z. west liep.

Primo augusto, des middags hoogte gehadt, van 21 graden 13 minuten, de lengte 133 graden 35 minuten, z. west ten zuijden behouden, den windt z. oost.

Adij 2 dito des middags de hoogte van 21 graden 55 minuten, den windt z. oost, z.w. ten z. behouden.

Adij 3 dito des middags, de hoogte van 23 graden, lanck 132 graden 3 minuten, den windt variabel, maar meest z.z.oost, ende z.w. behouden.

Adij 4 dito des middags hadden de zuyder breede 23 graden 59 minuten, lanckte 131 graden, 1 minuten, mooij weer, den windt zuijden, maar meest variabel. Hebben een tijt lanck oostwaart overgewent.

Adij 5 dito des middaghs hadden zuijder breete, 24 graden 45 minu-

50 stille: zwakke

51 stoffregen: motregen

ten, langte 130 graden, 8 minuten, den wint z.z.oost, ende zeijlden z.west tot t'savonts dat den windt heel variabel om ende wederom liep, ende wendent altemet[52].

Adij 6 dito des middags zuyder breete, van 24 graden 32 minuten, hadden harden dienningh, uijt den z. westen, ende den windt variabel zoo dat wijt altemet naar den oost ende weeder nae den zuyt overleijden.

Adij 7 dito des middaghs hadden de zuijder breete van 24 graden 49 minuten, zeijlende z.w. aan, den windt meest z.z.oost, met stercken labbte[53] tot s'nachts dat den windt o.z.oost liep, ende mochten weder zuyt seijlen.

Adij 8 dito des middaghs hadden zuijder breede van 25 graden, 20 minuten, lanckte 129 graden 47 minuten, labber weer, den windt o. ten zuijden, ende konden zuijden ten oosten seijlen.

Adij 9 dito des middags hadden de zuijder breete, van 26 graden 23 minuten, den windt o.n.o., liepen z.o. aan, oock altemet o.z.o. naar dat den windt ruijmden, met heel slecht water.

Adij 10 dito des middaghs, hadden wij de zuijder breete van 27 graden 54 minuten, den wint noort oost, liepen meest oost aan naar dat den windt uijt ende in liep met hardt weer. 's Nachts liep den windt noord west.

[241 r] Adij 11 dito des middags de hoogte van 27 graden 57 minuten, den windt liep voor den middagh west, gingen w. ten noorden aan, 'snachts quamp hij uyt den z. ende z.z.west, met harde coelte.

Adij 12 dito des middags hadden de zuijder breete, van 27 graden 2 minuten, den windt z. ten westen, coers, oost. Nae den middagh variabel weder, ende liep den windt z.o. ende wendent des morgens, z.z.west, over met groote holle wyt[54].

Adij 13 dito des middags, de hoogte van 25 graden 50 minuten, wat still, den windt z.o., zeijlden z.z.west ende z.w. ten zuijden, variabel weer, altemet over en weder gewent, naar dat den windt uytschoot[55].

Adij 14 dito des middaghs geen hoogte gehadt, dan gisten op de bovengesz breede te sijn, den windt z.z.w. ten zuijden, zeijlden oost z. oost aan, was hol water uyt den zuijden.

Adij 15 dito des middaghs hadden de zuijder breete, van 26 graden 30 minuten, den windt zuyden, mochten, o.z.o. zeijlen, met een harde coelte, met buijigh ende regenachtigh weder.

Aadij 16 dito des middags de zuijder breete, van 26 graden, 16 minuten, den windt zuijden, des nachts liep de windt z.o. ten zuijden, wendent westelijck over, z.west ten zuyden, weder t'zee.

52 altemet: afhankelijk daarvan
53 labbte: labber koelte; flauwe wind
54 holle wyt: uitgestrekte vlakte hol water
55 naar dat den windt uytschoot: naar gelang de wind draaide

Adij 17 dito des middaghs hadden geen hoogte maar gisten 2 mijlen zuydt gewonnen te hebben, met een harde coelte, ende een holle wacht[56] uyt den z.z.westen. s'Morgens werdet slecht water, ende schoot den windt oostelijck.

Adij 18 dito des middaghs hadden geen hoogte, maar gisten zuyder breete, 27 graden 15 minuten, den windt, o.z.o. met moij weer, zeijlden zuyden aan dit heel etmaal.

Adij 19 dito des middaghs zuijder breete, van 28 graden 29 minuten, den windt, o.z.o. met labber weder, des morgens schoot den windt uut den z.z.west ten z. ende wiert voorts heel still.

Adij 20 dito des middaghs, de zuijder breete, van 29 graden 10 minuten, den windt zuyden, gingen oost ten zuyden aan, des nachts een labber coelte met variabel windt.

Adij 21 dito des middags, geen hoogte, gisten breede als vooren, hadden oost behouden, den wint z., de dieningh vande zee uyt den z.z.w., gingen voorts oost ten zuyden aen.

[241 v] Adij 22 dito des middags de zuijder breete, van 29 graden 19 minuten, den windt zuyden, coers noort oost. Den stierlieden[57] gisten nu noch 15 mijlen van't wrack te zijn.

Adij 23 dito hadden de zuijder breete van 28 graden 14 minuten, den windt z.west, coers oost, gisten nu de lengte van t'landt, derhalven dreven des nachts 2 quartier met de fock op de mast.

Adij 24 dito des middaghs de zuijder breete, van 28 graden 25 minuten, den windt z.west, coers oost.

Adij 25 dito des middaghs, de zuijder breete, van 27 graden 56 minuten, wij bevonden, dat ons den stroom dit etmaal ongewoonelijcker wijse omden noort geleijt hadde, ende zagen oock veel harde ravelingen[58]. Omdesen tijt meenden wij, dat wij barningh[59], ende eenige eijlanden zagen, dan het was t'blickeren vande zon. Den wint zuijden, gingen ten naasten bij oostelyck over. Des nachts int eerste quartier, liep den windt z.z.o., derhalven wendent westelijck over, wiert stil ende liep de zee schrickelijck hol, uyt den z.z.westen.

Adij 26 dito des middaghs de hoogte gehat van 28 graden 5 minuten, den wint zuijden ten westen, met groote holle zeen. Naar den middagh schoot den windt z.z.o., wendent westwaart over, liepen soo ontrent 9 a 10 glasen, maar omde holle dieningh, wendent weder om den oost.

Adij 27 dito des middags, de zuijder breete, van 28 graden 13 minuten,

56 holle wacht: ?lees: hol water

57 bedoeld worden Claes Gerritsz en Jacob Jansz, resp. opper- en onderstuurman van de *Batavia*.

58 ravelingen: verward bewegend water met draaikolken

59 barningh: branding

desen dagh wiert het still, dat wij ongemaniert[60] westwaart aandreven, de zee schoot hardt uijt den zuijden. Tegen den avondt begonden uut den z.westen wat op te zeijlen, gingen z.o. aen maar was snachts meest still.

Adij 28 dito des middags, de zuijder breete van 28 graden 35[61] minuten, den windt z.z.w. liepen oost aan, ende sagh ick doen het eerste croos[62] drijven, waar uyt wij gisten, haast landt te moeten zien. Liepen suijtlijk twee quartier, met harden voortganck om, maar inde daghwacht, lietent met de fock op de mast drijven. s'Morgens liep den wint weder z.o. ten oosten.

Adij 29 dito des middags de zuijder breete, van 28 graden 10 minuten, den windt z.o. ten zuyden, met hardt weer, de marseijls ter halven stenge, soo dat [242 r] wederom zuyder breede verlooren hebben. Des avondts wendent weder t'zeewaart, ende zeylden z.w. ten westen, den geheelen nacht over.

Adij 30 dito des middaghs de zuijder breete, van 28 graden 55 minuten, den windt z.o. ten zuijden, de zee schoot hart uyt den z.z.westen.

Adij 31 dito des middags, de zuijder breete van 29 graden 49 minuten, was voorden middagh heel stil, geen windt, maar nae den middagh begondet westlijk te waijen ende te koelen. Zetten onsen coers n.o. ten oosten want wij niet en wisten, hoe verde dat wij vant'lant waeren. Des morgens liep den wint weder z.o., daar naar o.n.oost.

Adij primo september des middags den zuijder breete van 29 graden 16 minuten, den windt variabel, soo dat het ons niet mogelijck was, omden oost te comen.

Adij 2 dito des morgens liep den windt noorden, met een topseijlcoelte, des middags de zuijder breete van 30 graden 16 minuten, bevonden ons nu hardt om den zuijt gedreven, des avonts boegden hem den wint noordt west, onsen coers, n.o. ten noorden.

Adij 3 dito des morgens den windt west, zagen veel croos drijven met sommigh sasbeen[63], derhalven zetten onzen coers oost aan. Des middaghs zagent'vaste zuytlandt, d'welck hem n.n.w. ende z.z.o. streckten, waerender ontrent 3 mijlen aff, ende sagen het landt noch zuytwaarts strecken, naar gissingh ontrent 4 mylen, alwaar den sichtender eynden[64], hadden hier op 25 vademen schoonen zantgrondt. Het is kaal slecht landt, met zommige zandtduynen, gelijck't omden noort is. Haddende zuijder breede van 29 graden, 16 minuten, deden onsen coers n.w. aan, den wint w.z.west, dande holle dieninghen smeten ons zeer nae de wal toe, soo dat

60 ongemaniert: heel erg
61 25 verbeterd in 35
62 croos: wier
63 sommigh sasbeen: enig zeeschuim; inktvis-rugschilden
64 alwaar den sichtender eynden: zo ver als men kon zien

wij't des avonts mosten zetten, een mijl van landt, ende 2 glasen in d'eerste wacht[65] brack ons ancker in 2 stucken, lieten met der haast weder een ander vallen.

Adij 4 dito s'morgens, den windt z.w. ten z. met noch holle dieningh, op den dagh liepen z.z.w., doen lichten wij ons ancker, ende quamen voor middach onder [242 v] zeijl, deden onsen coers w.n.w in zee, om wat vande leeger wal te geraken, s'middaghs de zuijder breete van 28 graden 50 minuten. Het landt begonde hem van hier een streeck t'ontvallen[66] te weten n. ten westen ende z. ten oosten. Naarden middagh liep den windt z. ende gingen west aen. Ontrent den avondt wierden wij een droogte gewaer, recht voor uyt, oft west van ons, ende warender maar een musquetschoot van aff, maar hadden 25 vademen schoonen zandtgrondt. Wij wendent, ende liepender een halff mijl, o.z.oost aff, daar ankerdent wij op 27 vademen schoonen grondt, hadden van s'middags tot den avont w.n.w. behouden, ende waren 5 mijlen van't vastelant. Des nachts wierdet heel stil, ende moij weer, den windt z ten oosten.

Adij 5 dito s'morgens den windt z.z.oost, ende liefflijck weder, lichten ons ancker, ende zeijlden een ure z.z.west, doen wierden wij voor uyt, ende lancx onsen coers henen, meer brandingh, droogthe, ende eijlantiens gewaar. Den wint ruymden over handt ende liep oostelijcker, soo dat wij zuijdelijck, ende z.z.o. zeijlen konden. Dit reciff ofte droogte streckte hem z.z.w. ende n.n.oost, bevonden hier lancx heenen 27, 28 a 29 vademen zandt grondt. Ten 11 uren voor den middagh waeren wij het vaste landt uyt het gesicht, des middags hadden de zuijder breede van 28 graden 59 minuten, ende was den hoeck van't reciff w.z.west van ons, met vuylen schorren grondt, van 50 a 60 vadem diep. Naeden middagh begonde het stil te worden, maar den stroom leijden ons om den west, ende de rudsen[67] ontvielen hun hier heel westelijck, gisten ons vant'vaste lant ontrent 8 mijlen. tWas den heelen nacht doot still ende dreven langs de rugsen[68], dat wijse den gantsen nacht hoorden ruijsschen, tot

adij 6 dito des morgens, dat wij de rudsen uyt het gesicht waeren. Ontrent 10 uren, quam den lucht uyt den w.n.westen, liepen ten naasten bij weder naer de rudsen toe. Des middags, de zuijder breete [243 r] van 28 graden 44 minuten, begost hart te waijen uijt den n.westen. Laveerden desen achtermiddags aff en aan, ende bevonden dat ons den stroom omden noordwest leijden. Des avonts wendent wederom vande rudsen aff t'zeewaart, wierpen 40 vademen gront maar vuijle klippen. Dese droogte

65 2 glasen in d'eerste wacht: ca. 21.00 u.

66 een streeck t'ontvallen: enige mijlen terug te wijken

67 rudsen: rotsen

68 lees: rudsen

streckt haar buijten hier z.o. ende n.west. Des avonts begondet seer hart te waijen, ende liepen met huckende schover zeijlen[69], den wint variabel.

Adij 7 dito des morgens nam het weer aff, ende maecten weder zeijl, s'middags bevonden de zuijder breede van 29 graden 30 minuten, ende liepen noordwaert over, om het vaste landt weder int gesicht te krijgen, dan den wint scherpte zeewaert w.n.west dat wij't wederom t'zeewarts mosten overleggen.

Adij 8 dito des middags, de zuyder breete van 29 graden 7 minuten, coers n. oost, des avonts hebbende barningh weder gesien, derhalven liependen geheelen nacht w.z.west t'zeewaart, den windt n. west. Het begost soo hart te waijen, dat de mars zeijls weer in mosten.

Adij 9 dito des morgens, hebbent weder aan lant gewendt. s'Middags de zuijder breete van 29 graden, hebbent resterende vanden dagh aff en aen gewendt, tegenden avondt waijdent eenen storm, soo veel alsmen met schover zeijlen konde gaande houden, den windt n.west.

Adij 10 dito des morgens wederom zeijl gemaackt, hadden des middags zuijder brete van 29 graden 30 minuten, den windt west, met een topzeijl koelte.

Adij 11 dito des morgens wast stil, maar zeer hol water, den windt uyt den w.z.westen zoo dat wij geen noort konnen winnen, oft wij waeren op, oft bij de rudsen. s'Middags de zuijder breede van 28 graden 48 minuten, voorts den windt variabel, lietent des nachts met de fock op de mast drijven tot dat het dagh was.

Adij 12 dito met den dagh weder zeijl gemaackt, ende oost aangegaan, tot des middags, dat hoogte namen op 28 graden 13 minuten, derhalven weder [243 v] wat zuydelycker geloopen, om recht op de 28 graden 20 minuten te lande te komen, den windt z.west met groote dieninghe. Des achtermiddags 2 uren voor zonnen onderganck, hebben wederom de rudsen gesien, die noch 2 mijlen van ons gisten, wierpen t'loodt op 100 vadem schoonen zantgront, maar op een halff mijl naar bij wesende, hadden 30 vadem vuylen steenigen grondt. Wij wendent desen nacht 2 quartieren t'zeewaarts, ende inde daghwacht weder naar de wal toe.

Adij 13 dito des morgens, 3 uren naar dat de zon geresen was, wierden wij wederom voor uyt barningh gewaer, ende bekent zynde, bevonden wij een mijl noort verlooren te hebben, alsoo den wint z.z.oost geweest hadde. Dit was den noorderlijcxsten punt vande *Abrholos*, derhalven resolveerden ick om dat wij altijt te hoogh, off te leegh quamen, ende seer perijculeus was, om van buyten aan te doen, door de holle dieninge, ende vuijle grondt, dragende te houden[70], beneden d'uytterste droogte, ende loeffden doen weder ten naasten bij, den windt z.z.o. coers oost, een weij-

69 huckende schover zeylen: slaphangende onderste zeilen van de grote mast
70 dragende te houden: voor de wind te houden

nich binnen komende, hadden dadelijk schoonen sandtgront op 30 a 35 vademen. s'Middags de hoogte van 28 graden zuijderbreede, korts daar naar zagen het vaste zuytlant weder. s'Avondts alsoo het hart begonde te koelen, ankerden't wij't ontrent 2 mijlen vande wal, op 30 vadem schoonen grondt.

Adij 14 dito den windt z.z.o. maar waijden stijff, soo dat wij ons ancker niet konden winden, ende hier den heelen dagh bleven leggen.

Adij 15 dito waijden noch even hardt, maar tegende middagh stilden een weijnich, dat wij ons ancker konden wenden[71]. Des middags zuijder breede van 27 graden 54 minuten, den wint z.z.o. laverende den helen dagh om zuyt te winnen, ende bevonden, des avonts twee mijlen gewonnen te hebben. Doncker zijnde, ankerdent weder op 30 vadem schoonen grondt zijnde.

Adij 16 dito des morgens met den daghe, lichten wederom ons ancker, den windt was w.z.w. gingen ten naasten bij zuyen over, s'middags, de zuijder breete van graden minuten, den windt liep naer 't westen ende daar naar noorderlijck, soo dat wij zuyd west [244 r] zeijlen konden. Tegen den avondt, zagen de rudsen van ons verongelucte schip *Batavia*, ende wierdt ick verkendt aan't Hooge Eijlandt,[72] alhoewel de stuerlieden sustineerden dat het ander landt was. 2 Uren op den avondt anckerdent weder op 27 vadem schoonen zantgrondt, tot

adij 17 dito des morgens, met den dagh, dat wederom ons anker lichten, den windt noorden, waeren doen ontrent 2 mijlen noch van 't Hooge Eijlandt, liepen daer naar toe. Voor den middagh ontrent het eijlandt komende, zagen wij roocken, op een lanck eijlant, 2 mijlen west van't wrack, waar over wij altsamen zeer verblijt waeren, verhopende goede partije, oft meest al de menschen int leven te vinden. Derhalven, met dat het ancker viel, voer ick met den boot, mede nemende een verken water, een ditto broodt, ende een vaatgien wijn, naar het hoogste eijlandt, dat aldernaast was. Daar komende vernamp ick geen volck, daar over wij ons verwonderden, ick sprongh aan landt, met sagen wij een klijn schuytgien om den noorderlijcken hoeck komen roijen, met vier mannen, waar van den eenen genaampt Wiebbe Haijes, aan landt sprongh ende quamp mij tegen geloopen, roepende van verde, willekom, maar vaart doch dadelijck weder aen boort, want daar sijn partije schelmen op d'eijlanden ontrent het wrack, die met twee sloepen, meenen het jacht aff te loopen[73]. Verhaalden voorder, als dat hij capiteijn zijnde, van

71 lees: winden

72 wierdt ick verkendt aan't Hooge Eijlandt: wist ik waar wij waren toen ik het Hoge Eiland zag

73 aff te loopen: te overmeesteren

47 zielen, die haar op een eylandt dus lange, om haar leven te salveren, onthouden hadden, alsoo sijlieden, over de 125 persoonen, zoo mannen, vrouwen, ende kinderen vermoort hadden, ende dat hij 14 dagen geleden Jeronimus Cornelisz, ondercoopman ende hooft vande schelmen geweest, gevangen hadde, als wanneer sij oock 4 van syn principale raden ende complicen, als Davidt van Sevanck, assistent, Coenraat van Huijssen ende Gijsbrecht van Welderen, adelborsten, ende Cornelis Pietersz van Uutrecht, soldaat, doodtgeslagen hadden, om dat zij tot twee reijsen vijandelijck van haar [244 v] bevochten waeren geweest, maar haddense kloekelijck affgeslagen. Derhalven nu sinistere middelen waeren gebruyckende om haar te vermeesteren, ende vermoorden, wandt doen ter tijt gekomen waeren, om malkanderen den vrede met eede te bevestigen, ende allen't gepasseerde in geen gedachtenisse meer te houden[74], niettegen staande, terwijlen dat Jeronimus door middel vande predikant, die zij dwongen over ende weder te gaen om d'antwoort te brengen, besich was om een schijn van accoort[75] te maken, zoo was Davidt van Sevanck, ende Coenraat van Huijsen, werckende om eenige vande soldaten tot verraat om te koopen, haar elck presenterende ses duysent guldens soo sij des anderendaags, als zij weder souden komen, onder decksel van vrienden[76], aan haar zijde wilden vallen[77], ende d'ander helpen vermoorden. Als het volck zulcs verstont, dat het om haar leven te doen was, soo hebben sij de bovengesz als vooren geseijt is, doodt geslagen. Mede dat eenen genaampt Wouter Loos van haarlieden, naar de gevanckenisse van Jeronimus, capiteijn gemaackt zijnde, dien zelven morgenstondt met 2 sloepen gemandt haar was komen bevechten geweest, die sij oock affgeslagen hadden, ende waeren van ditto Wibbe Haijes partije vier mannen zwaarlijck gequetst.

Met alle dese droeviege tijdingen, die ick soo int korte gehoort hadde, ben ick dadelijck weer aan boort gevaeren, belastende aen Wiebbe Haijes, dat hij weder met het schuytgien zouden vaeren, ende brengen Jeronimus Cornelisz gevangen aan 't schip, 't welck hij dede. Maar al eer wij aan boort quamen, zagh ick een sloep volck om den zuydenlijcken hoeck van 't Hoogh Eijlandt komen royen, dieshalven prepareerden wij ons om de voorsz schelmen in hechtenisse te nemen. Als zij ontrent het schip quamen, zaghmen dat sij meest in roodt laken, met goude passementen geboort[78], gekleet waeren. [245 r] Ick riep haar toe, waerom sij gewapent

74 in geen gedachtenisse meer te houden: te vergeten en niet meer aan te rekenen

75 schijn van accoort: schijnovereenkomst

76 onder decksel van vrienden: onder het mom vrienden te zijn

77 aan haar zijde wilden vallen: naar hun kant wilden overlopen

78 geboort: afgezet

12. De moordpartij, uit Ongeluckighe Voyagie, *1647, tussen p. 16-17. Gravure*

aan boort quamen, zij antwoorden mij, dat zij't wel seggen zouden, als zij t'scheep waeren. Ick belasten haar zij souden tgeweer in zee smijten, eer sy over quamen, 'twelck wij op t'lest deden. Overkomende zetten haar dadelijck in hechtenisse, ende hebse van stonden aan beginnen t'examineren, principalijck, eenen Jan Hendricxsz van Bremen, soldaat, die dadelijck beleet, dat hij 17 a 20 menschen vermoort, ende helpen vermoorden hadde, ende t'selve door last van Jeronimus hadde moeten doen. Ick vraagden hem naar den oorspronck, ende circumstantien vandien, waerom sij sulcken wreetheden int werck gestelt hadden. Zeijde dat hij alles wilde verklaren, hoe het hem inden beginne gedragen hadde. Zeggende dat den schipper, Jeronimus Cornelisz, den hooghbootsman, met meer anderen, eer dat het schip *Batavia* verongeluckten het selve meijnden affgeloopen te hebben, ende zouden den commandeur met allent volck, op 120 naar, die haar aangestaan hadden, vermoort ofte overboort geworpen hebben, ende dan met het schip op vrijbuyt gevaren. Waerover Jeronimus met al het volck die op het eijlandt geweest waeren, anders niet en meijnden, ofte den schipper soude den Commandeur onderwegen over boort, ofte ijvers[79] vermoort, oft in zee gesmeten hebben. Soo dat Jeronimus nu een maendt op't eijlandt naar't blijven van't schip geweest sijnde, bedacht datmen allen't volck vermoorden, oft aen een kandt helpen souden op 40 naar, ofte min, ende dat zij dan alsser een jacht quam, het aff souden loopen, het welck oock tot dien eijnde int werck gestelt is, maar en konden tot haar voornemen niet komen, om dat Wiebbe Haijes te vooren met partije volck naar een lanck eijlandt gesonden was om water te soecken, die het selve naar 20 dagen gesocht hebbende vondt, ende tot dien eynde volgens het desseijn[80] 3 vieren tot een teecken maeckten. Dan omdat sij in die dagen met het moorden besich waren, en taelden Jeronimus naar geen water, waer over ettelycke [245 v] partije menschen, met 4 a 5 sterck, haar op houten ende vlotten uyt het moorden bij nacht salveerden, ende ontvluchten, ende voeren alle naar Wiebbe Haijes eijlandt, dat eijndelijck 45 sterck waeren. De welcken als verstondt, wat datter beslooten was, ende dagelijcx soo veel volck omgebracht wierdt, hem tot tegenweer stelden, soo sij quamen om haar te bevechten, ende maackten geweer van hoepen[81] ende spijkers die aan stocken bonden. Doen nu het meeste volck vermoort was, op 30 mannen, ende 4 jongers naar, soo vonden zij goet, naar het Hooge Eijlant met 2 plat bodem sloepen te trecken, om Wiebbe Haijes met den zijnen te vermeesteren, want zij zeijden, zoo het jacht binnendeur kompt, soo sal hij haar waarschouwen, ende zullen wij van ons desseijn versteken sijn, daarom

79 ijvers: ergens
80 desseijn: plan

moeten sij voort[82], ende hadden al drij tochten[83] op haar gedaan, maar geen affbreuck konnen doen, dan dien dagh dat syder eenige omverre geschooten hadden.

Tegen den avondt bracht Wiebbe Haijes Jeronimus gevangen aan boort, die ick met herten leet most aensien, zulcken schelm oorsake van soo veel onheijls, ende menschen bloet datter gestort was, ende noch van zinne waeren geweest te doen, alhoewel het Godt niet belieft heeft. Ick examineerden hem ter presentie vanden raadt, ende vraagden hem aff, waerom hij hem vanden duyvel, soo wijt vande menschelijckheijt hadde laten verleijden, te doen (tgeene noch noyt bij geenighe Christenen zoo wredelijcken int werck gestelt was) sonder eenige merckelijcke hongers, ofte dorstnoodt, maar alleen uyt koelen bloetdorst om tot zijn boos voornemen te komen. Hij andtwoorden, t'geene datter geschiet was, mostmen hem de schult niet toerekenen, leggende het op Davidt van Sevanck, Coenraat van Huijssen ende andere die doodtgeslagen waeren, datter hem die geconstringueert, ofte als toe gedwonghen hadden, ende dat een mensche veel dede, om zijn leven te houden. Aangaande dat hij't schip *Batavia* mede meynden te helpen affloopen, dat ontkende hij. Maar wegen t'jacht aff te loopen, alsser een quamp, zeijde hij, dat was door Sevanck voorgeworpen [246 r] 'twelck hij oock wel staans wil toegestemt hadde, sonder t'selfde te meynen, ten eenen om dat hij meijnden datter zijn leven geen verlossingh soude gekomen hebben, (nae dien) oock dat hij hier op 't landt wel hadde hooren zeggen, van Rijckert Wouterssen, dat schipper Ariaen het schip meijnden affgelopen te hebben, ende den Commandeur overboort werpen, daar uyt hij presumeerden, dat hij noijt met den boot op *Batavia* soude gekomen hebben, dan dat nae *Malacca* zoude loopen, oft soo het anders geluckten, ende dat hij oft den commandeur op *Batavia* gecomen waren, ende der halven een jacht tot verlossinghe gesonden wierdt, dat hij het dan soude soecken te waarschouwen hebben. In sulcker voegen met veel tastelijcke[84] leugens meijnden hij hem door zijn wel klappende tonge[85] te zuijveren, gelijck oft hij nergens schult in gehadt hadde, beroepende hem op het volck, die het oock wel seggen zouden. Derhalven hem dien dagh laten berusten, ende in hechtenis stellen.

Adij 18 dito voor den daghe, voer ick ende den schipper, met schuyt ende den boot, naar het eijlant van Wiebbe Haijes, ende haalden vandaar

81 hoepen: hoepels
82 voort: omgebracht worden
83 tochten: aanslagen
84 tastelijcke: klaarblijkelijke
85 wel klappende tonge: mooipraterij

13. De aanslag op Wiebe Hayes, uit Ongeluckige Voyagie, *1647, tussen p. 30-31. Gravure*

10 soldaten, die ick geweer ende musquetten langden, ende voeren soo naar het eijlant genaampt *Batavias* Kerchoff ontrent het wrack, daar d'ander resterende schelmen waeren, om die te vangen, ende mede in versekeringh te nemen. Als zij ons zagen komen, zoo besweken hare herten, ende zeijden tegen malkanderen, nu sijn wij alt'saemen omden hals[86], meijnende men soudese dadelijck doodt slaen, ende als ick aan landt quamp lietser dadelijck handen, ende voeten binden, ende alsoo bewaeren[87]. Daar naar maackten ick mijn eerste werck, om de juwelen die hier ende daar gestroijt waeren bij malkanderen te zoecken, die oock altemaal gevonden sijn, uijtgenomen eenen rinck, ende een gouden kettingien.[88] Tegen den avondt, naar het wrack gevaeren, bevonden dat het schip in verscheijden stucken lagh, te weten een stuck van het kiel, met zijn vlack van't ruijm, altsamen boven water affgespoelt, op een weijnigh naar, van d'achter windtveeringh, die boven water stack, ende bij naast noch op de plaatse, daar t'schip eerst geseten hadde. Een stuck van't voor schip aande beetingh[89] affgebroken, lagh heel op [246 v] 't drooge geschockt[90], daar in 2 stucken geschuts lagen, een metale, met een ijsere, uyt de rampaarden sonder ijets meer. Bij het voorschip lagh nu de een zijde van d'achter schip aande stuerboorts kruijspoorte, affgebroken. Voorts andere stucken van minder groote, lagen op verscheyde plaatsen apart gedreven, zoodat hem een kleijne hoope liet aansien, om veel geldt, oft ander goet te zullen bergen. Maar ick verstont uyt den bottelier Reijndert Hendricxsz dat mij een weynich troostte, als dat hij een maandt geleden, op eenen dach zeer still zijnde d'welck noijt ofte weijnich gebeurt was, ant wrack voer, uyt visschen gaande, (daar sij[91] hem toe hielden) ende hadde met een pijck op eenighe geldtkisten gestooten, verhoope dat tusschen dien tijt noch niet wech gespoelt zullen zijn. Ick vraagden hem oock de gelegentheid, hoe het hem aan t'schip ofte wrack aangedragen ende hoe lange nae het blijven, noch heel geseten hadde, zij zeijden 8 dagen noch meest heel geweest was, maar den spiegel, ende ander bouwwerck[92], spoelden int eerst al wech, in welcke dagen meest hardt waijden, ende vreeselijck barnden, ende wiert eijndelijck zijn backboort syde uytgesmeten, ende doen slooptent soo haast, ende lichtelijck van malkanderen, dat het verwonderlijck scheen, waar over op verscheijden reijsen

86 omden hals: er geweest, verloren
87 bewaeren: gevangen nemen
88 in de linkermarge: NOTA dat den rinck hier naar mede gevonden hebbe.
89 beetingh: beting; zware dwarsbalk in het voorschip waar de ankerkabels aan bevestigd worden
90 geschockt: geschoven
91 sij: de moordenaars
92 bouwwerck: opbouw, bovenste delen van het schip

vijff[93] leggers water, een legger franse wijn, 4 ½ ditto spaanse, een ditto asijn visten. Maar alvooren, hadde haar Godt tusschen den 9 ende 10 junij des nachts eenen gestadigen harden regen verleendt, zijnde denselven, doen wij aan't vaste landt, met den boodt in grooten noot waeren om te zincken, waar mede zij veel waters vergaarden, ende daar naar het bovengesz vischten, zoo dat sij voor all de menschen, eenen langen geruijmen tijdt, drij mutskens water, ende 2 mutskens wijn konden gegeven hebben, hadden den Duyvel haar hooft niet verleijt. Des avondts heb ick de principaele schelmen en andre mede hulpers die ick hier op t'eijlandt gevonden hadde aan t'Robben Eijlant laten voeren, om haar ter gelegenertijt, alsmense examineren soude, wederom van daar te laten halen, om ons ondertusschen in wat meerder versekerheijt te brengen.

Adij 19 dito des morgens, heb ick den schipper gesonden, om die geene die int schip gevangen zaten, hier aan lant te brengen, om haar gelijdt leven t'ondersoecken [247 r] te weten Jeronimus Cornelisz ondercoopman, Jacop Pietersz van Amsterdam lanspesaat[94], hier luytenant generaall, ende een van de raden geweest, Jan Hendricxsz van Bremen soldaat, een van de principale moorders, Rutger Fredricxsz van Groeningen slootemaker, Hans Jacobsz Heijlweck van Basel adelborst, Lucas Jellissz uijt den Haagh adelborst, Hans Fredricx van Bremen soldaat, Jan Willmsz Gelijns van Amsterdam opperkuijper, Hendrick Jaspersz Cloet van Montfoort soldaat, Hans Hardens uyt Ditmarssen soldaat, Jaques Pilman van Pres du Verdun soldaat ende Gerrit Haas van Zanten bootsgesel. Daar uijt dien dagh naar ondervragingh, ende haar goetwillighe bekentenisse, ten deele verstaan hebbe, het over goddeloos leven, dat alhier geleeft was, des compagnies goederen, die zij gevischt hadden, soo lakens, stoffen, goude passementen, ende andre waeren, zeer schandelijck misbruyckt waeren, kleederen maekende, met soo veel goude passementen geboort als lijden, ofte bij brengen konden, waar in haar Jeronimus eerst voor ginck, blyckende bij zijne klederen hier gevonden. Daarenboven, alle klederen ofte goederen, van mij, jae niemant uijtgesondert, maackten hij al sijn eijgen, ende gebruyckten het oft hem alles bij testament naargelaten was, zijn hooverdije, ende duyvelschen hoogmoet op dese arme bedroeffde eijlanden, ten uyttersten plaats gevende, meest dagelijcx hem in een ander kleet verwisselende, zije coussens, koussebanden met goude kanten, ende diergelijcken pracht van ander lieden haar goet, hem bekledende. Daar en boven gaff hij aan alle zijn trawanten, daar hem best op vertrouden, ende in't moorden willigh queten, elck roode lakense kleden, met 2

93 drij verbeterd in vijff
94 lanspesaat: onderofficier bij de soldaten

ofte meer goude passementen geboort, practiserende nieuwe fatsoenen van cassiacken[95], latende haar voorstaan dat een boose ydele vreught gelijck als eeuwich dueren konde. Daar aan volgden als de meeste moorden gedaan waeren, dat sij de vrouwen die der overgebleven waeren, ofte over meijnden te laten blijven, ten buyt uyt deelden, te weten Jeronimus, namp Lucretia Janssz, huijsvrouwe[96] van Baudewijn vander Mijlen, Coenraat van Huijssen, Judith Gijsbrechtsz, [247 v] oudtste dochter vanden predikant, voorts Trijn ende Zussie Fredricx gesusters, ende Anneke Bosschieters, zouden haar int gemeijne ten dienste moeten staan. Tot dien eijnde, maackten Jeronimus verscheyden artickels, die de vrouwen zoose int leven blijven wilden, besweren mosten, datse de mannen zouden onderdanigh wesen, in al hetgeene, dat sij van haar souden begeren. Zoodanige eeden, heeft Jeronimus verscheijden gemaackt, ende de mannen die hij int leven wilde sparen affgenomen heeft, dat sij hem in alles wat hij haar soude gebieden, gehouw ende getrouw zijn, hem daar oock in verbindende op zijn zielen salicheijt dat de gene die het selve teijckende, of hij daar toe namp, geen vreese ofte misvertrouw en behoeffden te hebben, om vermoort te worden, alhoewel dat altemet gebeurden eenige vande geteijckende, oft geswoorne, door haat, oft misvertrouew doodt mosten, zoo scheurden hij denselven eedt ofte verbondt int publicq, haar vanden selven ontslaande, ende wierden dan die gene die sterven mosten, des nachts vermoort, ende dan al weder een nieuw verbont gemaackt. Waar van ick eenige gevonden hebbe, ende luijden als onder volgt,

Wij ondergeschreven persoonen, om alle mistrouw die onder ons mach wesen, ofte komen, wech te nemen, ende nimmermeer eenige gedachtenisse daar vante hebben, willen met dit schriftelijck verbondt, malkanderen bij den grootsten eedt diemen doen kan, dat is *soo waarlijck als ons Godt helpen zal*, ende will t'zelve op onse zielen salicheijt nemen, beloven malkanderen in alles getrouw te wesen, oock dat wij niemant van ons ondergeteeckende zullen misdoen, noch oock ijets voornemen te doen, voor ende aleerst dat wij d'een den anderen gewaarschout hebben, oock en zal niemant onwetent den anderen, ijets attenteren[97], t'zij door gunst ofte haat, dan malkanderen met broederlijcke affectie bij te staan, in alle voorvallende zaken. Ende tot meerder sekerheijt hebben wijlieden dit bijsonderlijck onderteeckent dese 12 jullius, anno 1629 aldus gedaan op t'eijlandt genaampt Batavias Kerchoff.

95 cassiacken: overjassen
96 huijsvrouwe: echtgenote
97 iets attenteren: een aanslag plegen

[248 r] Voorts op den datum als onder, eenen anderen diergelijcken, luydende

Wij ondergesz persoonen, om alle mistrouw die onder ons mocht wesen, ofte komen wech te nemen, ende geen gedachten nimmermeer daar van te hebben, willen met dese schriftelijcke onverbrekelijcke verbintenisse, malkanderen bij den grootsten eedt diemen doen kan beloven, in alles getrouw te wesen, *soo waarlyck als ons Godt helpen sal*, ende op onse zielen zalicheijt nemen. Oock dat ons Godt, hier ende hier naemaels inder eeuwicheijt straffen zal, zoo verre wij ondergeteeckende persoonen, ijets voornemen dat wij zulcx malkanderen sullen openbaren, ende niemant particulierlijck ijets attenteren zal, t'zij door gunste ofte haat, dan malkanderen, met een broederlijcke affectie in alle voorvallende zaken tot het gemeene beste bij te staan, ende de gegevene wetten, met de navolgende vrouwpersoonen, Lucretia Jansz, Anneken Hardens, Judith Gijsbertssz, Trijntien, ende Zussie Fredricx, Anneken Bosschieters ende Marretgien Louijs, in gelijcke forme te maintaineeren[98]. Tot meerder zekerheijt, hebben wij ons namen met eijgender handt, hier onder gestelt. Aldus beslooten, op t'eijlandt *Batavias* Kerchoff den 16 jullius anno 1629.

Alsmede

Wij ondergeschreven persoonen, alhier tegenwoordigh op dit eijlandt zijnde, zoo wel raadtsverwanten, soldaten, bootsgesellen, alsmede onsen Dominij[99] geen uytgezondert, wie het zoude mogen wesen. Nemen aan voor ons opperhooft als cappiteijn generaal *Jeronimo Cornelij* die wij eendrachtelijck, ende een ijder int besonder, zweren, *soo waarlijck als ons Godt helpen zal*, in allent geene hij ons zal gebieden, getrouw, ende gehoorsaam te wesen. Ende bij zoo verre ter contrarie geschiet wij des Duyvels eijgen zijn, t'welck wij ons t'saemender handt aldus vastelijck verbinden, hiermede te niet doende, ende affleggende alle voorgaande openbare, ende particuliere beloften, ende eeden die voordesen gepasseert zijn, [248 v] daar onder mede begrepen sijn, de heijmelijcke cameraatschappen, tentschappen[100], ende andersindts. Oock en zullen het bootsvolck, onder ons niet meer bootsgesellen genoempt, dan sullen mede ghelijckerhandt als soldaten, onder een compagnie gerekent worden. Aldus gedaan op't eijlandt *Batavias* Kerchof desen 20 augusti, anno 1629.

98 in gelijcke forme te maintaineeren: op dezelfde manier om te gaan
99 Dominij: aanspreektitel voor de predikant
100 tentschappen: verbond van bewoners van één bepaalde tent

Desen ondergesz brief is door Jeronimus Cornelisz op den 23 jullij met Daniel Cornelisz int frans getranslateert sijnde, secreetelijck naar Wiebbe Haijes eijlant gesonden, om aldaar sekere franse soldaten tot verraet, en moorden van haar eijgen volck te brengen ende luijden als volgt

Beminde broeders, ende vrienden, Jean Hongaar, Jean Reijnouw de Miambrij, Thomas de Villier, Jean Boniver, ende Eduward Coo. Hoe wij langer uwe voorgaande getrouwigheijt, ende broederlijcke vrientschap bij ons zelven overleggen, hoe wij ons meerder verwonderen, dat ghijlieden die op't versoeck vanden coopman[101], omt'hooge eijlandt te gaan besigtigen vrijwillichlijck vertrocken zijt, niet wederom en keerde om ons bescheijt te brengen, doordien wij u.l. altijt geacht hebben, voor onse grootste, ende getroutste broeders ende vrienden, ende noch uwe verbintenisse, ende geseltschap, (die wij soo waerdt achten, als ons eijgen leven) gesocht hebben, ende noch zoecken nae te jaegen. Maar tgeene ons t'vreemst dunckt, is dat ghij lieden schijnt gehoor te geven aen de wijsmaeckinge van sommige misdadigen, die hier door muijtinatie de doodt verdient hadden, ende daerom versonden zijn, naar een ander eijlandt, maar buyten onse wetten bij u.l. gekomen. Dat wij Jeancoos de Sallij op het eijlandt gebonden hebben, is alleenlijck geschiet, ten consideratie van Jean Thirion, die (door dien hij uijt de leggers[102] gesoopen hadde) mede versonden was, ende omdat wij sorghden dat Jeancoos voorsz hem behulpigh soude zijn, 'twelck wij naderhandt verstaan hebben anders te zijn, want Jeancoos gepresenteert heeft, hem te doorsteken, indien hij bij ons mocht leven ende sterven, waar mede hij ons een sonderlinge[103] vriendtschap zoude gedaan hebben, ende noch doen zal. Nu dan beminde broeders ende vrienden, Jean Hongaar, Jean Renouw, Thomas de Villier, Jean Boniver, Eduward Coo, ende Jean Coos, begeeft u tot [249 r] ons, helpt ons de gerechtigheijt voorstaan, ende de misdadigen straffen, besonderlijck zoeckt ons in handen levendigh te leveren, die ons, ende u.l. (door dien wij ende ghij een zijn) eergisteren soo verraderlijck van ons meeste behulp het schuytgien berooft heeft, ende oock mede in ons handen leveren Lucas de botteliersmaat, Cornelis den dicken trompetter, Cornelis den assistent, Jan Michielsz den doven, Ariaen den bosschieter, scheele Hendrick, Theunis Claasz, Cornelis Helmigs ende andere bootsgesellen die bij u.l. sijn, alsoo sij bij hun lieden (sonder u weten) een compas hebben, om alsoo met het schuytgien heijmelijck naar thooge landt[104] te gaan. Den

101 den coopman: Jeronimus Cornelisz
102 leggers: (wijn)vaten
103 sonderlinge: bijzondere
104 thooge landt: mogelijk één van de eilanden, doch waarschijnlijk de kust van Australië

coopman die een zonderlinge welgevallen ende vertrouen op Wiebbe Haijes heeft, wenscht, ende versoeckt dat ghij denselven hier van secretelijck wilt verwittigen. Voorts refereren wij alles op het raport dat brenger deses u.l. confrater, Daniel Cornelisz mondelingh sal doen, bij aldien u.l. hem vrij geleijt geeft, hiermede beminde broeders ende vrienden, bevelen wij u.l. altsamen in schut ende bewaringe des alderhoogsten. Desen 23 jullius anno 1629, op t'eijlandt *Batavias* Kerchoff. Was onderteeckent *Jeronimus Cornelisz.*

Dit sijnde behulpmiddelen, alsoo zij bemerckten, met gewelt het volck, op't Hooghe Eijlandt niet konden vermeesteren, om haar in zoodanige wijse met verraat 'toverweldigen, ende tot dien eijnde meer diversche brieven geschreven hadden, die[105] de copijen niet al gevonden en zijn, om haarlieden te abuseren. Dan het schijnt, doen haeren beganen gruwel, alhoewel noch van meeninghe waeren meer te doen, op 't hooghste was, Godt almachtigh haeren boosen will onvoorsienelijck gestutt heeft, latende vande principaele hoofden in't zweert vallen, ende Jeronimus den autheur van alles in gevanckenisse, gelijck voor desen verhaalt is, om alsoo Zijn wonderlijcke rechtveerdigheijt aan alle menschen, meer, ende meer bekent te maken.

[249 v] Adij 20 dito voor den middagh, heb ick den boot aan boort gesonden, om te halen tgeene wij hier[106] noodigh hadden, als mede een schuijt naar d'eijlandt daar het volck van Wiebbe Haijes op was, om water te haelen, alsoo zij daar zeer miraculeuselijck, als 2 dagen op t'eijlandt geweest waeren, 2 putten met versch water vonden, die met ebbe ende vloet op ende neder vloijden, daarom meijnden dat het zout water was, als ick hier naar breder verhalen zal.

Adij 21 dito den windt o.z.o. met harde koelte, waermede bemercken dat het water hier zeer leegh blijft ende door den harden windt en konden de schuyten niet wederom komen, desen dagh met examineren door gebracht.

Adij 22 dito den windt noch als vooren, maar geen schuyten vernomen. Voor den middagh, ben ick met den schipper ende 3 mannen in een schuytgien naar t'wrack gevaeren, omte zien, oftmende rechte gelegentheijt[107] konde besichtigen, dan liep zulcken harden brandingh, dat de zwemmers daar niet door konden komen, tegenden avondt is de schuyt wederom aan boort gekomen.

Adij 23 dito den windt als vooren, des morghens, heb ick de schelmen

105 die: waarvan
106 hier: op Batavias Kerkhof
107 de rechte gelegentheijt: de precieze situatie

die op 't Robben Eijlandt geset waeren wederom vandaar doen halen om t'examineren, ende den heelen dagh daar mede besigh geweest. Ondertusschen zondt ick den stierman naar 't wrack, omte zien oftmender ijets konde wercken, dan is wederom gekeert, zeggende, door de harde barningh onmogelijck was bij te komen.

Adij 24 dito is den schipper met den boot aan boort gevaeren om eenige nootelijckheden, omdat het noch onmogelyck was, aan't wrack te wercken.

Adij 25 dito des morgens still weer zijnde, heb ick den schipper met den stierman aan't wrack gesonden, om te zien offmen nu soude konnen beginnen te wercken. Als zij daar bij quamen, bemerckte ick datse besich waeren, om ijets op te haelen, derhalven zondt ick haar den anderen boot [250 r] gemant om te helpen, ende ick vaerden met het kleijnste schuijtgien nevens 2 jongers, ende een man, oock naar toe, ende bevondt datse een cas[108] met clatergout[109] alsmede een geltkist gevischt hadden, die zij op't drooge, een stuckweechs van't wrack brochten. Ick tradt inden anderen boot die mede besich was met visschen, ende kregen wij noch een geldt kist boven. De *Gouseratse* duijckers[110] zeijden, dat syder noch sesse zagen, die wel te krijgen waeren. Ick brocht ondertusschen de geltkisten die wij geschort hadden mede op't drooge, ende de duyckers maacten wederom een ander veerdigh tegens dat den schipper soude komen, soo dat als nu 4 kisten gebergt hadden, wederom begost hart te waijen, ende aan branden, dat wij t'wrack verlaten mosten. Derhalven haalden de geltkisten, die op't droghe geset waeren, ende brochtense op t'eijlandt *Batavias* Kerchoff, de rest vandesen dagh met examineren doorgebracht.

Adij 26 dito harden windt uyt den z.westen zoo dat aan het wrack niet wercken konden, derhalven den boot aan een over eijlandt[111] gesonden, om partije leege olij amen[112] te haelen, als mede een spil die daar lagh. Voor den middagh, isser oock een schuyt om water gegaan ende hebbe ick Cornelis Jansz van Amsterdam assistent, ende Aris Jansz van Hoorn barbier, doen halen, om'texamineren van't geene haar gepasseert was, int ontvluchten als zij doodt zoude geslagen werden. Naar den middagh begonde het heel te stillen ende slechten daerom sond ick den schipper met den boot dadelijck naar t'wrack, om de kisten gelt (die wij op gisteren gesien hadden) te halen, des achtermiddaghs is hij weder gekomen, mede brengende 3 kisten met gelt ende was noch een kist voor eerst on-

108 cas: kist
109 clatergout: dun uitgeslagen geelkoper
110 Gouseratse duijckers: duikers uit Gujarat in India
111 over eijlandt: tegenoverliggend eiland
112 amen: vaten

mogelijck te krijgen alsooder een stuck geschuts, met een ancker kruyswijs over lagh, ende t'selve met gewelt affgewerckt zal moeten werden.

Adij 27 dito den windt uyt den zuijen hart koelende hebben aan't wrack niet konnen doen. Voorden middagh [250 v] is de schuyt met de 2 bovengenoemde persoonen Cornelis, ende Aris van't Hooge Eijlant gekomen zoo dat wij met examineeren van de schelmen voort gevaren sijn, ende desen dagh daar mede door gebragt.

Adij 28 dito den windt zuijdelijck met harde koelte soo dat aan't wrack niet hebben konnen uytrechten. Derhalven naar dat volkomen examinatie vande pricipale moorders ende booswichten, zoo door haar eijgen bekentenisse ende veelvoudighe getuygenisse, ende Godt betert genoechsame ondervindinge bekomen hadde, als de navolgende schriftelijcke belijdenissen[113] blijcken, hebbe ick den raadt beroepen, ende in rijpe deliberatie geproponeert, offmen dezelve, waertegens het onnosel[114] bloet, wraack is roepende, geslooten[115] op *Batavia* bij den Ed. Hr. Generael zal brenghen, oft datmense alhier ten exempel van anderen met de doodt zal straffen, om alle onheijlen dieder door zoodanighe menschen, als Jeronimus met zijn complicen, t'scheepe zoude konnen ontstaen, voor te komen, wandt all eenige ofte de resterende anderen met een weijnich van't ingesopen vergift des boosen levens zwanger gaan, voorts lichtelijk de rijckdom, van gebergde middelen, onse Heren Meesters toekommende, die wij nu gevischt hebben, kitteloorigh maken. Dies halven niet zonder perijckel van bedorven menschen, in zee te steken soude zijn, hebben geresolveert, als de navolgende resolutie blijckt.

> Op heden den 28 september 1629 opt'eijlandt genaampt *Batavias* Kerchoff gelegen ontrent het wrack van't verongeluckte schip *Batavia*, op de hoogte van 28½ graden zuijder breede ontrent 9 mijlen van't vaste Zuydlant bij den Commandeur *Francisco Pelsart*, ende de scheepsraadt tgeene volgt.

Om dat wij Godt zij danck ende loff met het jacht Sardam op den 17den deser naer vele uytgestane perijkelen, ontrent t'Hooge Eijlandt 2 mijlen van't wrack gearriveert zijn, waar ons datelijck een [251 r] kleijn schuytgien, met vier mannen, die den commandeur alsoo hij met broot, water, ende wijn aan landt was gevaeren, omde menschen door den roock die wij zagen op gaan, te laven, (die quamen waarschouwen) dat hij dadelijck weder aan boort zoude vaeren, alsoo daer op d'eijlanden ontrent het wrack partije schelmen waeren, die het jacht meenden aff te loopen, als

113 belijdenissen: verklaringen
114 onnosel: onschuldig
115 geslooten: gevangen

14. Komst van het jacht Sardam, *uit* Ongeluckige Voyagie, *1647, tussen p. 32-33. Gravure*

mede dat zij Jeronimus Cornelisz (die het hooft vande schelmen was) gevangen gekregen hadden, die den commandeur dadelijck heeft doen halen om aen boort te brengen, ende is hij selfs in haast met de schuyt weder t'scheep gekomen, ende de droevighe tydinge van t'geene hij in't korte hadde verstaan, geadviseert, waar op wij ons tot tegenweer geprepareert hebben ende is korts daar naar een platgeboomde schuijt met 11 mannen aan boort gekomen, die altsaemen in heghtenis genomen sijn, ende geexamineert, als mede Jeronimus Cornelisz, die dies daaghs gevangen aen boort gebracht wiert. Waar uyt soo wel, als vand'ander schelmen, met groot leetwesen verstaan hebben de grouwelijcke ofte abominabele moorden, die hij Jeronimus voorsz neffens Davidt van Sevanck assistent, Coenraat van Huijssen, adelborst Jacop Pietersz lanspesaat, die 14 dagen geleden als Jeronimus gevangen wiert, op't Hooge Eijlandt doodt geslagen zijn, uytgenomen Jacop Pietersz (int werck gestelt, ende uytgerecht hadden) van meeningh zijnde allen't getal van't volck, op 40 menschen ofte minder te maken, ende tot dien eynde practiseerden om zeker partije volck, van 47 zielen, die op het Hooge Eijlandt uyt het moorden ontvlucht, ende haar leven gesalveert hadden (te vermeesteren, ende te vermoorden). Om alsoo volgens hare bekentenisse het eerste jacht dat tot haar verlossinge zoude komen, aff te loopen, ende daar mede naar *Spagnien, Barbarijen* ofte diergelijcke plaatsen aan te zeijlen. Daarenboven soo bevinden wij volgens haar eijgen bekentenisse, ende getuygenisse, van al de levende persoonen, datse over de 120 persoonen, zoo mannen, vrouwen, als kinderen, verdroncken, vermoort, ende met alderlije wreetheijt omgebracht hadden, waar van de principaalste moorders zijn geweest ende noch int leven zijn, Leenert Michielsz van Os [251 v] soldaat, Mattijs Beer, van Munsterbergh, adelborst, Jan Hendricxsz van Bremen soldaat, Allert Janssz van Assendelft bosschieter, Rutger Fredricx van Groeningen slootemaker, Jan Pelgrom de Bije, van Bemmel, kaijuijtwachter, ende Andries Jonas van Luijck soldaat, met haar consoorten. Derhalven vanden 17den deser, tot op heden zijn dagelijcx met examineren om tot de rechte waarheijt te komen, besigh gheweest, ende bevinden uijt d'examinatien ende vrijwillighe bekentenissen van Jeronimus Cornelisz als dat hij op't schip *Batavia*, doen sij vande *Cabo de Bone Esperansa* geseijlt waren, met den schipper Ariaen Jacobsz in conspiratie is getreden, om het zelve schip aff te loopen, ende zouden altsamen vermoort hebben, op 120 persoonen naar, waar mede zij dan voor eerst gerooft, ende daar naar in *Spagnien* ofte diergelijcke plaatsen zouden geloopen hebben. Dan alsoo het schip verongeluckt is hebben t'selve niet konnen uytvoeren. Bekent voorder dat alle de menschen, door zijnen last ende t'samen goetvindinghe van sijnen raat, vermoort sijn, om als vooren, het op een kleijn getal te brengen. Belijdt oock dat hij nevens Sevanck, Coenraat van Huijssen, ende Jacop Pietersz geresolveert hadden, het eerstkomende jacht aff te loopen. Te weten als zij het volck op't groot eijlandt vermeestert, ofte tot haar devotie soude gebracht hebben, dat zij dan alsser een schip quamp, den boodt zouden aan landt laten komen, ende het volck droncken maeken, om alsoo haar lichtelijker doodt te slaan, ende alsdan, met den zelven boot t'jacht bij nacht t'overrompelen, 'twelck haar docht niet en konde fallieren, omdat zij gisten, dat het maar 20 a 30 mannen op hebben zoude. Derhalven is naar lange examinatie van alle menschen die op't eijlandt geweest zijn, om tot de rechte waarheijt te geraken, die wij Godt loff gevonden hebben, bij den commandeur geproponeert, offmen zulcken grouwelijcken booswight (die met alle bedencke[252 r]lijcke ende schrick van misdaden besmet is) op ons schip geslooten mede naar *Batavia* zullen nemen, om hem voor den Ed. Hr. Generael te brengen die hem aldaar naar zijn verdienste mochte straffen, off datmen volgens den restricten[116] last, van onse H. Mrs. geenen booswighten ofte crimen misdadigers, tot *Batavia* moghen brengen, omde schepen, ende menschen in geen voorder perijkel te stelle, (alhier sullen straffen). Zoo hebben wij t'zelve op't hoogste ende rijpste gedebateert, ende overwogen, omdat wij eenen grouwel in Jeronimus voorsz bevinden, niet alleen besmet, met abominable misdaden, maar met een verdoemelijcke secte, sustinerende, datter duijvel noch helle en is, ende t'zelve hier op't eijlandt de menschen heeft zoecken in te prenten. Ten anderen dat noch dagelijcx arbeijt met zijn tonge goetwillige menschen, tot een verkeerde opinie, ende vande rechten wegh te brengen. Hebben derhalven eenstemmelijck geresolveert ende goetgevonden, ten meesten dienste vande Compagnie, ende onse Ed. Hr. Mrs. om haar schip, ende kostelijcke middelen, alhier Godt loff gevischt, voor voorder onheijl versekert te zijn, den voorsz Jeronimus Cornelisz, met de grootste ende goetwillige moordenaars, die haar professie daar van gemaackt hebben, te sententieeren, gelijck wij hem sententieeren, ende condemneren midts desen, datmen eerstelijck

Jeronimus Cornelisz, van Haarlem, apoteker, ende ondercoopman geweest hebbende opt'schip *Batavia*, op maandagh, alsoo hij versoeckt gedoopt te zijn, wesende den eersten october (zal brengen) op't Robben Eijlandt, ter plaatse daar toe bereijt omde justitie te executeren, ende hem aldaar eerst beijde zijn handen affkappen, ende daar naar aan een galghe met de koorde zal straffen, tot datter de doodt nae zal volgen, met confiscatie, van alle sijne goederen, gelt, goudt, zilver, maandtgelden, ofte eenige pretensien[117] die hij alhier in *Indien* soude mogen hebben ten proffijte vande generaelle OostIndische Compagnie onse Hr. meesters.

116 restricten: uitdrukkelijke
117 pretensien: aanspraken

[252 v] Jan Hendricxsz van Bremen soldaat, out ontrent 24 jaeren, die volgens zijne bekentenisse ende examinatie, int largo blijckende[118], 17 a 18 menschen vermoort, ende helpen vermoorden heeft, als mede het komende jacht om haar te verlossen, van meeningh is geweest aff te loopen, die men oock op het bovengesz Robben Eijlant, ter plaatse daarmen de justitie executeren zal brengen, om aldaar eerst zijn rechterhant affgekapt te worden, ende daar naar, aen een galge met de coorde te straffen, tot datter den doodt nae zal volgen, met confiscatie van alle zijn plunjen, maantgelden, ende alle tgeene hij vande Ed. Hrn. Meesters te pretenderen soude mogen hebben. Als mede

Lenart Michielsz van Os, adelborst out ontrent 21 jaeren, die volgens zijne vrijwillighe bekentenisse 12 menschen, zoo vermoort als helpen vermoorden heeft, ende bij getroude vrouwen geslapen, ende Anneken Bosschieters huijsvrouwe van Jan Carstensz van Tonningen, voor zijn bijzidt gehouden. Derhalven salmen hem oock op't Robben Eijlandt brengen, om aldaer eerst zijn rechter handt affgekapt te worden, ende daar naar aan een galge met de coorde te straffen, tot datter de doodt nae zal volgen met confiscatie van alle zijn plunjen, maantgelden ende alle tgene hij vande Ed. Hrn. Meesters te pretenderen, soude mogen hebben. Als mede

Mattijs Beijr van Munsterbergh soldaat oudt ontent 21 jaeren, die volgens zijn vrijwillige bekentenisse int largo, blyckende 9 menschen zoo vermoort, als helpen vermoorden heeft, als oock Zussien Fredricx getrouwde vrouw, voor zijn bijzidt gehouden heeft. Derhalven salmen hem oock op't Robben Eijlandt brengen, om aldaar eerst zijn rechter handt affgekapt te worden, ende daar naar aan een galge met de coorde te straffen tot datter de doodt nae zal volgen, met confiscatie van al zijn plunjen, maantgelden, ende al het gene hij vande Hrn. Meesters te pretenderen zoude mogen hebben. Als mede

[253 r] Allert Janssen van Asendelft bosschieter, out ontrent 24 jaaren, die volgens sijn bekentenisse int largo blyckende beleden heeft verwillight[119] te zijn door Jeronimus Corneliszoon het schip *Batavia* te helpen affloopen, waar inne hij geconsenteert heeft. Als mede dat hij Andries de Bruijn van Haarlem jongen de keel affgesneden heeft, oock Jan Pinten engelsman heeft helpen doodtslaan, ende dat hij Aris Jansz van Hoorn, barbier op eenen nacht nevens andere meenden doot te slaen dan door de botticheijt van zijn sabel alhoewel hem een slagh op zijn schouder

118 int largo blijckende: zoals daar uitgebreid beschreven is

119 verwillight: bereid gevonden

gaff, ginck niet deur, ende ontvluchten den voorsz Aris, door de donckerheijt int water, als oock veel moetwilligheijt in't blijven van't schip bedreven heeft. Derhalven zalmen hem oock op't Robben Eijlandt brengen, om aldaar eerst sijn rechter handt affgekapt te worden ende daar naar aan een galge met de coorden te straffen, tot datter de doot nae zal volgen, met confiscatie van alle zijn plunjen, maantgelden ende al het geene hij op de Heeren meesters te pretenderen heeft.

Als mede, Jan Pelgrom de Bije van Bemmel, out ontrent 18 jaeren kaijuijtwachter geweest hebbende opt'schip *Batavia* die volgens zijn eijgen bekentenisse, seer godloos in woorden ende wercken, meer een beest, als menschelijck betoonende als mede heeft op't Robben Eijlant, een jongen vermoort ende Janneken Gist huijsvrouwe van Jan Hendricxsz uyt den Haagh bosschieter nevens Andries Jonas helpen doodtslaan. Ende versocht oock op den 16 augustij zeer instantelijck dat hij mocht Cornelis Aldersz van Ylpendam hooploper[120], den kop affslaan, dan wiert t'selve aan Mattijs Beijr vergunt te doen, daar hij doen om schreijde. Heeft mede Zussien, ende Trijntgien Fredricxsz beijde gesusters, ende Anneken Bosschieters, alt'zamen getroude vrouwen, vleesselijck bekent. Derhalven zalmen hem oock op het Robben Eijlant brengen, om aldaar aan een galge met de coorde te straffen, datter de doot nae sal volgen met confiscatie van al zijn plunjen, maantgelden, ende altgene hij vande Hrn. meesters, te pretenderen heeft.

[253 v] Andries Jonas van Luyck soldaat, out ontrent 40 jaaren, die volgens zijne vrijwillige bekentenisse belijt, als Pauwels van Harderwijck int waeter dootgesteken wiert, oock met een pijck door zijn keel stack tot dat hij stierff, ende op't Robben Eijlant Maijken Soers zwanger sijnde, de keel affgesneden heeft, ende Janneken Gist nevens Jan van Bemmel helpen doodtslaan. Voorts hem in alle tochten[121], vrijwilligh heeft laten gebruijcken. Derhalven salmen hem oock op't Robben Eijlandt brengen, om aldaar aen een galge gestraft te worden, met de coorde, tot datter de doodt nae volgt, met confiscatie van al zijn plunjen, maandtgelden, ende altgeene hij vande Hrn. Mrs. te pretenderen heeft.

Als mede Rutger Fredricxen van Groeningen slootemaker oudt ontrent 23 jaeren, die volgens zijne vrijwillige bekentenisse belijt, dat hij Jacop Groenewaldt oppertrompetter als hij soude verdroncken worden, handen ende voeten gebonden heeft, ende zoo door Sevanck, ende de Vries in zee gedragen wierden. Als mede zoo wanneer Pieter Jansz provoost

120 hooploper: jonge matroos
121 tochten: aanslagen op Hayes en de zijnen

met sijn 14 van een vlot in zee geworpen wierden, ende Pauls Barentsz met Bessel Jansz Harderwijckers, Niclaas Winckelhaack, Claas Harmansz van Maagdenborgh het ontswommen waeren, ende hier op t'eijlandt quamen vluchten, maar van Jeronimus belast wiert, datmensen soude doodtslaan, heeft hij Rutgert op Pauwels Barents met zijn sabel 2 slagen gekapt, ende van daar naar Claas Harmansz geloopen, dien hij alleen doodtgeslagen heeft. Oock als Andries de Vries assistent, soude dootgeslagen worden, wiert Rutger voorsz, Jan Hendricxen, ende Lenert Michielsz bij Jeronimus inde tent geroepen, ende haar elck een sabel gegeven, datse de Vries souden gaan doodtsmijten, daar hij hem mede vrijwilligh zonder tegenseggen heeft laten gebruijcken. Als De Vries sagh, dat het hem gelden soude, vluchten int water, ende Lenert Michielsz vervolgenden hem int water ende sloegh hem met 2 slagen doodt, zoo dat hy daar toe niet heeft konnen doen. [254 r] Ten anderen affirmeert Jeronimus dat den voorseijden Rutgert, hem in alles zeer vrijwilligh heeft laten gebruycken nevens Mattijs Beer, ofte diergelijcke, ende hem niet voor onschuldigh kan verschoonen. Derhalven zalmen hem oock op t'Robben Eijlandt brengen, om aldaar aan een galge gestraft te worden, tot datter de doodt naa volght met confiscatie van all zijn plunjen, maantgelden, ende al het gene hij vande Hrn. Mrs. te pretenderen zoude mogen hebben.

Hebben mede geresolveert, alsoo noch eenige misdadigers alhier in hechtenisse zitten, ende dat wij tot noch toe, van al haar fauten niet wel geinformeert ofte versekert zijn, ende ten anderen, voor zooveel als ons tot noch toe van eenige bewust is, in twijffel ofte veel consideratien dient getrocken, off zij de doot schuldigh, zoo niet meer beswaart en worden, off het leven, zonder in ongenade vanden Edele Heer Generael te vallen, zouden mogen sparen. Datmen d'ondergesz persoonen geslooten zal houden, t'zij om alsoo op *Batavia* bij den Edele Heer Generael te brengen, ofte haar straffe onderwegen te geven, naar dat hem der tijt ende gelegentheid gedragen zal.

Te weten, Wouter Loos van Maastricht soldaat maar naede gevanckenisse van Jeronimus Cornelis, Capitein vanden rebelligen hoop gemaact geweest,
Jacop Pietersz van Amsterdam lanspesaat raat van Jeronimus, nevens Sevanck ende Coenraat van Huysen geweest,
Hans Jacop van Basel, adelborst,
Daniel Cornelisz van Dort adelborst,
Andries Liebent van Oldenburg adelborst,
Hans Fredrick van Bremen soldaat,
Cornelis Jansz van Haarlem bootsgesel,
Rogier Decker van Haarlem jongen van Jeronimus geweest,
Jan Willemsz Selijns van Amsterdam kuyper.

Ende de resterende gevangenen zalmen tot naerder resolutie, ofte zooder geen ander beswaernisse en kompt, vrij ende lieber laten gaan.

[254 v] Als mede, omdat wij door veelvoudige ghetuygenissen, ende oock ooghschijnelijck[122] bevinden dat hem Wiebbe Haijes van Winschooten soldaat in dien tijt dat hij met 47 menschen, op het Hooghe Eijlant geweest heeft, haar getrouwelijck beschermt, ende voor de moordersche partije, die haar meenden altsamen, om het leven te brengen, ende tot drij reijsen dat zij zijn bevochten geweest verdeffendeert heeft. Hebben mede goet gevonden, alsoo der geen officieren over de soldaten en zijn, den voorsz Wiebbe Haijes sergeant apointe vande zelve te maken, gelijck wij doen mits desen met tractement van 18[123] gulden ter maandt van dato deses voortaan te winnen.

Als mede Otto Smit van Halverstadt, Allert Jansz van Elsen, adelborsten, door haar goet compartement nevens Wiebbe Haijes, corporaals te maken, met tractement van 15 guldens per maant, van dato deses voortaan te winnen.

Aldus gedaan ende gearresteert op t'eijlant *Batavias* Kerchoff, datum als boven,[124]

Francisco Pelsartt
Jacob Jacobs houten man
_[125]
Claes Gerritsz
Jacop Jansz
Sijmon IJopzoon
Dit is t'merck van
Jan  Willemsz
Visch.[126]

[255 r] Volght eerstelijck d'examinatie van Jeronimus Cornelisz vanden dagh zijnder gevanckenisse, als bij ons gebracht wiert tot op heden, dagelijcx over hem gebesoigneert, als mede zijn vrijwillige bekentenisse, wegen de groote, boose, delicten, door hem int werck gestelt, ende waar

122 ooghschijnelijck: duidelijk
123 20 veranderd in 18
124 In de Inleiding, § 4.1 wordt ingegaan op de functies van de ondertekenaars.
125 op deze plaats ontbreekt de handtekening van Salomon Deschamps.
126 Visch ondertekende alle stukken door middel van het zetten van een teken dat alleen op deze plaats gereproduceerd is. In het vervolg wordt dan ook steeds naar deze plaats terugverwezen.

zijn voornemen toe gestrect heeft, waar op sijn sententie over hem, nevens zijn complicien gestreken[127] volgen.

Op heden den 17 september 1629 nae den middag bij den Commandeur *Francisco Pelsart*, ende den scheepsraat geresolveert, Jeronimus Cornelisz van Haarlem apoteker, ende ondercoopman geweest op't schip *Batavia*, gevangen aan boort gebracht zijnde, te examineren zijne grouwelycke daden, die gedaan, ende noch int zin te doen hadde, ende dies noodigh zijnde ter torture te brengen, op t'jacht *Sardam*, datum, als boven.

Jeronimus Cornelisz binnen gebragt sijnde is hem vanden commandeur gevraagt, waerom hij hem door den duyvel van alle menschelijckheijt hadde laten ontblooten, ende was booser, als in een tijger dier verandert, dat hij soo veel onnosel menschen bloet, hadde laten storten, ende noch van mening was geweest, met ons lieden oock te doen. Waar op hij zeijde, als datter gedaan is, en is mijn schult niet maar Davidt Sevanck, Gijsbert van Welderen, ende Coenraat van Huijssen sijn die het uijtgevoert hebben, ende mij mede daar toe gedwongen, ofte ick soude moeten sterven hebben, ende heeft voorder audientie begeert, zijne ontschuldinge te mogen verklaren, ende is hem belast van het beginsel te verhaelen.

Zeijt dat hij 10 dagen, naar't blijven van het schip noch op het wrack geweest heeft, ende wiert het zelve indien tijt meest ontstucken gesmeten zoo dat hij 2 dagen inde boeghspriets marsse[128] zadt, ende is eijndelijck met de wangh[129] vanden selve boeghspriet aan landt gekomen. Vondt datter een legger water, een dito wijn, ende een ditto met asijn aan het eijlandt komen drijven was. Ontrent een [255 v] maandt op't eijlandt geweest hebbende, hadde Davidt Sevanck, ende Coenraat van Huijsen adelborst, met noch 12 andere haar tent gewapent, ende op eenen avondt ontrent 10 a 11 uren, zijn voorsz persoonen bij hem gekomen, zeggende dat het volck te machtigh was, ende het eeten te kleijn, dat zij van zinne waren allent'volck inde tenten te overvallen, ende om te brengen op 40 naar. Waarover hij Jeronimus soude gebeden hebben, dat zij zulcx niet zouden doen, maar dat het veel beter was, t'volck te versenden[130], op het Hooge Eijlandt, om daar bij 22 ander mannen, die te vooren om water te soecken gesonden waeren, oock mochten gaen, d'welck zij qualyck[131] wil-

127 gestreken: uitgesproken
128 de boeghspriets marsse: de mars (rond platform) onder aan de bovenblinde, op de boegspriet
129 wangh: zijstuk of klamp
130 te versenden: weg te sturen
131 qualijck: eigenlijk niet

den toe staan, maar door sijn bidden, zoude partije versonden zijn. 17 dagen naar het gepasseerde, is dito Sevanck met een sloep volck naar het eijlant gevaeren, daar de partije voorgenoemde menschen op waren, ende heeft de selve met zijn consoorten, altemaal vermoort, op 7 jongers, ende eenige vrouwen. Wederkerende zeijde ditto Sevanck aan Jeronimus, dat hij sulcx gedaan hadde, ende wilde wel dat met de reste die op het hooge eijlant waeren, oock soo geschiet was, soo en hadden geen schade van haar te verwachten. 7 a 8 dagen hier naar zijn zij weder bij Jeronimus gekomen ende zeijden zy wilden overvaeren, om tegen het ander volck te vechten, te meer omdat Pieter Lambertsz bootsgesel met een gemaackt schuytgien zijn leven gesalveert, ende door gegaan[132] was, om dat selvige weder te halen, ende soo sij konden het volck doodt te smijten. Waar toe zij 22 mannen uijtkoosen, welck voornemen Jeronimus seijde, hem niet en behaagde, maar zoude haar gebeden hebben, om een boot ofte sloep op te stellen, om het vaste landt, ende daar naar *Indien* aan te doen, d'welck haar onmogelijck dochten te wesen, maar sijn op de voorsz resolutie heenen getrocken, met de 22 mannen. Wederkomende soo zoude Jeronimus andermaal gebeden hebben, een vaartuijgh te beginnen, maar ter contrarie sijn weder met 37 mannen ende Jeronimus present met 3 schuytgiens, daar nae toe gevaeren, om als het daar toe gekomen hadde, het vechten soo veel te beletten, als doenlijck was, sijn soo recht op haar [256 r] aangetrocken, d'andere bewaerden het strandt ende sijlieden stonden tot aande knien int water, zoo versocht Jeronimus met haar te spreken, ende t'accorderen[133]. Is onderwijlen door tusschenspreken vanden *dominij* die over ende weer ginck, voordien dagh t'vechten op gehouden, ende beloofden haar des anderendaags, eenigh laken te brengen, om haar te kleden, waarentegens d'andere haar het schuytgien zouden behandigen. Waar over het volck zeer toornigh was, ende wilden vechten, wandt Coenraadt van Huijssen zeijde, hij wildense des anderendaags doen vechten, tegen danck van ijmant. Dien volgenden dagh is Jeronimus met laken gekomen, bij hem hebbende ses persoonen, te weten hy selfs, Davidt Sevanck, Coenraat van Huyssen, Gijsbrecht van Welderen, Wouter Loos, ende Cornelis Pietersz van Uutrecht waar van datter door een seker tumulte dieder ontstondt 4 persoonen dootgeslagen wierden, Wouter Loos, ontlopen, ende Jeronimus gevangen gebleven.

Den Commandeur proponeert den voorsz Jeronimus ter torture te brengen, om van hem de rechte waarheid te weten, alsoo hij hem zoeckt 'tontschuldigen, met verbloemde praatgiens, schuijvende zijn

132 door gegaan: gevlucht
133 t'accorderen: een overeenkomt te sluiten

vuijl op persoonen die doot zijn, ende haar zelven niet verantwoorden en konnen, t'welck wij raats persoonen hooghnodigh achten.

Jeronimus Cornelisz gebonden zijnde ende een weijnigh begonnen te pijnigen, bidt om opschortingh want zeggen wilde tgeene men hem affvraagde ende wiste. Is hem vergunt te verhooren. Heeft den Commandeur begeert van hem te weten, waerom ende op wat manieren hij begeerden t'jacht aff te loopen. Soo verklaart hij dat op den tijt als de 22 mannen naar t'eijlandt vertrocken waeren, om te vechten, ende hij haar weder haalden, zoo heeft Sevanck inden sloep zijnde, vertelt eenen droom, van Lucas Jelissz adelborst, als datter een jacht quamp, ende dattet haar noodigh was t'selve affte loopen, ende zeijlen daar mede naar *Spagnien* ofte andere plaatsen, daar ontrent ende is eyndelyck zoo beslooten.

Hem voorder affgevraagt op wat manieren dat zij het doen zouden, zeijt, alsser een jacht [256 v] gekomen hadde, zouden den boot aan landt laten komen hebben, ende dan het bootsvolck droncken gemaact, om haar dan zoo lichtelijck doodt te slaan, ende zoo ongetwijffelt zonder eenige faut[134] t'zelve vermeestert hebben, waar op zij de juwelen vande Compagnie begeerden te zien, ende laeten werdeeren, hoe veel elck haar portie zoude bedragen, t'welck Jeronimus haar geopent ende laten zien heeft.

Op gisteren den 18den september naar den middagh heeft Jeronimus Cornelisz gesloten zittende inden back van't schip *Sardam*, ende Jan Hendricxsz soldaat ontrent hem, zoo heeft Jan Willemsz van Dort bootsman bovenop den back over haar hooft gelegen, ende gehoort dat Jeronimus Cornelisz vraagden aen dito Jan Hendricxsz waerom dat sy op den 17den 'smorgens, als zij tegens hunlieden slaags waeren het schuytgien niet gekregen hadden, ende waerom dat de musquetten niet affgegaan en waeren, oft dat het kruyt nat was. Antwoorden dito Jan Hendricxsz hadden wij met een musquet t'seffens geschooten wij soudense voor seker gehadt hebben, maar het kruyt branden 3 a 4 reijsen op de pan aff waar op Jeronimus seyde, haddij listicheijt gebruijct, ghij sout het op t'water wel gekregen hebben ende dan zouden wij klaar geweest sijn. t'Welck geconfronteert hebben met Jeronimus, ende Jan Hendricxsz voorsz bekent t'selve alsoo gepasseert te zijn.

Op heden den 19 september op't eijlandt genaamt *Batavias* Kerchoff

Jeronimus Cornelisz gebonden zijnde, ende ter torture bereijt wesende

134 zonder eenige faut: moeiteloos

versocht opschorsinghe, zoude zeggen de waarheid tgeene hij wiste, ende hem is affgevraagt door den Commandeur waerom hij schipper Arian Jacopsz tot het affloopen van het schip *Batavia* geraden hadde, ontkent het selve, jae dat hij daar niet van geweten heeft, maar wilden wel de beginselen van zijn onbehoorlijck leven int largo verhaelen.

Te weten, doen wij vande *Sieralionas* t'zeijl gegaan waren, soo merckten hij dat den schipper groote familiariteijt met Lucretia gemaackt hadde, waar over hij hem bestrafte ende gevraacht heeft, wat hij met dat vrouwmensch inden zin hadde. Den schipper andtwoorden, om [257 r] datse blanck[135] was, dat hij se tot zijnen wil begeerden te versoecken, ende haar met gout, ofte anders te verwilligen. Een wijle naar desen tijt heeft Jeronimus voorsz hem affgevraagt waerom hij nu soo familiar met Lucretia niet en was, maar met Zwaantgien op een nieuw begonde geck te worden. Zeijde dat hij verstaen hadde, vande cocx vrouw dat het een hoer was, ten anderen in Zwaantgien beter behagen hadde, om met haar te discoureren, ende tytcortinge te hebben.

Aende *Cabo* gekomen wesende, ende den Commandeur aen lant gegaan zijnde, is Jeronimus Cornelisz onversiens inde kaijuijt komende, ende het huyssien[136] inde gallerij opendoende, bevont de schipper Ariaen ende Zwantien daar in malkanderen vleesselijck bekennende, sloot derhalven wederom de deur toe, ende ginck wech.

Twee dagen hier naar, is den Commandeur wederom naar landt gevaeren, om beesten te landewaarts in op te soeken, is den schipper korts nae zijn affvaeren, mede nemende hem Jeronimus ende Zwaantien aan landt gegaen, ende gingen zoo tot den avondt plaijsieren, als wanneer sij naar t'jacht *Assendelft* voeren, alwaar hem voorsz Ariaen zeer moetwilligh aanstelden, ende voeren des nachts naar t'schip *Bueren* daar hij't noch veel slimmer maackten, ende quamen zoo des middernachts wederom t'scheep. Des anderendaags s'morgens riep hem den Commandeur inde gallerije, ende berispten hem over zijnen trots ende moetwil door hem bedreven gehadt, als mede dat hij Jeronimus, ende Zwaantien sonder consent mede genomen hadde, zeggende soo hij niet aff en liet van zijn onbehoorlijcke proceduren, zouder in versien[137], met meer andere goede vermaningen. Schipper Ariaen wederom boven komende seijde tegen Jeronimus, bij Godt dat de schepen daar niet en lagen, ick soude hem soo deftigh affsmeren[138], dat hij in 8 oft 14 dagen uyt zijn koij niet soude komen, maar ick zweer, soo haast, als ick van hier t'zeijl gae, dat ick wel

135 blanck: rein, kuis, of: niet zwart (zoals de inlandse vrouwen)
136 huyssien: privaat
137 zouder in versien: zou (straf)maatregelen treffen
138 deftigh affsmeeren: duchtig afrossen

haast vande schepen zal wesen[139], ende zal ick dan mijn eijgen meester konnen zijn. Waar op Jeronimus seijden, hoe soudt ghij dan konnen doen, want de stierlieden hebbende wacht mede, andtwoorde, dat en is niet met allen, ick salt op mijn wacht wel klaaren, want ick heb quaden puff[140] op den opperstierman, ende veel minder op mijn swager, datse tot mijn voornemen souden willen verstaan.

Den Commandeur hem voorder affvragende [257 v] alsoo hij weten wilde, wanneer den raadt om t'schip aff te loopen, beslooten is, ontkent ijets daar van te weten.

Derhalven weder ter torture bereijt.

Ende een weijnich water geooten sijnde, zeijt wil seggen al dat hij weet, als dat hij d'eerste reijse zoude gehoort hebben, op den dagh dat het schip *Batavia* bleeff uyt den mondt van Rijckert Woutersz publiquelijck, op den tijt als den Commandeur ende den schipper met den sloep, naar t'naaste eijlandt voeren, dat soo het schip niet gebleven en was, zouden t'selve binnen korten tijt affgeloopen hebben, ende zouden den Commandeur met allent volck op 120 naar over boort gesmeten hebben ende waeren maar wachtende op een goede gelegentheijt, die haar docht best te wesen zoo wanneer den Commandeur het volck die aen Lucretia handtdadigh geweest hadden, inde boijen wilde zetten. Ende zouden daar naar met het schip voor eerst naar *Madagascar* ofte *St. Helena* loopen.
Verklaart mede t'zelve uijt den mont van Coenraat van Huyssen gehoort te hebben, dat soo wanneer voorsz persoonen gestraft oft inde boijen geset wierden, hij dan van d'eerste zoude geweest sijn, die met een sabel inde kayuijt zoude gesprongen hebben ende den Commandeur over boort te werpen. Andermaal affgevraagt, off hij daer niet van en wist eer het schip verlooren wiert ontkent, neen.

Hebben belast met de torture voort te varen, heeft wederom gebeden om eenige van sijn beschuldenaren te hooren, t'welck hem gheconsenteert is.

Jan Hendricxsz soldaat geroepen zijnde, ende affgevraagt, oft hij mede een van de conspirateurs int afflopen van't schip zoude geweest hebben, zeijt dat hij der geen van en was, noch t'scheep van geweten hadde, maar dat hy't soo haast het schip verongeluct was, van vele diverse persoonen

139 vande schepen zal wesen: van de andere schepen van de vloot af zal geraken
140 quaden puff: weinig vertrouwen

die nu al doodt zijn, gehoort hadde, dat den schipper, Jeronimus, hoogbootsman, Rijckert Woutersz, Allert Jansz van Assendelft, Cornelis Jansz van Haarlem, alias Boontien, Gijsbert van Welderen, [258 r] Coenraat van Huijssen, met noch 10 a 12 anderen 't zelve zoude begonnen hebben, ende zouden het soldaten gadt[141] toe spijckeren, tot dat zij haaren wil van't schip hadden. Maar dat Allert Janssz van Assendelft voorseker een vande complicien was.

Allert Janssen van Assendelft geroepen sijnde is geexamineert vrij ende liber, in wat manieren sij het schip *Batavia* zouden willen affloopen, ende wie haar daar toe gebracht hadde, heeft geantwoort, dat hij daar niet van en wiste, maar dat hij zulcx van Jeronimus, aan lant wel hadde hooren zeggen, dat zijt doen wilde, ende daar toe partije volcx de sabels inde koijen hadden liggen, maar wilden niet voorder bekennen.

Waar over ter torture gestelt persisteerden, dat hij der niet van geweten heeft.

Ende beginnen te pijnigen bidt om los gelaten te worden, wildende waarheid spreken, zeijt, dat Jeronimus bij hem gekomen is, op t'schip, ende hem aangedient, off hij mede wilde handtdadigh sijn, om het schip aff te loopen, maar hadde jae, noch neen geseijt. Andermaal water der torture gegooten, bekent, dat den hoogbootsman, Jacop Pietersz steenhouwer, ende hij met meer andere daar toe sabels inde koijen hadden leggen. Hem voorder gedreijgt, bekent dat den schiper den aanvoerder was, ende waeren met sijn weten maar 10 a 12 sterck, ende t'soude inden nacht geschiet hebben, ende wilden het codt[142] toe spijkeren, om te lichter t'schip te vermeersteren.

Jeronimus Cornelisz wederom inde tent gebrocht ende hem tot de torture gebonden alsoo men geen rechten gront der waarheijt uijt hem konde trecken, gebonden zijnde, ende hem affgevaagt off hij Assendelft daar toe niet versocht hadde, bekent, jae, maar dat hem den schipper Ariaen zulcx belast heeft, ende van hem verleijt is. Hem affgevraagt waarom den schipper op den Commandeur zoo verbittert was, zeijt, dat hijt niet en wiste, want hij dickwils verwondert was, dat zoo veel van hem hiel[143], ende verdroegh, maar dat hem den schipper wel geseijt hadde, dat hij den haat op den Commandeur namp in *Souratte* sijnde, [258 v] om naar t'vaderlandt te vaeren, ende op eenen avont hem met woorden vergrepen

141 het soldaten gadt: de toegang tot het soldatenverblijf
142 codt: soldatenverblijf
143 hiel: accepteerde

hadde, waerom hem den commandeur *Grijph*, ende *Wollebrant Gheleijnsen*[144] oppercoopman bestraft hadden, zeggende, dat sulcx den wegh niet was, om met vrede naar t'vaderlandt te vaeren, ende most den commandeur anders bejegenen, ende soude om harent wille wat gedissumuleert[145] hebben. Voorder gevraagt waarom zij den Commandeur soo het door haat geschiede, niet secreetelijck overboort en wierpen, ende hadden zoo onse Hrn. Mrs. sulken schade niet gedaan, ende zoo veel arme zielen niet te vermoorden, hij zeijt t'was om den Commandeurs wille niet, maar den schipper zeijde tot hem t'was tot haren alderbeste, ende datter nu in *Indien* weijnich proffijt te doen was, hij zoude met dat schip noch wat wonders uytrechten. Jeronimus vraagden hem ofter geen perijkel en was, ende t'selve wel zoude konnen uytvoeren, den schipper seijde, later mij mede omspringen, ick zalt wel beschicken, want van mijn neeff den schieman ben ick wel versekert, maar op den onderstierman mijn zwager ende den opperstierman heb ick weijnich betrouwen. Voorder gevraagt wanneer zij het int werck zouden gestelt hebben, zeijde, zoo wanneer den Commandeur t'volck wegent'feijt van Lucretia inde boijen zoude geset hebben.

Hem voorder gevraagt off de Compagnie ende den Commandeur sulcx aan hem verdient hadden, zeijt, neen, maar dat hij meer eer ende deugt genooten heeft, als hij weerdigh was, dan den schipper hadder hem toe gebracht, ende veel rijckdommen voor gheschildert, te meer, den schipper zeijde, ick ben doch voor den Duijvel, kom ick in *Indien*, soo moet ick doch tot schande komen.[146]

Hem voorder geexamineert waerom hij onder't volck uijtgestroijt hadde, dat den Commandeur hem int affscheijden van't schip zoude belast hebben, dat hij't getal van't volck op 40 mannen zoude maken, ontkent het selve, ende dat den Commandeur sulcx tegen hem niet geseijt heeft, maar dat Davidt Sevanck, noodigh vondt het volck zulcx wijs te maken, [259 r] bekent mede, dat hij, Davidt van Sevanck, ende Lucas Jelisz t'samen geresolveert hadden, het eerste jacht datter quamp aff te loopen, om daar mede naar *Spagnien* ofte daar ontrent te zeijlen, want zij al tsamen ongetwijffelt ende voorseker meijnden, dat den schipper, den Commandeur uyt den boot over boort gesmeten hadde, ende dat hij met den boot naar *Malacca* was geloopen, om daar een jacht te krijgen, om het volck ende tgelt te halen. Oft soo hij hem naar *Batavia* dorst begeven, soo soude hij voorseker wel een jacht vanden Ed. Hr. Generaal verkrijgen,

144 Wollebrant Gheleijnsen; van 1649 tot 1643 voor de VOC directeur van Perzië

145 gedissumuleerd: ingebonden

146 tot schande komen: mislukken

om het schip ende t'volck weder op te zoecken, ende soo sulcx geschiede, waeren zij klaar.

Gevraagt sijnde waerom hij meester Frans Jansz van Hoorn opperbarbier, kortelingh[147] had laten doodtslaan, zeyden dat hij Sevanck inden wegh was, ten anderen dat hij niet recht naar haar humeur, ofte pijpen dansen wilde, derhalven weijnich betrouwen op hem hadden.

Affgevraagt welck de grootste ontschuldigen ofte onnosele waeren, zeijt, Jaques Pilman, Jeurian Jansz van Bremen bootsgesel, Reijnder Hendricxsz van Barcklooster bottelier, Abraham Jansz van Yperen bosschieter, Teuwis Jansz van Amsterdam, timmerman, Jan Willemssz Selijns van Amsterdam kuijper. Zeijt mede dat den Raadt bestondt in 4 persoonen te weten, hij, Jeronimus Cornelisz, Coenraat van Huyssen, Davit van Sevanck, ende Jacop Pietersz steenhouwer, ende tgeene bij haar ghesllooten wiert, wie men doodt slaan zoude, wiert dadelijck uijtgevoert.

Ende om het misvertrouwen van malkanderen dat onder de hooffden ende andere pricipale was, hebben zij eenen eedt van getrouwigheijt te zamen geswooren ende wie daar inne begrepen was, ende tselve teeckenden zouden het leven gespaart worden, ende luyden als volgt

Wij ondergesz persoonen, om alle mistrouw, die onder ons mochte wesen, ofte komen, wegh te nemen, ende geen gedachten nimmermeer daer [259 v] van te hebben, willen met desen schriftelijcke onverbrekelijcke verbintenisse, malkanderen bij de grootsten eedt die men doen kan, beloven in alles getrouw te wesen, zoo waarlijck als ons Godt helpen zal, ende op onsen zielen salicheid nemen, oock dat ons Godt hier, ende hier naemaals inder eeuwigheijt straffen sal, zoo verre wij ondergeteeckende persoonen ijets voornemen, dat wij sulcx malkanderen sullen openbaeren, ende niemant particulierlijck ijets attenteren zal, t'zij door gunst ofte haadt. Dan malkanderen, met een broederlijcke affectie, in alle voorvallende zaken, tot het gemeene beste bij te staan, ende de gegevene wetten, met de navolgende vrouwpersoonen, Lucretia Jansz, Anneken Hardens, Judith Gijsbertssz, Trijntien, ende Zussie Fredricx, Anneken Bosschieters, ende Marritgien Louijs in gelijcke forme te mainteneren. Tot meerder zekerheid hebben wij ons naemen met eijgender handt hier onder gestelt. Aldus besloten op t'eijlant *Batavias* Kerchoff, den 16 jullij anno 1629, ende waeren d'ondergeteijkende,
Hieronimus Cornelisz, coopman
Coenraat van Huysen, raadt
Jacop Pietersz Cosijn, raadt
Davidt van Sevanck, raadt

147 kortelingh: onlangs

Isbrant Isbrantsz, assistent
Olivier van Welderen, adelborst
Gysbert van Welderen, adelborst
Jan Pelgrom de Bije van Bemmel
Jan Hendricx van Bremen, soldaat
Lenert Michielsz van Os, adelborst
Mattijs Beer van Munsterbergh, soldaat
Allert Jansz van Assendelft, bosschieter
Hans Hardens uyt Ditmarsen, soldaat
Rutger Fredricx van Groeningen, slootmaker
Gerrit Willemsz van Enchuijsen, bootsgesel
Cornelis Pietersz van Uutrecht, soldaat
Johan Jacop Heijlweck van Basel, adelborst
Lucas Jelisz uijt den Haagh, adelborst
Reijnder Hendricx van Barklooster, bottelier
Daniel Cornelisz van Dort, adelborst
Wouter Loos van Maastricht, soldaat
Gerrit Haas van Santen, bootgesel
Jan Willemsz Selijns van Amsterdam, kuijper
Jeurian Jansz van Bremen, bootgesel
Hendrick Jaspersz van Monfort, soldaat
Salomon Deschamps, ondercoopman

[260 r] Bekent mede, dat op't leste, den naam van coopman hem niet wel en beviel, alsooder niet te coopmanschappen was, derhalven liet hem den tijtel van Capiteijn Generael geven, ende t'selve door allent'volck zijnde 36 persoonen, bij eede laten sweeren, ende onder teeckenen, hem soo te noemen, ende daar voor te kennen, ende luyden als volgt,

Wij ondergesz persoonen, alhier tegenwoordig op dit eijlant sijnde, zoo wel raadtsverwanten, soldaten, bootsgesellen, als mede onsen *domini*, geen uijtgesondert, wie het soude mogen wesen, nemen aan voor ons opperhooft, als Capiteijn Generaal, *Jeronimo Cornelij*, die wij eendrachtelijck, ende een ijder int besonder sweeren, *zoo waarlijck als ons Godt helpen zal*, in alle tgeene hij ons zal gebieden, getrouw, ende gehoorsaam te wesen, ende bij zoo verre ter contrarie geschiet, wij des duyvels eijgen zijn, t'welck wij ons t'samender handt, aldus vastelijck verbinden, hier mede te niet doende, ende affleggende alle voogaande openbare, ende particuliere beloften, ende eeden, die voor desen gepasseert sijn, daar onder begrepen zijn, de heijmelijcke cameraatschappen, tendtschappen, ende andersints. Oock en sullen het bootsvolck, onder ons niet meer bootsgesellen, genoempt, dan zullen mede gelijcker handt, als soldaten onder een compagnie gerekent werden. Aldus gedaan op t'eijlant genaampt *Batavias*

Kerchoff, adij 20 augustij anno 1629. d'Ondergetekende persoonen ende marcken, waeren als volgt
Coenraat van Huijssen,
Davidt van Sevanck
Jacop Pietersz Cosijn,
Wouter Loos, van Mastricht
Gijsbert van Welderen,
[260 v] Gijsbert Bastiansz, predikant
Reijnder Hendricx, bottelier,
Jan Hendricx van Bremen soldaat
Andries Jonas, van Luyck soldaat
Rutger Fredricxsz slootemaker,
Mattijs Beer van Munsterberg soldaat
Hans Frederick, van Bremen, soldat,
Jaques Pilman van Pres, soldaat,
Lucas Gillisse, uijt den Haagh, adelborst
Andries Liebent van Oldenborg soldaat
Abraham Jansz van Yperen bosschieter
Hans Hardens, uijt Ditmarsen, soldaat,
Olivier van Welderen, adelborst
Jeurian Jansz van Bremen bootgesel,
Isbrant Isbrantsz van Purmerent assistent
Jan Willemssz Selijns, kuyper,
Jan Egbertsz timmerman,
Cornelis Pietersz van Uutrecht soldaat
Hendrick Jaspersz van Montfort, soldaat
Jellis Phillipsen van Malmediers, soldaat
Tewis Jansz van Amsterdam timmerman
Johan Jacop Heijlweck, van Basel, adelborst
Gerrit Haas van Zanten bootsgesel,
Claas Harmansz van Campen, hooploper
Allert Jansz van Assendelft bosschieter
Rogier Decker van Haarlem jongen
Gerrit Willemsz van Enchuijs, bootsgesel,
Abraham Gerritsz vande *Sierra Liones*,
Jan Pelgrom de Bij van Bemmel
Lenert Michielsz van Os, adelborst,
Salomon Deschamps, ondercoopman

Op heden den 22 september 1629 op't eijlandt *Batavias* Kerchoff, wederom geexamineert,

Jeronimus Cornelisz, wederom affgevraaght, off hij int afflopen van't schip *Batavia* geconsenteert, ofte vanden schipper daar toe gebracht is, zeijt, dat hijder geen raadt, maar dat den schipper hem daartoe gepersuadeert heeft. [261 r] Affgevraagt ofter een jacht gekomen hadde, het gewisselijck zouden affgeloopen hebben, bekent zoo wanneer hij het ander volck op het eijlandt hadden konnen vermeesteren, daar sy dagelijcx hun best toe deden, want anders wisten sy wel, dat zij het schip zouden ge waarschout hebben.

Bekent mede ter presentie van Jan Hendricxen zoo wanneer Niclaas Winckelhaack, Paulus Barentsz, ende Bessel Jansz, Harderwijckers, ende Claas Harmansz van Maagdenburgh uyt het water daar zij se meenden doodt te slaan, ontrent de tent van Jeronimus quamen vluchten, dat hij aan voorsz Jan Hendricxsz belaste, gaat, ende slaatse doodt, t'welck hij oock deden. Mede zoo wanneer des predikants volck vermoort wiert, gezeijt heeft, den *domini* en zalder niet langh wesen. Mede zoo wanneer de ziecken vermoordt wierden, dat Jeronimus, Gijsbert van Welderen, Coenraat van Huijssen, Andries de Vries genomen hebben, ende hem aan alle de ziecken hutgiens gebracht, om haar den hals aff te snijden, t'welck hij dede, zijnde elff menschen. Mede zoo wanneer Cornelis Pietersz van Uutrecht Hendrick Claasz ondertimmerman den hals affsneet, t'zelve in presentie van Jeronimus geschiet is. Wort voorder van Allert Janssz van Assendelft in sijn presentie beschuldight dat zoo wanneer hij hem belaste Andries de Bruyn jongen den hals aff te snijden, om vogeltiens te vangen uyt zondt, en Assendelft hem daar op volgden, zoo uytgevoert heeft.

Aen hem Jeronimus Cornelisz dese bovengesz geheele examinatie ende bekentenisse, voor gelesen, ende gevraagt, oft het altsamen zoo warachtigh was, bekent het zelve vrij, ende liber, zonder torture, alles zoo geschiet te zijn.

Op den 23 ditto, Jeronimus Cornelisz present zijnde in d'examinatie van Lenert Michielsz adelborst die vrijwilligh zonder torture bekent, dat hij hem [261 v] nevens Sevanck, ende Mattijs Beer, met een vlot, naar t'Verraders Eijlant gesonden heeft, om aldaar Andries Liebent, Hendrick Janssz van Oldenburgh, alias Maffken, Thomas Wensel van Coppenhagen bootsgesel, ende Jan Cornelisz van Amersvoort, omde zelve te gaan verdrincken, maar wierdt Andries Liebent van Lenert Michielsz verbeden[148]. Bekent het zelve waar te zijn.

Ten 2en dat hij Lenert Michielsz, Coenraat van Huijssen, Jan Hendricxsz, Sevanck, Daniel Cornelisz ende Mattijs Beer, met het grootste vlodt gesonden heeft, mede gevende Hans Radder van Dansich adel-

148 verbeden: uitstel verleend

borst, ende Jacop Groenewald oppertrompetter om de zelve handen ende voeten te binden, ende in zee te verdrincken.

Ten 3en bekent dat hij Lenert voorsz als mede Cornelis Pietersz van Uutrecht, Hans Jacopssz, Jan Hendricx, ende meester Frans de barbier, uyt haar tenten heeft laten halen, ende belasten hun, dat zij met het schuytgien, nevens Sevanck ende van Huijssen aan't Robben Eijlant soude vaeren, om daar alle de persoonen te vermoorden, 'twelck zij deden op 17 menschen naar.

Ten 4en heeft Jeronimus, Lenert voorsz, als mede Jan Hendricxsz, ende Rutger Fredricxsz in sijn tent geroepen, ende haar sabels gegeven, om Andries de Vries assistent te gaan dootslaan, t'welck zij deden.

Ten 5en bekent, alsse int zin hadden des predikants huijsgesin te vermoorden, dat hij doentertijdt eenige spijse aan Coenraat van Huijssen gelangt heeft, zeggende dat hij den predikant met zijn dochter, als mede hem daar op nooden zoude. Des achtermiddags heeft hij Lenert Michielsz voorsz, als mede Jacop Pieterssz, Jan Hendricxsz, Wouter Loos, Andries Jonas met Andries Liebent geroepen, ende geseijt, als hij 'tavondt in van Huijssens tent te gast was, allen't huijsgesin vanden predikant souden dootslaan, 'twelck sij oock gedaan hebben.

[262 r] Ten 6 bekent dat hij Lenert voorsz ende Lucas Gillisz met Jan Hendricxsz op den 12 jullij des nachts uijt de tenten heeft laten haelen, ende haar belast datse zouden gaan, ende snijden Passchier vanden Enden, bosschieter, als mede Jacop Hendricxsz timmerman, ende noch eenen jongen die zieck was, den hals aff, t'welck sij oock gedaan hebben.

Ten 7den bekent dat hij op den 6 augustij, s'morgens inden tent van David van Sevanck stont, Jan Hendricxsz riep, ende gaff hem sijn eijgen ponjart die hij in zijn zack droegh, zeggende gaat steect Stoffel Stoffelsz dien luyen fiel die daar staat en werct, off hem de lendenen gebroken waren, (thert aff) t'welck Jan Hendricxsz zoo dede.

Ten 8 bekent mede dat hij op den 16 augustij sijn sabel aan Jan van Bemmel gelangt hadde, om Cornelis Aldersz van Ylpendam hooploper, den kop te gaan affslaan, ende te proeven off zijn sabel oock scherp was, (den voorsz Jan van Bemmel te licht zijnde) heeft hem Mattijs Beer, in sijn presentie den kop affgeslagen.

Ten 9en bekent mede, alhoewel hij een getrout man is, Lucretia Jansz huysvrouwe van Boudewijn vander Mijlen in zijn tent heeft genomen, ende 2 maanden lanck tegens haeren danck voor zijn bijsidt gehouden, ende vleesselijck geconverseert heeft.

Op 24 september Jeronimus Cornelisz present zijnde in d'examinatie van Rogier Decker van Haarlem, kaijuytwachter geweest sijnde op't schip *Batavia* bekent dat hij op den 25 jullij Rogier voorsz in zijn tent geroepen, ende hem een beker wijn te drincken gegeven heeft, als mede een ponjart, zeggende gaat buyten, ende stoot die Hendrick Jansz van Purmerent timmerman in zijn hert, t'welck Rogier naargekomen heeft. Bekent het bovengeschreven waerachtich te zijn.

Op den 28sten ditto [262 v] alsoo Lucas Gillisz uijt den Haagh, adelborst op de bovengesz bekentenisse van Jeronimus mede bij de moort van Passchier soude geweest hebben, bekent ter presentie van Jeronimus, dat hem Sevanck, nevens Leenert Michielsz, ende Jan Hendricxsz door ordre van Jeronimus belast wiert, Passchier vanden Enden bosschieter ende Jacop Hendricx timmerman, te gaan vermoorden, ende ontrent de tent komende is Jan Hendricxsz ingesprongen, ende heeft Passchier voorsz de keel affgesneden, ende Jacop hendricx wiert belast in zijn tendt te blijven, ende ginck Sevanck bij Jeronimus, zeggende Jacop is een goet timmerman, laat hem blijven leven, dan Jeronimus seijde, tis doch maar een draijer[149], ende halff manck, soude schier ofte morgen klappen[150], hij moet mede voort.

Tot breder bevestinge oft sulcx waar is, hebben Lenert Michielsz ende Jan Hendricxsz oock present geroepen, oft sulcx warachtigh was, bekennen op hare zielen zaligheijt, ende daar op de doodt willen sterven, als bovengesz geschiet is te zijn. Dan Jeronimus ontkent het zelve, zeggende datse hem beliegen, alsmede al dat hij bekent heeft voor desen, omdat men hem ter torture dreijgden, beleden heeft, als mede van't affloppen van't schip *Batavia* niet en weet.

Derhalven door zijn groote ongestadige ende variable bekentenissen practiserende sinistre middelen, alhoewel van alle menschen, in sijn presentie overtuygt ende beschuldigt werdt, de zelve leugenachtigh te maken. Zoo hebben hem andermaal, ende voor de laeste reijse ter torture gedreijgt, ende affgevraagt, waerom hij den spot met ons dreeff, alsoo alles goetwilligh tot diversche reijsen, voor desen, sonder pijningen, vertelt ende beleden heeft, d'oorsprongen ende circumstantien, wegen t'affloopen van t'schip *Batavia* met de naar gepasseerde grouwelen. Bekent dat all het geene hij voor desen geseijt heeft, warachtigh is, [263 r] maar het geene hij doet is om verlengenisse datmen hem op *Batavia* zoude brengen, om sijn vrouw noch eens te spreken, ende wel weet quaats genoech gedaan te hebben, ende daar over geen genade en begeert.

Jan Hendricxen ende Allert Jansen van Assendelft hebben goetwillgh zonder vragen, aangedient als dat Jeronimus haar op eenen avont te gast

149 draijer: draaibankwerker, maar als scheldwoord: veinzer
150 klappen: zijn mond voorbij praten

genoot hadde ende onder ander propoosten[151] vertelden, dat soo het schip niet verongeluckt hadde, eenige dagen daar naar, het zelve zouden affgeloopen hebben, ende waren de principale den schipper, hij Jeronimus, hoogbootsman, Coenraat van Huyssen, ende meer anderen, ende souden het soldatengat toegespijkert hebben, twelck ter presentie geconfronteert is, ende bevonden warachtigh te zijn.

Op dato des achtermiddags heeft den Commandeur dese examinatie, ende bekentenisse publiquelijck voor alle de menschen op't eijlandt zijnde, ter presentie van Jeronimus Cornelisz voorgelesen, ende hem affgevraagt off sulcx niet warachtigh was, zeijde datter ijets in stont zoo van Assendelft, Jan Hendricxsz ende anderen die hem t'onrecht beschuldigden. Derhalven heeft den Commandeur andermaal op de gevangenen die present zaten, voor Godt geprotesteert[152], zoo sij hem in hem minste ijets beswaarden, het zelve voor den goddelijcken rechterstoel zouden moeten verantwoorden. Hebben eendrachtelijck gesprooken, ende geroepen dat zijder op zullen sterven, ende op haar zielen zalicheijt nemen, hem in het minste vant geene voor desen beleden, niet beswaart hebben. Soo heeft den Commandeur Jeronimus andermaal gevraagt, waarom hij den spot met den raadt dreeff door zijn onverduldige vertwijffelheijt, de eene ure, de waarheijt te zeggen, ende d'andere ure, datse hem altemaal beloogen. Belijt op het leste, dat hij't dede, om zijn leven te verlengen, maar dat hij quaats genoech gedaan hadde, als vooren geseijt.

Op 29sten ditto hadde Jeronimus Cornelisz 2 brieven geschreven aen [263 v] sijn vrienden in Hollandt, ende de zelve aanden onderstierman Jacop Jacopsz Holloch om die secretelijck te bestellen gegeven, die de zelve aanden Commandeur overgelevert heeft, ende zijn inde raat geopent, ende voorgelesen, bevonden daar in geschreven alles wat tegens de waarheijt street, om sijn grouwelijcke misdaden te bedecken, als dat hij van alle menschen overlogen, ende valschelijck beschuldigt wiert, ende dieshalve tot sijn onschult zoude moeten sterven. Tot dien eijnde heeft den Commandeur de zelve brieven de gantsche gemeijnte voorgelesen, ende haarlieden wederom op haar sielen zaligheijt affgevraagt, off zij hem in ijets beswaart ofte t'onrecht beschuldigt hadden, zoo antwoorden zij altsamen, ende een ijder int besonder, dat alle t'geene zij gedaan hadden, door zijnen last, ende hij den oorspronck van alle moorden geweest is, vant geene datter geschiet is, ende noch geschiet zoude hebben, hare ziele zalicheijt daar onder te pande stellende, t'selve warachtigh te zijn. Als mede, Allert Jansz van Assendelft belijt wegen t'afflopen van't schip

151 propoosten: gespreksonderwerpen
152 geprotesteert: betuigd

Batavia hij daar schult toe hadde, maar dat Jeronimus Cornelisz hem sulcx aldereerst op't schip aangedient hadde. Om een eynde van dese variabele uytvluchten te maken, hebben Jeronimus belast de rechte waarheijt te spreken, oft datmen hem ter torture zoude stellen, bekent dat alle de uytvluchten die hij zoeckt, is om wat verlengenisse van leven, oft om op *Batavia* gevoert te mogen werden. Is hem gevraagt waerom hij den spot, met den raadt dreeff ende haarlieden wilden beschuldigen, datse hem ten onrechte wilde dooden, zeijt, als vooren, om sijn leven te verlengen, ende belijt op sijn sielen saligheijt, alles warachtigh te sijn, waar hij mede beschuldight wordt.

Wij ondergesz raadtspersoonen, verklaren op onse mannen waarheid in plaats van gestaaffden eede, dat alle dese bovengesz examinatien, in onsen bijwesen genomen, ende door Jeronimus altsamen, meest vrij, ende liber zonder torture beleden, ende vertelt zijn, waar op den Commandeur [264 r] tot meerder blijck, van zijn criminele delicten die voor Godt ofte onse hooge Overigheijt niet verschoonelijck waren, heeft dese selve examinatie op heden voor allen den volcke op het eijlant zijnde, ter presentie van Jeronimus Cornelisz gelesen, ende hem affgevraagt off het inderdaat zoo niet waraghtigh was, bekendt eijndelijck (Jae) ende omdat wij t'selve met nuchteren ooren, ende eijgen oogen gesien hebben, zijn bereyt dit tot allen tijden, voor alle hooge, ende subalterne rechters, ofte den Ed. Hr. Generael *Jan Pietersen Coen* tot *Batavia* komende, te attesteren, ofte getuijgen, ende daartoe versocht zijnde, met eede te bevestighen. Inteecken van dit warachtig te sijn, hebben dit met onse eijgen handen onderteeckent, op t'eijlant genaemt *Batavias* Kerchoff, desen 28 september anno 1629.

Francisco Pelsartt
Jacob Jacobs Houten man
Salomon Deschamps
Claes Gerritsz
Jacob Jansz
Sijmon IJopzoon
Dit is t'merck van
Jan Willemsz Visch[153]

[264 v] Alsoo Jeronimus Cornelisz van Haarlem oudt ontrent 30 jaaren, apoteker, ende ondercoopman geweest op het verongelucte schip *Batavia*, hem zeer grouwelijck heeft verloopen ende te buyten gegaan, jae hem van alle menschelijckheijt ontbloot, ende als in een tijger dier

153 zie noot 126

verandert is geworden. Te weten dat eer het schip *Batavia* verongeluct was, hem heeft laten bewegen, van den schipper Ariaen Jacopsz van Durkerdam, omt'zelve schip met hare complicien, die sij alrede hadden, ende noch zouden verwilligt hebben, aff te loopen ende alles te vermoorden, zoo commandeur ende andere op 120 persoonen naar, die haar nut ofte dienstigh zouden geweest hebben. Waartoe Jeronimus aan Allert Jansen van Assendelft bosschieter mede versocht heeft, tot het zelve feijt, ende eyndelijck toegestaan heeft, volgens zijn eijgen bekentenisse.

Daarenboven naar het blijven van het schip als den Commandeur *Pelsart* ende den schipper met den boot, water te soecken gegaan waren, naar d'omliggende eijlanden, ende t'vaste Zuytlandt, nochtans niet mogelijck, volgens de getuygenisse van alle menschen, dieder bij geweest hebben, eenigh water te vinden, alhoewel t'zelve tot op de 22 graden gesocht hebben, ende door haar eijgen dorstnoot gedwongen sijn geweest naar *Indien* te zeijlen zoo heeft hem Jeronimus (ziende[154]) hier hooft ende meester op het eijlant van't volck was, quaede jae duijvelse behulpmiddelen bedocht, ende int werck laten stellen, tot zijn raadt nemende personen van zijn humeur, als David van Sevanck ende Coenraat van Huijssen, die goetgevonden hebben, alle de menschen te laten vermoorden, oft om te brengen tot het getal van 45 ofte min, ende zijn de eerste geweest, Jan Cornelisz van Amesvoort, Hendrick Jansz van Oldenburgh soldaten, ende Thomas Wensel van Coppenhagen bootsgesel, die stilswijgens met een vlot gesonden wierden, om te laten verdrincken, t'welck soo geschiet is.

Item op den 4 jullij heeft hij ende den raadt goet gevonden, Egbert Roeloffsz ende Warnar Dircxsz timmerlieden, onder pretext dat sij lieden hadden willen met het schuytgien doorgaan, te laten kappen, ofte doodtslaan, t'welck alsoo geschiet is.

[265 r] Item op den 5 jullij heeft hij ende den raadt goetgevonden datmen Hans Radder van Dansich adelborst ende Jacop Groenewald oppertrompetter aan een eijlandt zouden brengen, ende datmense daar handen ende voeten zouden binden, ende zoo in zee dragen, t'welck naar gekomen is, zonder dat yets misdaan hebben.

Item alsoo der partije jongers, mannen ende vrouwen ontrent 45 sterck op't Robben Eijlant geset waren heeft Jeronimus met zijn raat goetgevonden, de selve te laten doodt slaan, ende wierden op den 15 jullius ontrent

154 ziende: aangezien

18 jongers doodtgesmeten, waer onder ettelijcke[155] mannen waeren, ende op den 18 dito heeft hij belast dat men de rest waar onder 4 vrouwen waeren, mede zoude doodtslaan, t'welck oock soo geschiet is, maar Cornelis Janssz van Amsterdam assistent, Marcus Sijmonsz van Holsteijn soldaat, ende 2 bootsgesellen de Wagenaars genoemt sijn het ontvlucht.

Item, alsoo Pieter Jansz van Amsterdam provoost met zijn vrouw ende kindt, Claas Harmansz van Maagdenburgh met zijn vrouw, Glaudine Patoijs met haar kindt, Cristoffel Quist soldaat, Wouter Joel soldaat, Niclaas Winkelhaack soldaat, Pauls Barentsz, ende Bessel Janssz beijde Harderwijckers, bootsgesellen, ende meer andere tot het getal van 15 sterck van Jeronimus aen t'Verraders Eijlandt geset zijn, dat sij aldaar een vlot zouden maken, ende daar mede naar t'hooge eijlant vaeren. Dan alsse 2 vlotten gemaact hadden, ende daar mede onderwegen waaren, heeft Jeronimus, ende zijnen raadt goetgevonden, dat men deselve zoude doodtslaan, ofte in zee verdrincken, ende is Sevanck, Coenraat van Huyssen, Gijsbrecht van Welderen, Cornelis Pietersz van Uutrecht, Lenert Michielsz, Jan Hendricxsz, ende Lucas Gellisz met het schuijtgien gemandeert[156], daar naar toe te gaan, ende wierden zommighe in zee gesmeten, ende eenige sprongen van selffs int water, en verdroncken. Maar Niclas Winkelhak, Pauls Barents, Bessel Jansz ende Claas Harmansz ontswomment, ende meenden haar hier aan t'lant te salveren. Dan Jeronimus hier op het eijlandt sijnde, belasten mondelingh, aan Jan [265 v] Hendricxsz ende Rutger Fredricx, dat sijse zouden gaan doodt slaan, d'welck oock soo geschiet is.

Item is Jeronimus nevens Sevanck, Coenraat van Huijssen ende Gijsbert van Welderen op den 10 jullij des nachts gegaen, ende Andries de Vries assistent geroepen, hem dwingende dat hij partije siecken den hals soude affsnijden, 'twelck hij doen moste.

Item ontrent drij dagen naar het boven gepasseerde, heeft Jeronimus, Sevanck, ende Coenraat van Huijssen, den voorgenoemden de Vries wederom, geroepen, om eenige resterende ziecken, den hals aff te snijden, ende hem gedwongen, dat hij sulcx doen moste.

Item op den 12 jullius, heeft Jeronimus Jan Hendricxsz, Lenert Michielsz ende Lucas Jellisz des nachts in zijn tent doen roepen, present sijnde, Davidt van Sevanck ende Coenrat van Huyssen, ende belasten haar, dat sij gaan souden, ende snijden Passchier vanden Enden bos-

155 ettelijcke: een groot aantal
156 gemandeert: opgedragen

schieter, Jacop Hendricxsz timmerman, als mede, eenen ziecken jongen, de hals aff, t'welck Jan Hendricxsz ende Lenert Michielssz gedaan hebben.

Item op den 14 jullius, heeft David van Sevanck gesien, dat Andries de Vries bij Lucretia Jansz (dagh synde) van verde stont en praete, ende om dat de Vries voorsz hadde moeten beloven soo hij van sijn leven tegen haar sprack, zoude moeten sterven, hebben derhalven goetgevonden, den voorsz de Vries te laten doot slaen, ende heeft Jeronimus Jan Hendricx, Lenert Michielsz ende Rutger Fredricxsz in zijn tent doen komen, belastende hen de Vries te gaan doodtslaan, ende haar uyt de tent een sabel daar toe gegeven, ende hebben hem zoo doodt geslagen.

Item heeft Jeronimus ende den raadt op den 21 jullij goetgevonden, dat men des predikants huijsgesin, uijtgenomen den predikant met zijn oudtste dochter, des nachts te laten vermoorden. [266 r] Tot dien eijnde heeft Jeronimus eenighe spijse inden tent van Coenraat van Huijssen laten brengen, zeggende, datse hem, als mede den predikant, met sijn dochter, des avondts zouden te gast nooden, ende is Jan Hendricxen, Lenert Michielsz, ende Mattijs Beer mondelingh van Jeronimus belast, dat sij des nachts met Sevanck ende andere, die hij daar toe nemen soude, het huijsgesin vanden predikant doodt te slaen, ende heeft Jan Hendricxsz Wijbrecht Claasz doorsteken, ende Lenert Michielsz des predikants vrouw met noch een vande kinderen met een dissel den kop in geslagen, ende Mattijs Beer sloegh Willemyntgien middelste dochter, oock met een dissel de kop in, de rest zijn van Zevanck, Cornelis Pietersz van Uutrecht, ende anderen alsoo het nacht was, ende niet zien en konde, dootgheslagen.

Item op den 25 jullius, heeft Jeronimus met den raat goetgevonden Jan Gerritsz van Leijen, hovenier, ende Obbe Jansz van Franiker bootsgesel te laten verdrincken, ende is Sevanck, Coenraat van Huijssen, ende Gijsbrecht van Welderen, naer de mast[157] gevaeren, ende haar aldaar laten verdrincken. Item op den 5 augustij, Jeronimus Cornelisz, Sevanck, Coenraat van Huyssen, ende Jacop Pieterssz op t'Hooge Eijlandt zijnde, hebben goetgevonden, meester Frans Jansz van Hoorn, opperbarbier te laten doodtslaen alsoo zij vreesden dat hij naar t'ander volck soude loopen 'twelck Sevanck, alsoo Jeronimus naar t'eijlant daar Wiebbe Haijes met het volck op was, gevaren sijnde, int werck gestelt heeft, ende is voorsz meester Frans van Lenert Michielsz, Mattijs Beer, ende Hans Jacops doodtgeslagen. Als mede zoo wanneer Jeronimus nevens Sevanck, Coen-

157 de mast: waarschijnlijk de grote mast van de *Batavia*

raat van Huijssen, met 23 mannen in 2 schuyten van't bovengesz Hoogh Eijlandt naar dit eijlandt waren komende, soo heeft Sevanck inde schuyt zittende, tegens Jeronimus geseijt, ick heb wat goet nieus bedacht, waar op Jeronimus vraagden, wat is dat, zoo zeijde hij, alsser een jacht kompt, om ons te verlossen, dat wij't affloopen, ende daar mede op vrijbuyt ende naar *Spagnien* vaeren. Waar op Jeronimus andtwoorden, ho ho, hebt ghij [266 v] dat nu eerst int zin, dat heb ick al langh bedacht, ende inden zin gehadt, ende is eijndelijck soo beslooten, ende geresolveert int werck te stellen. Maar dat zij alvooren souden arbeijden, omt'ander volck te vermeesteren, om alsser een jacht quam, dat sijt niet souden waarschouwen, ende als zij tot haar voornemen zouden gekomen zijn, wilden sij den boot eerst aan landt laten komen, ende maken het bootsvolck droncken, om haar te lichtelijcker doot te slaen, ende zouden dan zoo gemackelijck het jacht konnen vermeesteren hebben.

Item op den 6 augustij heeft Jeronimus Cornelisz mondelingh aan Jan Hendricx belast, des morgens dat hij Stoffel Stoffelsz van Amsterdam timmerman die stont en wercten, den keel zoude affsnijden waar toe hij zijn eijgen ponjaart uyt den zack trock, ende hem langde[158], ende heeft Jan Hendricxsz het zelve oock gedaan.

Item op den 10 augustij heeft Jeronimus Cornelisz persoonelijck Rogier Decker van Haarlem kaijuijtwachter geweest uijt sijn tent geroepen, daar visch zadt en braden, ende hem aangeseijt, als hij hem een beker wijn gegeven hadde, dat hij Hendrick Janszen van Purmerent timmerman, die bij Salomon Deschamps ondercoopman ginck wandelen, (maar gebonden sijnde) hem het hert zoude affstooten, waar toe hij Jeronimus, aan Rogier den ponjaart inde handt langde, ende heeft Rogier voorsz t'selve oock gedaen.

Item op den 16 augustij, heeft Jeronimus, aen Jan van Bemmel (kaijuijtwachter geweest) geseijt, daar is mijn sabel, gaat slaat Cornelis Aldersen van IJlpendam hooploper, daarmede den kop aff, om te zien, off hij oock scherp is. Dan Sevanck sulcx verstaande, seijde, dat voorsz Jan van Bemmel daer toe te zwack was, ende wiert Mattijs Beer daartoe genomen, die den jongen in presentie van Jeronimus op lichten dach den kop meest met eenen slagh aff sloegh, waar over Jeronimus stondt en lachten.

Daarenboven, alhoewel hij een getrout man is, heeft hij niettegenstaande Lucretia Janssen in zijn tent genomen ende 2 maanden lanck tegens haren danck bij hem gehouden voor zijn bijzidt.

158 langde: aanreikte

[267 r] Alle dese ende noch veel meer grouwelijcke daden, die ons door de doodt van Sevanck, ende Coenraat van Huijssen verborgen blijven, zijn altsamen door vrijwillige bekentenissen, van de misdadigen, ende uytvoerders vande moorden daar hijt mondelingh, persoonelijck tegens belast gesprooken, ende haar gedwongen heeft te doen, die het altsamen in sijn presentie beleden hebben, hare zielen zalicheijt daar voor verpandende, zoo zij hem in ijets t'onrecht beschuldigen, ende de doodt daar op te sterven, gelijck zij gedaan hebben. Als mede uyt de large examinatien, ende bekentenissen van Jeronimus Cornelisen, die voor alle menschen int publicq naar datse hem voorgelesen is, beleden heeft, alles warachtigh te zijn. Derhalven om dat sulcke noijtgehoorde ofte abominable misdaden onder Mooren ofte Turcken, niet en zouden geleden, ofte ten uytterste ongestraft gelaten worden, ick late staan van Christenen, dat malkanderen zonder uytterste honger ofte dorstnoot, gelijck zij niet gehadt en hebben, zoo zouden vermoorden, ende noch voorder gesocht hebben te doen, maar omdat het blijckelijck is, des duijvels ingeven te zijn, dat zoodanige resolutie getrocken hebben, het getal van allent volck op 40 ofte minder te maken, ende door dien middel tot haar voorgenomen boosheijt te mogen komen, ende om het zelve met meerder schijn ofte autoritcijt uijt te voeren, tegens het volck wys gemaackt heeft, dat hem den Commandeur *Pelsart* zulcx belast hadde, alhoewel hij nu publiquelijck voor alle menschen bekent, ende noch bekennende is, dat hij ende Davidt van Sevanck, zulcx goetvonden te seggen, om daar door het volck te beter in devotie te houden, tot dien eijnde zeijde Jeronimus, dat het hem belast was.

Soo heeft den Commandeur ende wij ondergesz raats personen vanden schepe *Sardam* op de zake ten hoogste gelet, naar lange examinatien, ende ondersoeckinge, de zelve gedebateert ende overwogen, omden toorne Godes van onsen halse te weeren, ende den Christenen naam, van sulcke noijtgehoorden booswight te zuijveren, den voorsz Jeronimus Cornelisz van Haarlem, gesententieert. Gelijck wij hem sententieren mits desen, datmen hem op maandagh, zijnde den eersten october, anno 1629, alsoo hij versoect gedoopt te worden, zal brengen op het Robben Eijlandt ter [267 v] plaatse daar toe bereijt, omde justitie t'executeren, om aldaar eerst beijde zijn handen aff te kappen, ende daar naar aan een galge, met de coorde te straffen, datter de doot nae volgt met confiscatie van alle zijne goederen, gelt, goudt, zilver, maantgelden, ofte eenighe pretensien, die hij alhier in *Indien* zoude mogen hebben, ten proffijte vande Generaelle OostIndische Compagnie onse Hrn. Mrs. Aldus gedaan ende gearresteert, op't eijlandt genaempt *Batavias* Kerchoff, desen 28 september 1629,

Francisco Pelsartt
Jacob Jacobs houten man
_[159]
Claes Gerritsz
Jacob Janssz
Sijmon Yopzoon
Dit is t'merck van
Jan Willemsz Visch[160]

[268 r] Op heden den 17 september naar den middagh op den schepe *Sardam,* bij den Commandeur *Francisco Pelsart,* ende den scheepsraat geresolveert, Jan Hendricx van Bremen soldaat, t'examineren, over sijn groote moorden, zoo verstaan gedaan te hebben, ende dies noodigh zijnde, ter torture te brengen, datum als vooren.

Jan Hendricxen van Bremen soldaat out ontrent 24 jaren, binnen gebracht zijnde, is vanden Commandeur hem affgevraagt, waarom dat zij het schip wilden affgeloopen hebben, antwoorden vrij, liber, ongebonden zonder torture, dat over 6 weken geleden Jeronimus Cornelisz ondercoopman met zijn raadt het zelve voorgenomen ende geswooren hadden, t'eerste jacht datter quamp affteloopen, maar dat hijder onschuldigh, ende niet toegestemt heeft, alhoewel datter tot verscheijde reysen toe versocht was.

Ende om de rechte waarheijt, van hem te weten, is ter torture bereijt.

Heeft belooft vrijwilligh te zeggen, tgeene hij wist, waar op verhoort is, zeijde, dat hij daar mede toe verwillicht was, nevens alde persoonen, die op't eijlant waeren. Den Commandeur vraagden hem wederom waerom sij dat doen wilden, antwoorden, dat hij't niet en wiste. Voorder affgevraagt hoe dat sij't int werck zouden gestelt hebben, zeijde, aleer Jeronimus gevangen was aand'ander partij, datse voorgenomen hadden, alser een jacht quamp, den boot eerst aan't landt te laten komen, ende dan het bootsvolck droncken gemaackt hebben, om te gemackelijcker doodt te slaan, ende zouden dan bij nacht, met den zelven boot gemandt t'jacht lichtelijck konnen affloopen hebben, alsoo zij gisten maar 20 oft 30 mannen op hadden, maar nu wasser noch niet geresolveert, hoe sijt beginnen wilden omdatse subitelijck int vechten met t'ander volck het schip zagen.

Hem voorder affgevraagt zoo zij't affgeloopen hadden, waar zij naa toe

159 op deze plaats ontbreekt de handtekening van Salomon Deschamps.
160 zie noot 126

zouden geseijlt, ende hoe veel volck zij int leven zouden gelaten hebben, antwoorden dat van meeninge waren in *Spagnien*, *Barbarijen*, ofte diergelijcke plaatsen in te loopen, om t'schip aldaar te verkoopen, ende den buyt te deelen, zouden den schipper, stierman met 5 a 6 bootsgesellen die haar dienstigh waren, int leven gespaart hebben, maar de rest vermoort.

[268 v] Voorder hem affgevraagt, hoe veel menschen hij vermoort hadde, daar op bekent vrijwilligh, dat hijde 18 a 20 door last van Jeronimus gedoodt heeft, maar dat hij al haar namen niet en wiste, derhalven versocht respijt, tot des anderendaags, om hem op't zelve te bedencken, wanneer, ende hoe hij't al gedaan hadde, d'welck hem toegestaan is.

Adij 19 dito op't Eijlant *Batavias* Kerchoff, voor den scheepsraadt, Jan Hendricxsz voorsz weder geroepen zijnde, ende hem affgevraagt door den Commandeur oft hij mede een vande conspirateurs, int affloopen van't schip *Batavia* zoude geweest hebben, zeijt dat hijder geen van en was, noch op't schip oock van geweten hadde, maar dat hij't soo haast het schip verongeluckt was, van veel diversche persoonen (die nu al doot sijn) gehoort heeft, dat den schipper, Jeronimus, hoogbootsman, Rijckert Woutersz bosschieter, Allert Jansz van Assendelft bosschieter, Coenraat van Huijssen ende Gijsbert van Welderen soldaten, met noch 10 a 12 anderen, t'selve eerst int werck zouden gestelt hebben, ende hadden voorgenomen des nachts het soldaten kot toe te spijckeren, tot dat sij haren wil van't schip zouden gehadt hebben, als wanneer zij eenige vande soldaten souden uytkiesen, die haar dochten met te zijn[161], maar de rest alt'samen op 120 naar vermoorden. Zeijt oock dat hij wel weet, dat Allert Jansz van Assendelft een van de complicien was.

Tegenden avondt hem wederom geroepen, ende ghevraagt oft hij hem nu wel bedacht hadde, hoe veel menschen dat hij vermoordt heeft, bekendt als volgt. Dat hij op een dagh, (zijnde den 5 jullij geweest) nevens meer andere van Jeronimus gemandeert wert, als Davidt van Sevanck, Coenraat van Huijssen, Cornelis Pietersz, Mattijs Beer, Leenert Michielsz ende Wouter Loos, met het grootste vlodt te gaan, ende dat sij Hans Radder adelborst, ende Jacop Groenewald oppertrompetter, mede zouden nemen, om onder wegen te verdrincken, de welcke hij mede handen, ende voeten heeft helpen binden, ende sijn soo verdroncken.

Bekent voorders dat hij op een dagh (sijnde den 9 jullij geweest) van Jeronimus Cornelisz, nevens Sevanck, Coenraat van Huyssen, Gijsbert van

161 die haar dochten met te zijn: van wie ze dachten dat zij op hun hand waren

Welderen, [269 r] Jacop Pietersz lanspesaat, Leenert Michielsz, ende Lucas Jelisz gelast wiert met het schuytgien te gaan, ende doen wat haar Zevanck zoude belasten, zoo zijn sij naar Pieter Jansz provoost gevaeren, die met sijn vrouw ende kindt, Claas Harmansz van Maagdenburgh met sijn vrouw, Glaudine Patoijs met haar kindt, Jacop Jacopsz kuyper, Pauwels Barentsz, Bessel Jansz bootsgesellen, Cristoffel Quist van Rokema soldaat, Niclaas Winckelhaack soldaat, Pieter Arentsz van Monickendam, bootsgesel ende Wouter Joel Schotsman soldaat, die 2 vlotgiens op een ander eijlant gemaact hadden, daar mede zij meijnden, volgens de belofte met eede van Jeronimus voor dien tijt gedaan, naar t'Hooge Eijlandt te vaeren, bij haar komende, zoo dwongen zij de mannen, datse vande vlotten souden springen, ende helpense voorts douwen, om naar *Batavias* Eijlant te brengen, op't drooge gekomen sijnde, zoo liep Davidt Zevanck op't landt bij Jeronimus, ende vraagden hem ijets, waarover Zevanck weder komende riep, slaat doodt, waar in Jan Hendricxsz zijn best dede, maar vele ontliepent, ende meijnden haar op't eijlant bij Jeronimus te salveren, dan hij belaste men soudese doodtslaan, ende Zeevanck, met Coenrat van Huijssen ende Gijsbert van Welderen, gingen in het cleijne schuijtgien ende naemen de drij voorgenoemde vrouwen die noch op't vlot zaten, bij haar, ende brochtense int diep, alwaar sijse over boort wierpen, ende verdroncken.

Item bekent dat hem op eenen dagh, wesende den 8 jullij, van Jeronimus, ende Zevanck present, belast wiert het kindt van Hans Hardens, genaamt Gilletgien Hardens, te gaen verworgen, d'welck hij dede, alsoo Jeronimus de moeder te gast genoot hadde.

Item bekent mede, dat hij op eenen dagh, sijnde den 10 julij geweest, door last van Jeronimus, des nachts gegaan is nevens Allert Jansz van Assendelft bosschieter, ende sneden met haar beijden Jan Pinten, engels soldaat den hals aff.

Item bekent dat hij op eenen dagh (sijnde den 12 jullij geweest) van Jeronimus in sijn tent geroepen wiert als mede Lenert Michielsz, ende Lucas Gellisz, ende haar belast, dat sij zouden gaan, ende snijden Paschier vanden Enden bosschieter, Jacop Hendricxsz timmerman met eenen ziecken jongen, den hals aff, waar over [269 v] hij met Davidt Zevanck ende dander geordonneerde in hun tent ginck, nam de lamp, ende vraagden aen Passchier ofte hij ergens eenigh goet verborgen hadde, dat hij't zeggen zoude, hij antwoorden met schreijen neen, ende badt, alsoo hy meenden dat het hem zijn leven kosten zoude, om zijn gebet te mogen doen. Dan Zevanck seijde, gaeter mee voort, zoo wierp hem Jan Hendricxsz onder de voet, ende sneet hem de keel aff, den anderen Jacop Hendrixen draijer badt bitterlijck om zijn leven, waarop Zevanck ende zijlieden mede bij Jeronimus gingen, ende zeijden Jacop was een goet timmerman, oftmen hem nocht int leven houden. Dan Jeronimus antwoorden, niet met allen, het is maar een draijer, daarenboven halff manck, hij moet mede voort, hij zoude schier ofte morgen[162] clappen. Waarover sijlieden weder naar het tentgien gegaan zijn, ende smeet Jan Hendricxsz den voorsz Jacop mede onder de voet, ende Lenert Miechielsz zadt op sijn lijff, en stiet hem Jan Hedricxsz 2 messen op sijn borst ontstucken, als mede 2 messen op zijn keel, waar over Lucas Gellissz een van zijn messe langden, kost hem alevenwel niet doot krijgen, dat hem op't lest met een stuck van een mes, de keel affsneet, daar naar oock den jongen van gelijcken[163].

Item bekent dat hij op desen dagh (sijnde den 14 jullij geweest) dat van Jeronimus in sijn tent geroepen wiert, als mede Lenert Michielsz ende Rutger Fredricx, ende haar belast dat sij souden gaan, ende slaan Andries de Vries assistent doodt, gaff haar daar elck een sabel toe, ende schonck haer eerst eenen beker wijns, d'welck sij oock publiquelijck gedaan hebben.

Item bekent, dat hij op eenen dagh (sijnde den 15 jullij geweest) van Jeronimus uyt sijn tent gehaalt wiert, ende hem belast, dat hy nevens Sevanck, Coenraat van Huyssen, Cornelis Pietersz van Uutrecht, Hans Jacopsz van Basel, ende meester Frans Jansz van Hoorn, barbier, met het schuytgien zouden vaaren nae het Robben Eijlandt, om daar allent volck, sijnde inde 40 sterck doodt te slaan, waer van hij Jan Hendricxen int eerste aankomen 5 jongers, daar nae 2 mannen dootgeslagen heeft, maar oock haar namen niet wiste. Dan Cornelis Jansz den assistent [270 r] met noch 3 a 4 anderen die van Hans Jacopsz vervolcht wierden, ontvluchtent op vlottiens, ende lieten zij die reijse 4 vrouwen, te weten Maijken Soers, Jannetgien Gist, Geertien Willemsz weduwe ende Laurentia Thomasz als mede eenighe jongers int leven.

Item bekent, dat hij op eenen dagh zijnde den 21 jullij van Jeronimus in zijn tent geroepen wiert, die hem te kennen gaff dat hij des avonts, het huysgesin vanden predikant zoude helpen vermoorden, ende voorts doen wat hem Zevanck belasten zoude. Des avonts als hem Jeronimus met den predikant, ende zijn outste dochter in Coenraat van Huijssens tent hadde laten te gast nooden, is hij Jan Hendricxen, met Zevanck, Wouter Loos, Cornelis Pietersz, Andries Liebent, Jacop Pietersz, ende Andries Jonas, naar des predikants tent gegaan, heeft Zevanck, Wijbrecht

162 schier ofte morgen: vandaag of morgen
163 van gelijcken: op dezelfde manier

Claasen jonge dochter[164] buyten geroepen, die Jan Hendricx met een ponjart doorstack, ende wiert binnen allen't volck, zijnde den moeder met 6 kinderen, met dissels den kop in geslagen, ende zoo in een kuil gesleept, die daartoe gemaackt was. Bekent oock, dat hij op den zelven avondt, ofte nacht naar dat dese bovengesz droevige tragedie uijtgerecht was, Hendrick Denijs van Amsterdam assistent, met een dissel voor zijn tent den kop in sloegh, soodat hij met der haast doodt was.

Item bekent mede, dat hij op eenen dagh sijnde den 28 jullij geweest, hij van Jeronimus in zijn tent geroepen wierdt die hem belaste dat hij soude gaan, ende nemen Andries Liebent ende Jan van Bemmel mede, om Anneken Hardens, huysvrouwe van Hans hardens, te verworghen, waar over hij naar de tent gegaan is, quamp ondertusschen Gijsbrecht van Welderen om hem te helpen, die een strop van haar haijrsnoer maackten, ende Jan Hendricxen die wrongh haar de keel toe.

Adij 28 dito voor den scheepsraadt. Alsoo Lucas Gillissz beschuldigt wiert dat hij mede een mes op Jacop Hendricx timmerman ontstucken gestooten hadde, derhalven geconfronteert met Jan Hendricxen oft hij zulcx gesien heeft zeijt, dat hij zelfs 4 messchen op den voorsz man in stucken stiet maar dat hem Lucas zijn mes daar toe gelanght hadde.

Voorder, andermaal gevraagt wanneer der een jacht gekomen hadde, soo zij tot haar voornemen gecomen [270 v] waeren, oft hij't mede soude helpen affloopen hebben, bekent, jae, want er weijnige waeren, oft zouden altsamen mede gedaan hebben[165].

Item bekent mede vrijwilligh, dat hij op eenen dagh (zijnde den 6 augustij geweest) des morgens van Jeronimus Cornelis, die inde tent van Zevanck stont geroepen wiert, ende zeijde tegen hem, gaat en stoot Stoffel Stoffelsz van Amsterdam timmerman dien luijen hondt, die daar staat en werckt (thert aff) want hij den kost niet weert en is, ende gaff hem daer over sijn eijgen ponjaart die hij in sijn zack droegh. Derhalven ginck Jan Hendricxsz, ende stack hem met 2 steeken doodt.

Voorders verklaart, ongevraagt, als dat hem indachtich was geworden[166], dat Jeronimus hem op eenen avondt nevens Allert Janssen van Assendelft te gast genoot hadde, ende onder ander propoosten vertelden, had het schip *Batavia* niet gebleven geweest, zij zoudent korts daar naar affge-

164 jonge dochter: dienstmaagd
165 oft zouden mede gedaan hebben: die niet meegedaan zouden hebben
166 hem indachtig was geworden: hij zich herinnerde

loopen, ende altsamen rijcke lieden geweest hebben, als mede in wat voegen dat zij't meynden aan te leggen, ende het soldaten kot toe te spijckeren, alsoo hem docht, het konde haar niet gefallieert[167] hebben. Derhalven geconfronteert met Allert Jansz van Assendelft, bevinden sijn verklaringh, met die van Jan Hendricxs t'accorderen.

Wij ondergesz raadtspersoonen vanden schepe *Sardam* verklaren, op onse manne waarheid in plaatse van ghestaaffden eede, dat allendese bovengesz examinatien, in onsen bijwesen genomen, ende door Jan Hendricxsz, meest vrij ende liber zonder torture beleden sijn. Is hem op heden ten overvloet dese examinatie ende bekentenisse wederom voorgelesen, ende affgevraagt, oft het altsamen niet warachtich was, bekent vrij, liber, ende ongebonden, inderdaat zoo geschiet te zijn, ende omdat wij t'selve met nuchteren ooren gehoort, ende eijgen oogen gesien hebben, zijn bereijt t'allen tijden, dit voor alle hooge, ende subalterne rechters, oock bij den Ed. Hr. Generaell *Jan Pietersen Coen*, ende de raaden van *Indien* tot *Batavia* komende t'attesteren, ende te betuijgen, ende daar toe versocht synde, met eede te bevestigen. In teecken van dit warachtigh te sijn, hebbent met onse eijgen handteekenen onderteeckent, desen 28 september op t'eijlant *Batavias* Kerchoff.

Francisco Pelsartt
Jacob Jacobsz houten man
Salomon Deschamps
Claes Gerritsz
Jacob Janssz
Symon IJopzoon
Dit is t'merck van
Jan Willemsz Visch[168]

[271 r] Alsoo Jan Hendricxsz van Bremen soldaat, oudt ontrent 24 jaeren, hem zeer grouwelijck, jae schrickelijk volgens zijn eijgen vrijwillige bekentenisse, meest zonder torture beleden, hier op d'eijlanden ontrent het verongelucte schip Batavia buyten menschelijckheid gecomporteert ende zijn leven aangestelt heeft, te weten, dat hem van Jeronimus Cornelisz, ondercoopman, vrijwilligh heeft laten bewegen nevens andere quaatwillige menschen, tot verscheijde moorden, die hij zeer tirannigh, sonder enige barmhertigheid, ofte medelijden, alhoewel het haar eijgen medebroeders ende vrienden waeren, gedoot, ende helpen dooden heeft, tot het getal van   menschen voor zijn part, volgens zijne examinatie daar

167 gefallieert: mislukt
168 zie noot 126

van int largo blijckende is. Daarenboven te zamen geresolveert, het eerstkomende jacht om haar te verlossen, aff te loopen, ende alles te vermoorden die haar niet dienstigh zouden geweest hebben, ende is gepasseert als volght.

Op den 5 jullij is Jan Hendricx van Jeronimus gemandeert, nevens 6 andere persoonen, met het grootste vlot te gaan, ende nemen Hans Radder met Jacop Groenewalt oppertrompetter mede, om haar onderwegen te verdrincken, heeft Jan Hendricxsz mede handen ende voeten helpen binden, ende sijn alsoo verdroncken.

Item op den 9 jullij is hem van Jeronimus belast dat hij nevens Zevanck ende noch 5 anderen, met het schuytgien zouden vaeren, ende doen wat Zevanck haer belaste, zoo zijnse naar 2 vlotgiens gevaeren, daar Pieter Jansz provoost met vrou ende kindt, ende noch 12 andere persoonen op was, van meeninge naar het Hoogh Eijlandt te vaeren, ende dwongen de mannen vande vlotten te springen, ende helpen voort douwen, om naar haar eijlandt te brengen, maar op't drooge komende, quamper last van Jeronimus, men soudese dootslaan, waar van Jan Hendricxsz 2 bootsgesellen Pauwels Barentsz ende Bessel Jansz heeft helpen doodtkappen.

Item op den 8 jullij is hem van Jeronimus belast het kindt van Hans Hardens, genaampt Hilletgien Hardens, oudt 6 jaeren te gaan verworgen, twelck hij gedaan heeft, alsoo Jeronimus den vader ende moeder bij hem te gast hadde.

[271 v] Item op den 10 jullij is hem van Jeronimus belast dat hij nevens 2 anderen Passchier van Enden bosschieter, Jacop Hendricxsz timmerman, als mede eenen siecken jongen den hals aff gaan snijden zouden. Derhalven is hij nevens Zevanck, Lenert Michielsz ende Lucas Gillisz naar de tent van Passchier gegaan, die Jan Hendricxsz onder de voet smeet, ende sneet hem metter haaste, alhoewel dat hij badt om sijn gebet te doen (de keel aff) ende zouden sij Jacop Hendricx geerne int leven gespaart hebben, dan Jeronimus seyde, hij was halff manck, ende most mede voort, hy mocht schier ofte morgen klappen. Daerom keerden sij weder naar Jacop Hendricxsz die zij oock onder de voet smeten, ende stack Jan Hendricxsz 2 messen op zijn borst instucken, als mede 2 op zijn keel, zoo dat hem eijndelijck met een stuck van't leste mes, de stroot moste affsnijden, naar dit gedaan sijnde, stack hij den jongen bovengenoempt mede doodt.

Item op den 14 jullij, wierdt Jan Hendricxsz als mede Lenert Michielsz ende Rutgert Fredricx ontrent den middagh door Jan van Bemmel bij Jeronimus geroepen, die haar belaste, dat sij zouden gaan, ende slaan Andries de Vries assistent doodt, haar elck een sabel dartoe gevende, t'welck sij oock publiquelijck gedaan hebben.

Item op den 15 jullij, is hem door Jeronimus belast met het schuytgien, nevens Sevanck ende 4 anderen naar het Robben Eijlandt te vaeren, om daar t'meeste volck, soo jongers, eenige mannen, doodt te slaan, uijtgenomen de vrouwen die daar waren, voor die tijt int leven zoude laten. Zoo heeft Jan Hendricxsz in d'eerste aancomen 5 jongers, ende 2 mannen dootgesteken ende gekapt.

Item op den 21 jullij, is Jan Hendricxsz van Jeronimus geroepen, die hem te kennen gaff datsij des avonts den predikants huysgesin zouden vermoorden, uytgenomen den predikant, met zijn oudtste dochter, die hij zoude laten in Coenraat van Huyssens tent te gast nooden. Avont geworden sijnde, wiert hij van Zevanck geroepen, ende gingen t'samen naar des predikants tent als mede Jacop Pieterssz, Wouter Loos, Cornelis Pietersz, Lenert Michielssz, Andries Liebent ende Andries Jonas, ende Zevanck riep Wijbrecht Claasz jonge dochter buijten, die [272 r] Jan Hendrixen dadelijck doorstack, ende wiert met eenen de vrouw vanden predikant met haar 6 kinderen, binnen inde tent, met dissels de kop ingeslagen, ende in een kuijl gesleept die daartoe gemaackt was.

Item, naar dit uijtgerechte droevige tragedie heeft Jan Hendricxsz den assistent Hendrick de Nijs van Amsterdam uijt zijn tent geroepen, ende alsoo hij door vrese niet uijt komen wilde, ruckten, ofte sleeptem syder hem uyt ende smeet hem Jan Hendricxen met een dissel den kop in.

Item op den 28 jullij is Jan Hendricx door Jan van Bemmel bij Jeronimus in syn tent geroepen, ende hem geseijt, dat hij met Andries Liebent ende Jan van Bemmel zoude gaan, ende verworgen Anneken Hardens huijsvrouwe van Hans Hardens. Ontrent haar tendten komende, quamp Gijsbert van Welderen, om te helpen ende maackten een strop van haar haijrlindt, ende Jan Hendricxsz worgdense de keel toe.

Item op den 6 augustij in den morgenstondt, wiert Jan Hendricxsz van Jeronimus die inde tendt van Zevanck stont geroepen, ende gaff hem een ponjart, dien hij in sijn eijgen zack droegh, zeggende gaat en stoot Stoffel Stoffelsz, dien luyen hondt, die den kost niet weerdigh is t'hert aff, t'welck Jan Hendricxsz met 2 steken gedaan heeft, dat datelijck doodt was.

Item heeft hij Sussien Fredrix getroude vrouw twee maanden lanck voor zijn bijzidt bij hem gehouden, ende vleesselijck met haar geconverseert.

Alle welcke menichte van grouwelijcke moorden, daar hem zeer goetwilligh in heeft laten gebruijcken, als mede noch van zinne zijnde te doen, haddet den almogenden Godt niet belet, daarenboven noch dagelijck met Godt spottende, een vande principale zijnde, die het bidden, ende Godes woort te prediken verbooden, ende zeer schimpelijck doen ophouden heeft, alhoewel hij seijt dat Jeronimus hem zulcx belast hadde, als mede alhier de vrouwen te schande gemaackt, met meer andere misdaden apparentlijck verdonckert gebleven, criminele delicten zijn, van seer quade consequentie, die van Godt noch de menschen niet en konnen ofte mogen geleden worden, alsoo de [272 v] natuur sulcx ons genoechsaam leert, zoodanige boosdoenders ongestraft niet mogen gelaeten worden, andere ten exempel. Soo heeft den Commandeur *Francisco Pelsart*, ende wij ondergeschreven raadtspersoonen, vande schepe *Sardam*, op de zake ten hoogsten gelet hebbende, naar lange examinatie ende ondersoeckinge, de selve gedebateert, ende overwogen, om den toorne Godes van ons te weeren ende den Cristelijcken naam van zulcken booswigt te zuyveren. Den voorsz Jan Hendricxen van Bremen gesententieert, gelijck wij hem sententieren midts desen datmen hem op maandagh den eersten october 1629 zal brengen op het Robben Eijlant, ter plaatse daar toe berijt, om justitie te executeren, om aldaar eerst zijn rechter handt affgekapt te worden, ende daar naar aen een galge met de coorde te straffen, tot datter de doodt nae zal volgen, met confiscatie van alle zijne goederen, plunjen, maandtgelden, ende eenighe pretensien die hij alhier in *Indien* zoude mogen hebben, ten proffijte vande Generaelle Oost Indische Compagnie onse Hrn. Mrs. Aldus gedaen ende gearresteert op t'eijlandt *Batavias* Kerchoff, desen 28 september anno 1629.

Francisco Pelsartt
Jacob Jacobz houten man
_[169]
Claes Gerritsz
Jacop Jansz
Sijmon IJopzoon
Dit is t'merck van
Jan Willemssz Visch[170]

[273 r] Op heden den 23 september 1629 op't eijlant *Batavias* Kerchoff, bij den Commandeur *Francisco Pelsart*, ende den scheepsraat geresolveert, Lenert Michielsz van Os adelborst t'examineren, over sijn

169 op deze plaats ontbreekt de handtekening van Salomon Deschamps
170 zie noot 126

groote moorden, zoo verstaan gedaan te hebben ende dies noodigh sijnde ter torture te brengen. Datum als vooren.

Leenert Michielsz van Os, adelborst, out ontrent 21 jaaren, affgevraagt, waerom hij met zijn complicen zoo haast als den Commandeur nevens den schipper met de sloep van boort aan t'eijlandt gevaeren was, om ordre op het weijnigh gebergde water te stellen, ende door hem belooft wier, haar te halen zoo haast het mogelijck zoude zijn, allen de kisten, ende goederen van niemant uijtgesondert, opensloegen, ende plunderden, zeijt dat hij de kist van Passchier vanden Enden opengeslagen heeft, ende onder malkanderen gedeelt.

Ter torture bereijt, alsoo wij genoechsaem van zijn moetwil versekert waren, bidt om niet gepijnicht te worden, wil alles zeggen tgeene hij weet, zeijt dat hij in des Commandeurs kamer zijn koffer, door Rijckert Woutersz opgeslagen zijnde, t'selve mede heeft helpen deelen, ende partije van't goet aan andere wech gegeven heeft. Voorts dat Jeronimus Cornelisz, des anderen daags smorgens uyt den lessenaar vanden Commandeur alle zijn pampieren, als mede de schriften wegent'feijt van[171] Lucretia aangaande genomen heeft, ende de zelve int openbaar voor alle het volck gelesen, ende zijn daar naar door Rijckert voorsz gescheurt, ende overboort geworpen. Maar elck heeft zijn best gedaan met plunderen, ende openslaan, alsoo zij zeijden, ende malkanderen wijs maacken, het schip was verlooren, zij en hadden nu met geen officieren meer te doen.

Hem voorder affgevraagt te presentie van Jeronimus Cornelisz, hoeveel menschen hy vermoort oft helpen vermoorden hadde, bekent dat op eenen dagh zijnde den 3 jullij geweest, hem Jeronimus ter presentie van Zevanck, geroepen heeft, ende belast dat hij mede met Zevanck, ende andere, die hij daartoe nemen zoude, met het grootste vlot souden vaeren om Thomas Wensel, Jan Cornelisz van Amesvoort, Hendrick Jansz van Oldenburgh ende Andries Liebent te gaan verdrincken, zijn met de voorsz 4 persoonen affgevaren, ende des anderen daags s'morgens, heeft hijse helpen handen en voeten binden, ende Daniel Cornelisz stiet Hendrick Jansz [273 v] in zee, ende Coenraat van Huyssen, Thomas Wensel ende Gijsbert van Welderen, Jan Cornelisz, maar Andries Liebent, wiert verbeeden ende int leven gespaart.

Bekent mede dat op eenen dagh sijnde den 5 jullij geweest, hem van Jeronimus belast wiert mede op het grootste vlodt te gaan, nevens Davidt Sevanck, Coenraat van Huyssen, Jan Hendricxsz, Cornelis Pietersz, Mattijs Beer ende Wouter Loos, om Hans Radder ende Jacop Groenewald

171 t'feijt van: de aanslag op

trompetter te gaan verdrincken. Aant Verraders Eijlandt gekomen sijnde bondt Rutgert Fredricxsz ende Lenert Michielssen de handen ende voeten van Jacop Groenewald, ende de anderen Hans Radder, droegense daar naar int diep alwaar zij versmoorden, oft verdroncken.

Item bekent dat op eenen dagh zijnde den 10 jullij snachts, Jcronimus Cornelisz hem uyt sijn tent heeft laten halen, als mede Jan Hendricxsz ende Lucas Gillisz, ende haar belast te gaan, ende snyden Passchier vanden Enden bosschieter, Jacop Hendrixen timmerman, ende noch eenen jongen die zieck was, de keelen aff, derhalven zijn zijder met hun drijen nevens Zevanck daar nae toe gegaan, ende sneet Jan Hendricxsz Passchier voorsz den keel aff, daar naar als zij Jacop Hendricxsz onder de voet geworpen hadden, zadt Lenert op sijn lijff, ende Jan Hendricx stack 2 messen op sijn borst ontstucken, alsmede 2 op sijn keel, waar van het eene Lenert Michielsens, ende d'ander Lucas Gillissens mes was, ende sleeptent soo in een cuijl, die daar toe gemaackt was.

Item bekent, dat op eenen dagh, ontrent den middagh (sijnde den 14 jullij geweest) door Jan van Bemmel bij Jeronimus in zijn tent geroepen wiert, als mede Jan Hendricxsz, ende Rutger Fredricx, ende belaste haar, dat zij zouden gaan, ende slaan Andries de Vries assistent doodt, gaff haar daar toe elck eenen sabel, ende eenen beker wijn, derhalven uijt gaande, gingen naar hem toe, waar over de Vries, als hij mercten dat het hem gelden soude, begonde te loopen. Dan Lenert Michielsz hem snelst vervolgende sloegh hem meest doodt.

Item bekent, dat op eenen dach (sijnde den 15 jullij geweest) hij van Jeronimus, uijt zijn tent wierdt gehaalt, ende belasten hem, dat hij nevens [274 r] Zevanck, Coenraat van Huijssen, Jan Hendricxsz, Cornelis Pietersz, Hans Jacopsz, meester Frans Jansz van Hoorn met het schuijtgien aan't Robben Eijlandt zoude vaeren, om aldaar de meeste menschen, die wel inde 40 sterck waeren, doodt te slaan, uytgenomen de vrouwen, zoo heeft Lenert int eerst aankomen eenen jongen dwers door zijn lijff gesteken, ende eenen anderen jongen door zijnen bill, als mede Jacop de Vos kleermaker, dwers door zijn zijde gesteken. Daar naar heeft hij vele gequetsten, die noch niet doodt waeren, helpen int water sleijpen.

Item bekent mede dat op den 21 jullij, des avondts hem van Jeronimus aangeseijt wiert, om alst doncker was, t'huijsgesien vanden predikant te gaan helpen vermoorden, uijtgenomen den predikant ende zijn oudtste dochter, die hij des avonts in Coenraat van Huyssens tent zoude te gast nooden, soo is hij Leenert Michielsz nevens Davidt Zevanck, Jan Hendricxsz, Wouter Loos, Jacop Pietersz, Andries Jonas ende Andries Liebent naar des predikants tent gegaan, daar Zevanck, Wijbrecht Claasz buyten riep, die Jan Hendricxsz datelijck doorstack. Ondertusschen ginck Zevanck nevens d'andere binnen, zeggende daar was eenigh compagnies goet verborgen dat sij quamen zoecken, wiert in dat spreken de lamp uijt geblasen ende sloegh Leenert Michielsz des predikants vrouw met een dissel op den kop, als mede een vande kinderen, die eenen slagh wegh hadde, sloegh hij voorts doodt ende was hun belast tot heur geweer dissels ende bijlen te nemen, om te beter inde tent te konnen gebruycken, ende inden hoop te mogen slaan.

Item bekent mede, als sijlieden op t'Hoge Eijlandt waeren, den 5 augustij, hem Davidt Zevanck belast heeft dat hij nevens Mattijs Beer, Hans Jacopsz ende Lucas Gillissz zouden gaan, ende nemen meester Frans Jansz van Hoorn opperbarbier mede, onder schijn van robben te gaan soecken, maar dat sij voorsz meester Frans onderwegen souden doodtslaan, soo heeft Lenert Michielsz, als zij een stuck weegs gegaan waeren, hem met een pijck dwers doorsteken, waar op Hans Jacopsen hem met een morgensterre[172] op het hooft sloegh. Mattijs Beer klooffden met een sabel thooft, ende Lucas stack hem met een degen int lijff.

[274 v] Op heden den 28 dito voor den scheepsraat, hem wederom geroepen, ende affgevraagt zoo zij meester geworden hadden van't volck op t'Hooge Eijlandt, off hij mede t'eerst komende jacht om haar te verlossen zoude helpen afflopen hebben. Bekent, dat hij mede zoude gedaan hebben, als een ander.

Voorder gevraagt, hoeveel vrouwen hij op dit eijlant vleesselijck bekent heeft, zegt, dat Trijntgien Fredricx op eenen nacht bij hem gekomen is, ende heeft zoo bij haar zijnen wille gedaan, maer dat hij Anneken Boschieters voor sijn bijzidt gehouden heeft.

Wij ondergesz raatspersoonen vanden schepe *Sardam* verklaren op onse manne waarheid in plaats van gestaafden eede, dat alle dese bovengesz examinatien in onsen bijwesen genomen ende door Lenert Michielsz van Os meest vrij ende liber zonder torture beleden zijn. Is hem op heden ten overvloet, dese examinatie ende bekentenisse wederom voorgelesen, ende affgevraagt, off het altsamen niet warachtigh was, bekent vrij, liber ende ongebonden, inderdaadt zoo geschiet te sijn, ende op dat wij t'selve met nuchteren ooren gehoort, ende eijgen oogen gesien te hebben, zijn bereijt t'allentijden, die voor alle hooge ende subalterne rechters, oock bij den Ed. Hr. Generaell *Jan Pietersen Coen*, ende de Ed. Hrn. raden van *Indien* tot *Batavia* komende t'attesteren ofte getuijgen, ende daar toe ver-

172 morgensterre: knots met ijzeren punten

socht sijnde met eede te bevestighen. In teecken van dit warachtigh te zijn, hebben dit met ons eijgen handteekens onderteeckent, desen 28 september 1629 op t'eijlant *Batavias* Kerchoff.

Francisco Pelsartt
Jacob Jacobs houten man
Salomon Deschamps
Claas Gerritsz
Jacop Jansz
Sijmon IJopzoon
Dit ist'merck van
Jan Willemsz Visch[173]

[275 r] Alsoo Lenert Michielsz van Os, adelborst, oudt ontrent 21 jaaren, hem zeer grouwelijck, jae schrickelijck volgens zijn eijgen vrijwillige bekentenisse, door examinatie meest zonder torture beleden, dat op t'schip *Batavia* s'nachts als dies daags verongeluckt was, soo met droncken drincken, kisten op te slaan, plunderen, ende andere moetwil bedreven. Als hier op d'eijlanden ontrent het wrack buytende menschelijckheid gecomporteert[174] ende zijn leven aangestelt heeft. Te weten dat hem van Jeronimus Cornelisz ondercoopman, vrijwilligh heeft laten bewegen, nevens andere quaatwillighe boose menschen, tot verscheijde moorden, die hij zeer tirannigh zonder eenige barmhertigheid oft medelijden (alhoewel het haere medebroeders, ende vrienden waren) gedoodt, ende helpen dooden heeft, tot het getal van   menschen door zijn handt, volgens sijn bekentenisse als mede hier onder in largo blijckende is. Daarenboven was hij nevens andere geresolveert, het eerstkomende jacht om haar te verlossen, aff te loopen, ende alles te vermoorden, die haar niet dienstigh souden geweest hebben, ende zijn de moorden geschiet als volgen.

Op den 3 jullij is Lenert Michielsz van Jeronimus belast, dat hij nevens Zevanck, ende noch andere persoonen, met het grootste vlot zouden vaeren, ende nemen Thomas Wensel, Jan Cornelisz van Amesvoort, Hendrick Jansz van Oldenburgh, ende Andries Liebent mede ende dat zijse onderwegen verdrincken zouden, soo heeftse Leenert mede handen, ende voeten helpen binden, ende Daniel Cornelisz stiet Hendrick Jansz, alias Mafken in zee, Gijsbrecht van Welderen stiet Jan Cornelisz ende Coenraat van Huijssen smeet Thomas Wensel van't vlodt in zee, maar Andries Liebent wiert verbeden.

173 zie noot 126
174 gecomporteert: gedragen

Item op den 5 augustij[175], wiert Leenert van Jeronimus gemandeert, nevens Davidt van Zevanck, Coenraat van Huyssen, Jan Hendricx, Cornelis Pieterssz van Uutrecht, Mattijs Beer, Wouter Loos ende Rutger Fredricxsz op het grootste vlodt te gaan, ende nemen Hans Radder adelborst, ende Jacop Groenewald trompetter mede, om haar onderwegen te verdrincken, zoo zijn sij aan't Verraders Eijlant gevaeren, ende hebben daar de 2 voorgenoemde persoonen, handen ende voeten gebonden, ende soo int dieppe gedragen, haar soo latende als beesten versmooren.

Item op den 10 jullij, is Leenert voorsz van Jeronimus des nachts, nevens Jan Hendricxsz ende Lucas Gillisz [275 v] in zijn tent geroepen, ende haar belast, datse met Zevanck souden gaan, ende snijden Passchier vanden Enden bosschieter, Jacop Hendricx van Amsterdam timmerman, met noch eenen ziecken jongen, de keelen aff. Waarover zij naar de tent gegaan zijn, vraagden Zevanck aan Passchier oft hij noch ijevers[176] eenigh goet verborgen hadde, hij antwoorden, neen, ende badt om wat respijt dat hij zijn gebedt mocht doen. Dan Zevanck seijde, gaeter mee voort, waarop Jan Hendricxsz hem onder de voet wierp, ende sneet hem de keel aff. Jacop Hendricx dat ziende badt zeer ootmoedigh om zijn leven, dat Zevanck hem daar over beweegde, ende gingen sij bij Jeronimus, oftmen Jacop mocht in't leven sparen, dan hij antwoorden neen, t'is doch maar een draijer, ende halff manck, hij moet mede voort. Soo sijn sij wederom gekeert, ende heeft Lenert Michielsz de voorsz Jacop mede helpen onder de voet smijten, ende ginck boven op sijn lijff zitten, soo stiedt Jan Hendricxsz 2 messen op zijn borst ontstucken, als mede 2 op zijn keel, soo dat hem eijndelijck met een stuck van't mes de stroot affsneet. Als mede den jongen daar naa van gelijcken.

Item op den 14 jullij is Leenert Michielsz nevens Jan Hendricxsz ende Rutgert Fredricxsz door Jan van Bemmel bij Jeronimus in sijn tent geroepen, die haar seyde datse zouden gaan, ende slaen Andries de Vries van Middelburgh assistent doot, gaff haar daar toe elck een sabel. Als sy buijten quamen gingen naar de Vries toe, die als merckten dat het hem gelden zoude, begonde te loopen, dan Lenert volgden hem snelste, ende sloegh hem meest doot.

Item op den 15 jullij is Lenert voorsz van Jeronimus uyt sijn tent gehaalt, ende hem aangeseijt, dat hij nevens Zevanck, Coenraat van Huyssen, Cornelis Pietersz, Jan Hendricxsz, Hans Jacopsz ende meester Frans Jansz van Hoorn opperbarbier, met het schuijtgien naar't Robben Eijlant zouden

175 jullij doorgehaald en bovengeschreven: augustij
176 ijevers: ergens

vaeren, om aldaar de menschen te gaan helpen doodt slaan, soo heeft Lenert in d'eerste aankomen eenen jongen dwers door sijn lijff gesteken, ende eenen anderen door sijnen bill, als mede Jacop de Vos kleermaker dwers door sijn zijde gesteken, ende heeft voorts veel gequetsten die noch niet doodt waren int water helpen sleijpen.

[276 r] Item op den 21 jullij tegen den avondt, heeft Jeronimus aan Lenert Michielsz mede aangesijt dat hij des avondts nevens Davidt Zevanck, ende andere daar toe verkoosen, het huysgesin vanden predikant zoude helpen vermoorden, uytgenomen den predikant met sijn oudtste dochter, die hij in Conrat van Huijssens tent soude te gast nooden, zoo heeft Leenert, nae dat Jan Hendricxsz, Wijbrecht Claasen buijten den tendt doorsteken hadden, des predikandts huysvrouw met een dissel op't hooft geslaghen, dat sij viel, ende Mattijs Beer sloegh haar voorts doot als mede een vande kinderen, dat al eenen slagh van een ander gekregen hadde, voorts doodtgesmeten.

Item op den 5 augustij op't Hooge Eijlant sijnde, heeft Davidt van Zevanck, door ordre van Jeronimus alsoo hij dien tijt vertrocken was, aan Lenert Michielsz als mede Mattijs Beer, Hans Jacopsz, ende Lucas Gillisen belast, datse meester Frans Jansz van Hoorn zouden gaan doodtslaan, ende hem mede nemen onder schijn van robben te zoecken, een stuck weeghs gegaan zijnde, stack hem Leenert met een pijck dwers door't lijff waar op hem Hans Jacobsz met een morgensterre op het hooft sloegh, ende Mattijs Beer klooffden hem voorts t'hooft met een sabel, ende Lucas Gillisz stack hem met een deeghen int lijff.

Heeft oock hier op het eijlandt bij Trijntgien Fredricx huysvrouwe van Claas Jansz t'Hooft trompetter, geslapen, ende vleesselijck bekent. Als mede Anneken Jansz huysvrouwe van Jan Carstensz bosschieter langen tijt voor sijn bijzidt gehouden. Alle welcke menichte van grouwelijckek moorden, daar hem zeer goetwilligh in heeft laten gebruycken, als mede noch van zinne zijnde te doen, haddet den Almogenden godt niet belet. Daarenboven noch dagelijcx met Godt spottende, een vande principale zijne die het bidden ende Godes woort te prediken verboden, ende seer schimpelijck doen ophouden heeft, alhoewel hij segt Jeronimus hem sulcx belast hadde, alsmede alhier de vrouwen ter schande gemaackt, met meer andere misdaden apparentlijck verdonckert gebleven, criminelen delicten sijn van seer quade consequentie [276 v] die van Godt noch de menschen, niet en konnen ofte mogen geleden worden, also de natuur ons sulcx genoechsaem leert, sodanige boosdoenders ongestraft niet mogen gelaten worden, andre ten exempel. Soo heeft den Commandeur *Francisco Pelsart*, ende wij ondergesz raatspersoonen van den schepe *Sar-*

dam op de zaken ten hoogste gelet hebbende, naar lange examinatien ende ondersoeckinge deselve gedebateert ende overwogen, om den toorne Godes van ons te weren ende den Christelijcken naam van sulcken booswigt te zuijveren. Den voorsz Lenert Michielsz van Os gesententieert, gelijck wij hem sententieren mits desen datmen hem op maandagh den eersten october anno 1629 zal brengen op het Robben Eijlandt ter plaatse daar toe berijt, om justitien te executeren om aldaar eerst zijn rechter handt affgekapt te werden, ende daar naar aan een galghe met de coorde te straffen tot datter de doot nae sal volgen, met confiscatie van alle zijn plunjen, maandtgelden, ende eenige pretensien die hij alhier in *Indien* zoude mogen hebben, ten proffijte vande Generaelle Oost Indissche Compagnie onse Hrn. Mrs. Aldus gedaan ende gearresteert op t'eijlandt *Batavias* Kerchoff desen 28 september 1629.

Francisco Pelsart
Jacob Jacobs houten man
_[177]
Claes Gerritsz
Jacob Jansz
Sijmon IJopzoon
Dit is t'merck van
Jan Willemssz Visch[178]

> [277 r] Op heden den 23 september 1629 op't eijlandt *Batavias* Kerchoff, heeft den Commandeur *Francisco Pelsart*, ende den scheepsraat geresolveert Mattijs Beer van Munsterbergh soldaat, t'examineren over sijne groote moorden, zoo verstaan gedaan te hebben, ende dies noodigh zijnde ter torture te brengen. Datum als vooren.

Mattijs Beer van Munsterbergh, soldaat, oudt ontrent 21 jaaren, affgevraagt waarom hij met sijn complicien zoo haast als den Commandeur nevens den schipper dies daags, als t'schip gebleven was, met den sloep aan 'tnaaste eijlandt voeren, om ordre op het weijnigh gebergde water te stellen, ende door hem belast wiert, haar te halen zoo haast als tmogelijck zoude zijn, alle de kisten van niemant uijtgesondert, opensloegen ende plunderden, bekent dat hij de kist van Passchier vanden Enden bosschieter opengeslagen, als mede des schippers kist geplundert heeft, maar Lenert Michielsz had hem een medalie (die hij inden Commandeurs kamer ten buyt gekeregen hadde) gegeven, welcke hij daar nae aan Coenraat van Huyssen voor hondert guldens vercocht heeft.

177 op deze plaats ontbreekt de handtekening van Salomon Deschamps
178 zie noot 126

Voorder affgevraagt, ter presentie van Jeronimus Cornelisz, hoeveel menschen hij vermoort ofte helpen vermoorden hadde, bekent dat hij Hans Radder ende Jacop Groenewaldt trompetter, groot vijandt ende zeer hatigh geweest heeft, ende tot dien eijnde aan Jeronimus dien zelven dagh, aan Mattijs Beer, Davidt Zevanck, Coenraat van Huyssen, Jan Hendrixen, Wouter Loos ende Cornelis Pietersz met Rutgert Fredricx, belast heeft met het grootste vlot te gaan, ende nemen Hans Radder ende Jacop Groenewald mede, om onderwegen te verdrincken, die sij aan't Verraders Eijlant gebracht hebben, bondense handen ende voeten, ende droegense soo int diep, daar sijse lieten versmooren.

Hem voorder gevraagt, hoe veel menschen hij op't Robben Eijlant had helpen dooden, zeijt, dat hem Sevanck belast hadde, de vrouwen te gaan doodtslaan, dan hij weijgerich zijnde (zoo hij zeyt) wiert het aen Andries Jonas geheeten[179], die Maijken Soers als mede Jannetgien Gist doodtsloegh. Maar dat hij [277 v] Mattijs Beer, wel eenige gequetsten voorts doodt sloegh, ende daar naar int water hielp slepen.

Alsoo wij genoechsaam van zijn moorden ende wreetheden gepleegt versekert sijn, hebben hem omde rechte waarheid uyt hem te trecken, ter torture gestelt, ende hem affgevraagt, wie hij inde predikants tente (alsoo hij mede met een dissel daer in gegaan was) doodtgeslagen hadde. Bekent naar uytgestane pijne, dat hijder mede bij geweest heeft, ende dat het jongste kint Roelant hem door de beenen, ende rontom sijn lijff liep, dat hij't niet raken en konde, maar was ijmant achter hem die het doodtsloegh, zonder te weten wie het dede, alsoo het doncker was, dat zij malkanderen niet zien en konden, maar hadde anders niemant geslagen ofte geraackt.

Item bekent, als zij op het Hooge Eijlandt waeren zijnde den 5 augustij, hem door Zevanck belast is, alsoo ordre hadde van Jeronimus Cornelisz, die dies daags vertrocken was, dat hij nevens Lenert Michielsz, Hans Jacobsz, ende Lucas Gillissen, meester Frans Jansz van Hoorn, onder schijn van robben te gaan zoecken, mede souden nemen, ende onder wegen doodt slaan. Derhalven een stuck weegs gegaan synde, klooffden hem Mattijs Beer, nadat hem Lenert Michielsz met een pijck door steken, Hans Jacopsz met een morgensterre int hooft geslagen, met sijn sabel voorts den kop op dat hij stierff.

Item bekent, dat hij op enen dagh, sijnde den 16 augustij geweest, gehoort hadde, dat Jan van Bemmel eenen jongen genaamt Cornelis Al-

179 geheeten: opgedragen

dersz van Ylpendam den kop zoude affslaen, ende Jeronimus hem daar toe den sabel inde handt ghelangt hadde, waar over Zevanck argueerden ofte sustineerden, dat ditto Jan van Bemmel daar toe te licht was. Zoo heeft Mattijs sijnen dienst gepresenteert, ende versocht, dat hij't doen mocht 'twelck hem geconsenteert wierdt, namp derhalven den sabel vanden voorsz Jan, die [278 r] hem niet goetwilligh over en gaff, alsoo hij tzelve begeerden te doen, dan hij vricktenen hem uyt de handt, ende brocht hem dadelijck bij Gillis Phillipsz van Malmediers, om wat te scherpen, namp hem weder soo onder sijn mantel. Ondertusschen was Jan van Bemmel besigh om den jongen te blindooghen[180], ende Jeronimus zeijde, die daarbij stont, nu jongen, zidt stil, zij gecken maar met u, ende sloegh hem Mattijs Beer met eenen slagh bij naast den kop aff.

Adij 24 ditto voorden scheepsraadt hem andermaal ter torture gestelt, om van hem de rechte waarheid te weten, wie, oft hoe veel menschen hij in des predikants tent helpen doot slaan heeft, persisteert als vooren, dat hij der wel bij geweest, maar niemandt geslagen soude hebben. Andermaal water der torture gegooten, naar uytgestane pijne bekent, dat hij des predikants vrouw, die noch niet heel doot was, met een dissel voorts den kop inslocgh, als mede een vande kinderen die onder de voet lagh. Voorder gevraagt, bij wat ander moorden hij geweest heeft, bekent, als Jan Cornelisz van Amesvoort, Thomas Wensel, ende Hendrick Janssz alias Maffken zouden verdroncken worden, hij haar handen ende voeten heeft helpen binden.

Adij 28 ditto voor den scheepsraadt. Mattijs Beer, wederom laten brengen, ende hem affgevraagt, zoo zij tot haar voornemen gekomen hadden, het eerstkomende jacht om haar te verlossen, mede soude helpen affloopen hebben, bekent dat hij mede zoude gedaan hebben, als een ander. Voorder gevraagt, hoe veel vrouwen hij op't eijlant hier vleesschelijck bekent hadde, zeijt, dat hij bij Zussien Fredricx geslapen heeft, ende bij niemandt meer.

Wij ondergesz raadtspersoonen vanden schepe *Sardam* [278 v] verklaren op onse manne waarheid in plaats van gestaaffden eede, dat alle dese bovengesz examinatien, in onsen bijwesen genomen, ende door Mattijs Beer van Munsterbergh soldaat soo door torture als vrijwillige bekentenisse beleden sijn, is hem op heden ten overvloet dese examinatie, ende bekentenisse wederom voorgelesen, ende affgevraagt, oft het altsamen niet waragtigh was, bekent vrij, liber ende ongebonden, inderdaat soo geschiet te zijn, ende om dat wij t'selve met nuchteren ooren gehoort, ende

180 blindooghen: blinddoeken

eijgen oogen gesien te hebben zijn bereijt t'allentijden, die voor alle hooghe ende subalterne rechters, oock bij den Ed. Hr. Generaell *Jan Pietersen Coen* ende de Ed. Hrn. raaden van *Indien* tot *Batavia* komende, t'attesteren ofte getuygen, ende daar toe versocht zijnde, met eede te bevestigen. Inteecken van dit waragtig te zijn, hebbent met onse eijgen handtteeckens onderteeckent, desen 28 september 1629 op't eijlandt *Batavias* Kerchoff.

Francisco Pelsartt
Jacob Jacobs houten man
Salomon Deschamps
Claes Gerritsz
Jacop Jansz
Sijmon IJopzoon
Dit is t'merck van
Jan Willemsz Visch[181]

Mattijs Beijr[182] van Munsterbergh soldaat, op heden den 2den october op't Robben Eijlant, metten strop om den hals, ter doot bereijt staande, heeft aan den predikant Gijsbrecht Bastiansz tot ontlastinghe van sijne gewisse bekent, dat hij op eenen nacht zijnde den   jullij geweest, ter presentie van Jeronimus Cornelisz noch 4 mannen met enen jongen, de namen hem onbekent, den halsen affgesneden heeft, dat hij dus lange verswegen hadde, d'welck ons den voorsz predikant dadelijcken gerapporteert heeft, ende hebben't selve mede gehoort. Inteecken van waarheid, hebben dit met eijgen handteeckens onderteeckent, desen 2 October 1629.

Gysbert Bastiaensz
Francisco Pelsartt
Claes Gerrittsz
Sijmon IJopzoon
t'merck van Jan
Willemsz Visch[183]

[279 r] Alsoo Mattijs Beer van Munsterbergh soldaat oudt ontrent 21 jaeren, hem zeer grouwelijcken ja schrickelijck, volgens zijne bekentenisse, soo door torture, als vrijwilligh beleden, dat op het schip *Batavia* s'nachts, als dies daags verongeluct was, soo met droncken drincken, kisten op te

181 zie noot 126
182 deze passage later toegevoegd
183 zie noot 126

slaan, plunderen, ende anderen moetwil bedreven. Als hier op d'eijlanden ontrent het wrack, buyten de menschelijckheijt gecomporteert ende zijn leven aangestelt heeft. Te weten dat hem van Jeronimus Cornelisz ondercoopman vrijwilligh heeft laten gebruycken, nevens andere quaatwillige boose menschen, tot verscheyden moorden, die hij seer tirannigh zonder eenige barmhertigheijt, ofte medelijden alhoewel het hare mede broeders, ende vrienden waren, gedoodt ende helpen dooden heeft, tot het getal van menschen, door zijn handt, volgens zijne bekentenisse, als mede hier onder int largo blijckende is. Daarenboven was hij nevens andere geresolveert, het eerstkomende jacht om haar te verlossen, aff te loopen, ende alles te vermoorden, die haar niet dienstigh souden gheweest hebben, ende zijn de moorden gheschiet als volgt.

Op den 3 jullius, is Mattijs Beer van Jeronimus gemandeert geweest, nevens Davidt Zevanck, Coenraat van Huijssen, Gijsbrecht van Welderen, Daniel Cornelisz, ende Leenert Michielsz met het grootste vlot te gaan, om Jan Cornelisz van Amesvoort, Thomas Wensel, Hendrick Jansz van Oldenburgh ende Andries Liebent te gaan verdrincken, die Mattijs mede handen ende voeten heeft helpen binden, ende wierden soo vande vlotten in zee gestooten, uytgenomen Andries Liebent die verbeden wierdt.

Item op den 5 jullij, heeft hij Mattijs voorsz groot vijant synde van Hans Radder ende Jacop Groenewaldt trompetter, aan Jeronimus gebeden, dat hijse wilden laten doodtslaan, alsoo 't maar keekelaars[184] waeren. Heeft Jeronimus hem t'selve oock belooft, ende dienselven dagh is hij nevens Zevanck, Coenraat van Huyssen, Jan Hendricx, Lenart Michielsz, Cornelis Pietersz van Uutrecht, Wouter Loos ende Rutger Fredricxsz, met het grootste vlodt gevaeren, medenemende Hans Radder, Jacop Groenewaldt trompetter ende Andries de Vries, assistent, om te gaan [279 v] verdrincken, die zij op't Verraders Eijlandt gebrocht hebben, ende aldaar handen ende voeten gebonden, daar naar int diepe gebrocht daar sijse lieten versmooren, uytgenomen Andries de Vriese die gebonden synde, los gelaten, ende voordien tijt 't leven gespaart wiert.

Item op den 18 jullij is Mattijs voorsz van Jeronimus gemandeert, nevens Davidt Zevanck, Andries Jonas, Jan Willemsz Selijns, Jan van Bemmel, Coenraat van Huyssen ende Gijsbert van Welderen, met het schuytgien naar het Robben Eijlandt te vaeren, om daar de 4 vrouwen, ende de resterende jongers doodt te slaan. Heeft hij Mattijs eenige jongers die gequetst waeren voor doot[185] geslagen, ende in het water helpen sleijpen.

184 keekelaars: praatjesmakers
185 voor doot: bewusteloos

Item op den 21 Jullij wiert Mattijs van Jeronius aangeseijt, dat hij des avonts hem bij Zevanck zoude laten vinden, om het huijsgesin vanden predikant mede helpen vermoorden, uytgenomen den predikant met sijn oudtste dochter, die hij in Coenraat van Huijssens tent zoude te gast nooden. Avont zynde, is Mattijs nevens Sevanck, Jan Henricxsz, Jacop Pietersz, Andries Jonas, Lenert Michielsz, Cornelis Pietersz, Wouter Loos ende Andries Liebent, naer des predikants tent gegaan, wiert Wijbrecht Claasz buyten geroepen, die Jan Hendricxsz dadelijck dootstack, ende Mattijs Beer sloegh nevens Lenert Michielsz, d'oude vrouw met een dissel den kop in, als mede een vande kinderen dat onder de voet lagh.

Item op den 5 augustij op t'Hooge Eijlandt, heeft Mattijs, nevens Leenert Michielsz, Hans Jacopsz ende Lucas Gellisz, door last van Zevanck, den barbier meester Frans Jansz van Hoorn met een sabel den kop geklooft, naar dat hem Lenert Michielsz met een pijck doorsteken, ende Hans Jacobsz met een morgensterre op t'hooft geslagen hadde.

Item op den 16 augustij heeft Mattijs zijnen dienst gepresenteert, ende versocht (alsoo Jan van Bemmel eenen jongen genaampt Cornelis Aldersz den kop zoude affslaan) hij het doen mocht, alsoo Zevanck sustineerden, datter Jan van Bemmel [280 r] te licht toe was. Den welcken hij, naa dat hij den sabel wat had laten scherpen, ter presentie van Jeronimus om kortswijl[186] ontrent den middagh met eenen slagh meest den kop affsloegh, daar Jeronimus, Zevanck, ende andere om lachten. Heeft mede bij Zussien Fredricx getroude vrouwe vleesselijck geconverseert.

Alle welcke voorsz grouwelycke moorden, daar hem zeer goetwilligh in heeft laten gebruijcken, als mede noch van zinne zijnde te doen, haddet den almogenden Godt niet belet. Darenboven noch dagelijcx met Godt spottende, een vande principale zijnde, die het bidden, ende zijn heijligh woort te prediken verboden, ende seer schimpelijck doen op houden heeft, alhoewel hij segt Jeronimus hem sulcx belast hadde, als mede alhier de vrouwen ter schande gemaackt, met meer andere misdaden, apparentlijck verdonckert gebleven, criminele delicten sijn, van seer quade consequentie die van Godt ende de menschen niet en konnen ofte moogen geleden worden, alsoo de natuur ons zulcx genoechsaem leerdt, zoodanige boosdoenders ongestraft niet mogen gelaten worden, andere ten exempel. Zoo heeft den Commandeur *Francisco Pelsart*, ende wij ondergeschreven raadtspersoonen vanden schepe *Sardam* op de zake ten hooghsten gelet hebbende naar lange examinatien, ende ondersoeckinghe de selve gedebateert, ende overwoogen, om den toorne Godes van

186 om kortswijl: voor de grap

ons te weeren, ende den Cristelijcken naam van zulcken booswicht te zuyveren. Den voorschreven Mattijs Beer van Munsterbergh soldaat, gesententieert gelijck wij hem sententieeren midts desen datmen hem op maandach toekomende den eersten october anno 1629 zal brengen op het Robben Eijlandt ter plaatse daar toe bereijt, om justitie te executeren, aldaar eerst zijn rechter handt aff gekapt te worden, ende daar nae, aen een galge met de coorde te straffen datter de [280 v] doodt nae sal volgen, met confiscatie van alle sijne plunjen, maandtgelden, ende eenighe pretentien, die hij alhier in *Indien* zoude mogen hebben, ten proffijte vande generale OostIndissche Compagnie, onse Heere Meesters. Aldus gedaan ende gearresteert op het eijlandt *Batavias* Kerchoff, desen 28 september anno 1629.

Francisco Pelsartt
Jacob Jacobs houten man
_ [187]
Claes Gerritsz
Jacop Jansz
Sijmon IJopzoon
Dit is t'merck van
Jan Willemssz Visch[188]

> [281 r] Op heden den 19den september anno 1629 op t'eijlant *Batavias* Kerchoff heeft den Commandeur *Francisco Pelsart* ende den scheepsraat geresolveert, Allert Jansz van Assendelft bosschieter t'examineren over zijne groote moorden, zoo verstaan gedaan te hebben, ende dies noodigh sijnde ter torture te brengen. Datum als voren.

Allert Janssen van Assendelft bosschieter oudt ontrent 24 jaaren, affgevraagt, waarom hij hem des nachts alst schip *Batavia* dies daaghs verongeluct was, soo met moetwil[189], droncken drincken, als overlast aan alle menschen bedreven (hem vergrepen hadde) den botteliersmaat, Lucas Gerritsz met een mes uyt de bottelrije jagende, roepende, her uyt ratten en honden, ghy hebt hier lanck genoech meesters geweest, ick nu oock een poos, ende sneet hem met een mes over den rugh. Bekent, dat wel moetwilligh nevens andere geweest, ende heel droncken gedroncken heeft, zoo dat hij niet en weet, oft hij het bovenverhaalde gedaan heeft.

Hem voorder gevraagt, in wat manieren, dat hij nevens andere compli-

187 op deze plaats ontbreekt de handtekening van Salomon Deschamps
188 zie noot 126
189 moetwil: baldadigheid

cien, het schip *Batavia*, eer dat het verongeluckte, meijnden affgelopen te hebben, ende wie hem daartoe gebracht hadde, ontkent ijets daar van't scheep sijnde, geweeten te hebben, maar dat hij het van Jeronimus hier aan landt wel hadde hooren seggen, soo het schip niet verongeluckt hadde geworden, dat sij het meenden aff te loopen, dat syder al partije volck toe verwilligt hadde, die met de sabels inde koijen sliepen.

Derhalven om de rechte waarheid uijt hem te trecken, hebben hem ter torture gestelt, ende naar een weijnich uytgestane pijne bit om los gelaten te worden, soude geerne de waarheijt zeggen. Los gelaten synde, bekent dat Jeronimus Cornelisz ondercoopman, bij zuijden de *Cabo de Bone Esperansa*, op t'schip bij hem is gekomen ende aangedient ofte affgevraagt, oft hij mede wilde soo eenen tocht helpen doen, om het schip te helpen affloopen, sij zouden al haar leven rijcke luyden sijn waar op hij jae, noch neen geseijt heeft, ende daar voorts niet meer van gesprooken.

Alsoo dit bovengesz geen geheele rechte waarheijt en gelijckt hebben hem andermaal ter torture gestelt. Bekent naar uytgestane pijne, dat hijder mede toe [281 v] gestemt hadde, ende waren de principale aanvoerders, den schipper Ariaen Jacopsz, Jeronimus Cornelisz ondercoopman, Jan Evertsz hoogbootsman, waeren met sijn weten, noch maar 10 a 12 sterck gheweest, alsoo het d'een den anderen niet en dorsten openbaren. Voorder gevraagt, wanneer, ende hoe zij't gedaan souden hebben, zeyt, dat hun de beste gelegentheid docht, soo wanneer den Commandeur het volck die hantdadigh aan[190] Lucretia Jansz geweest inde boijen souden[191] geset hebben, hetwelck den schipper seyde geschieden souden, als sij het Zuydlant gesien hadden, als wanneer sij meynden, de beste stoffe ofte gelegentheid souden vinden, om het volck op te rockenen[192], ende soo tumults gewijse[193] in de kaijuijt geloopen, ende den Commandeur de galderije uyt over boort gesmeten hebben, ende het soldaten gat toegespijkert, tot dat sij meester van't schip geweest hadden, d'welck hem docht niet fallieren konde, want elck soude graagh[194] geweest hebben, om zijn leven te behouden, alhoewel maar 120 mannen int leven souden gelaten hebben. Meester sijnde, zouden met het schip naar *Mauritius* loopen om te ververschen, ende vandaar op des Compagnies schepen gerooft tot dat sij altsamen volkomen rijck hadden geweest.

Voorder gevraagt oft hij op't schip Batavia mede handadigh geweest hadde int schandigh feijt, aan Lucretia Jansz aangerecht, bekent dat op ee-

190 hantdadigh aan: schuldig aan de aanslag op
191 geset verbeterd in souden
192 op te rockenen: op te hitsen
193 tumults gewijse: als in een oproer, lawaaierig
194 graagh: bereidwillig

nen dagh synde den 12 maij, des achtermiddaghs geweest hij nevens Rijckert Woutersz, Cornelis Jansz Boon, Dirck Gerritsz van Harderwijck, Jan Purmer van Amsterdam, Abraham Hendricxsz, Harman Nannings quartiermeester, ende Cornelis Dircxsz van Alcmoer, altsamen voor int schip zaten, waarover den hoogbootsman Jan Evertsz bij haar quam, zeggende mannen daar is een aanslagh voor handen, wildij de prins[195] helpen een tocht doen, waar op Allert vraagden, wat zalt wesen, soo seijde hij wij moeten t'avont Lucretia swart maken ende een pots speelen[196], waar op Cornelis Dircxsz van Alcmaer bosschieter zeyde, ick wilder niet mede te doen hebben, want daar soude voorseker wat meer nae volgen, dan den hoogbootsman andtwoorden, niet met [282 r] allen, ick salt u wel uytdragen[197], datter van kompt. Heeft eyndelijck Allert Jansz nevens alle d'anderen, uytgenomen Cornelis Dircxsen van Alcmoer t'zelve toegestemt te doen, ende hebben de vrouwe voorsz des avonts tusschen licht ende donkeren gevadt, ende haar met strondt ende andere vuyligheijt het aansicht ende voorts het geheele lijff bestreken.

Hem voorder gevraagt, hoeveel menschen, hij hier op't eijlant vermoort hadde, bekent dat hij op eenen dagh zijnde den 29 jullij geweest, door Jan van Bemmel bij Jeronimus geroepen is, ende belasten hem dat hij Andries de Bruyn jongen soude gaan doodtslaan, waar over Allert den jonghen ginck roepen, ende seyde tegens hem, Andries wij moeten gaan vogeltiens vangen, maar ontrent het strant komende, sneet hij den jongen de keel aff.

Item bekent mede dat hij op eenen nacht sijnde den 19 julij geweest, nevens Jan Hendricxsz een zieck engels soldaat genaampt Jan Pinten heeft helpen doodt slaan.

Item bekent mede, dat op eenen nacht, synde den 14 jullij geweest dat hem Jeronimus selfs uyt syn tent quamp roepen, ende geseijt, gaat en haalt Hendrick Claasz van Apcou timmerman uyt sijn tent ende segt dat hij bij mij compt, ende als hij buijten is, soo sult ghij hem met hulp van de Vries de keel affsnijden, t'welck sij met hun beijden oock zoo gedaan hebben.

Item verklaart oock ongevraagt, dat hij op t'schip Batavia bij zuijden de *Cabo de Bone Esperansa*, den Commandeur zieck leggende, is den schipper op eenen nacht in des constapelskamer gekomen, en heeft wyn laten ha-

195 de prins: de aanvoerder
196 een pots speelen: te grazen nemen
197 uytdragen: onthullen, duidelijk maken

len, waarmede eenen tijt lanck vrolyck waren, ten laesten is den schipper wegh gegaan, ende heeft Zwaantien bij Allert gelaten, dieder zijne will bij dede, door dien den schipper meenden dat sij zwanger was, ende datse Allert trouwen soude.

[282 v] Dit selve bekent Allert Jansz ter presentie van Jeronimus Cornelisz die het oock affirmeert, wel wetende warachtigh te sijn, alsoot hem den schipper geseijt hadde.

Adij 27 dito, voor den scheepsraadt is Aris Jansz van Hoorn, onderbarbier, van't Hooge Eijlant gekomen, die aangedient ende verklaart heeft, als dat op den nacht, soo wanneer des predikants huysgesin vermoort wiert, hij in sijn tent zijnde van Allert Jansz van Assendelft geroepen wiert, zeggende Aris, compt wij moeten gaan t'vogeltiens zoecken voor den coopman, is Aris voorsz alhoewel zeer bevreest was, met hem gegaan, dan ontrent het strant komende sloegh hem Allert met een sabel over de schouder, ende kreegh meer slagen van anderen die daar ontrent waren, dan door de bottigheijt van haar sabels, wiert hij seer weijnigh gequetst, zoo dat het Aris door de donckerheijt int water ontliep. Waar over wij Allert Jansz in presentie geroepen, ende met hem geconfronteert hebben, zeijt ende bekent, dat hij van Zevanck geroepen wiert, nae dat des predikants huysgesin vermoort was ende belasten hem, dat hij nevens Cornelis Pietersz van Uutrecht, den voorsz Aris uyt sijn tent souden roepen, ende doodt slaan. Derhalven heeft hem, naedat hij hem geroepen hadde, met sijn sabel over d'ooren gehackt, dan doorde donckerheid was het Aris int water ontloopen, ende omdat hij plat op sijn buyck was gaan leggen, konden sij hem niet zien, soo datse int wederom keeren tegens malkanderen seijden, hij heves al wel[198], want sij meijnden, dat hij soo gequetst was, dat hij sterven moste.

adij 28 dito voor den scheepsraat alsoo Jan Hendricx goetwilligh, sonder af te vragen, heeft komen seggen, dat hij nevens Allert Jansz op eenen avont bij Jeronimus te gast was, die onder ander propoosten verhaalden, had het [283 r] schip *Batavia* niet verongeluckt, wij zoudent eenige dagen daar naar affgelopen hebben, derhalven aan Allert voorsz gevraagt ter presentie van Jeronimus, off zulx warachtigh was, bekent, van woorde tot woorde geschiet te zijn als Jan Hendricx vertelt hadde, ende meent het selve op sijn zielen salicheijt, ende de doodt daarop te sterven, het selve, met al dat hij voor desen bekent heeft, waarheijt te wesen.

Wij ondergesz raadtspersoonen vanden schepe *Sardam*, verklaren op onse

198 heves al wel: heeft het al te pakken

manne waarheid in plaatse van gestaaffden eede, dat alle dese bovengesz examinatien in onsen bijwesen genomen ende door Allert Janssen van Assendelft bosschieter, zoo door torture als vrijwillighe bekentenisse beleden sijn. Is hem op heden ten overvloet dese examinatie ende bekentenisse wederom voorgelesen, ende affgevraagt oft het altsamen niet warachtigh was, bekent vrij, liber ende ongebonden, inderdaadt soo geschiet te zijn, ende om dat wij't selve met nuchteren ooren gehoort, ende eijgen oogen gesien hebben, zijn bereijt t'allentijden, die voor alle hooghe ende subalterne rechters, oock bij den Ed. Hr. generaal *Jan Pietersen Coen*, ende de Ed. Hrn. raden van *Indien* tot *Batavia* komende t'attesteren, ofte getuygen, ende daar toe versocht zijnde, met eede te bevestigen. In teecken van dit waraghtigh te zijn, hebbent met onse eijgen handt teeckenen onderteeckent, desen 28 september anno 1629 op't eijlandt *Batavias* Kerchoff.

Francisco Pelsartt
Jacob Jacobs houten man
Salomon Deschamps
Claes Gerrtisz
Jacop Jansz
Sijmon Yopzoon
Dit is t'merck van
Jan Willemsz Visch[199]

[283 v] Alsoo Allert Janssen van Assendelft bosschieter oudt ontrent 24 jaeren de menschelijckheijt affleggende, hem slimmer als in een boos tijger dier verandert heeft, vol van alle bedenckelijcke moetwil ende wreetheid, die gepleegt, maar noch van sinnen was meer te doen, te weten, dat op t'schip *Batavia* besuyden de *Cabo de Bone Esperansa* door sijn ingekankerde verdorventheid, hem van Jeronimus Cornelisz heeft laten bewegen om mede nevens den schipper Arian Jacopsz, Jeronimus Cornelisz ondercoopman, Jan Evertsz hoogbootsman, ende noch 10 a 12 andere quaatwillige menschen, dieder mede toe verweckt waeren, om het schip *Batavia* te helpen affloopen, volgens sijn eijgen bekentenisse door examinatie beleden, tot dien eynde nae bequame middelen, om tot haar voornemen te komen, waeren werkende. Dat is, dat den schipper Ariaen Jacobsz aanden hoogbootsman belasten een sekere ondercoopmans vrouw, genaampt Lucretia Jansz, die hij zeer hatigh was, een schandael, van met stront, ende ander swarte substantie, haar aangesicht, ende geheele lijff te besmeren, d'welck op den 14 mey des avondts uytgerecht wiert, daar Allert Jansz een vande principale handtdadigers mede was, welck schan-

199 zie noot 126

delijck feijt, door den Commandeur zeer zwaar ende hoogh genomen wiert, daarentegen docht haar die gelegentheid bequaam te wesen, dat als den Commandeur de handtdadige persoonen, die 8 sterk waren inde boijen soude laten zetten, dat sij dan tumultsgewijse in de kaijuijt souden gelopen hebben, ende den Commandeur uyt de gallerij over boort geworpen, als mede het soldatengat toegespijkert, tot dat sij meester van't schip geweest hadden. Als wanneer sijt al te [284 r] samen op 120 mannen naar, die zij soo uyt de soldaten als bootsgesellen gekoosen, de rest vermoort hebben, ende souden dan met het schip naar *Mauritius* loopen, om te ververschen, ende vandaar op de compagnie gerooft hebben, totdat sij altsamen volkomen rijck souden zijn. Alhoewel Godt den Heere dat extraordinaris boos quaat niet en heeft willen gehengen[200], maar het schip liever laten verongelucken. Zoo heeft hem Allert voorsz alevenwel int vastzitten van't schip zeer moetwilligh aangeselt, soo met droncken drincken, als gewelt aen vele menschen te doen, dieder noch op waeren, ende vooreerste niet kosten affkomen. Daarenboven van't schip komende heeft hem hier op d'eijlanden ontrent het wrack van den godloosen verleyder, ende menschen moorder Jeronimus Cornelisz goetwilligh laeten gebruycken tot verscheyden moorden, die hij seer tirannich zonder eenige barmhertigheijt ofte medelijden, aan zijne eijgen medebroeders ende vrienden, soo gedoodt als helpen dooden heeft, als hier onder int largo geextendeert blijckende is. Noch daarenboven heeft hij nevens andere boosdoenders, mede geresolveert het eerstkomende jacht om haar te verlossen aff te loopen, ende allen te vermoorden, die haar niet dienstigh zouden geweest hebben.

Op den 10 jullij, heeft Allert Jansz nevens Jan Hendricxsz door last van Jeronimus Cornelisz een zieck engels soldaat genaampt Jan Pinten helpen doodt slaan.

Item op den 14 jullij is Allert voorsz des avonts van Jeronimus persoonelyck uyt sijn tent gehaalt die hem belaste, dat hij nevens Andries de Vries soude gaan, ende snijden Hendrick Claasz van Apcou timmmerman den hals aff, alsoo hij sieck was, d'welck sij oock gedaan hebben.

[284 v] Item den 21 jullij zijnde den selven nacht als des predikants huysgesin vermoort was, is Allert voorsz van Davit Sevanck geroepen, die hem seijde, dat hij nevens Cornelis Pietersz van Uutrecht soude gaan, ende roepen Aris Jansz van Hoorn onderbarbier uyt sijn tent en slaa hem dan doodt, waar over Allert Jansz gegaan is, ende riep Aris, komt buyten, wij moeten gaen t'vogeltiens vangen, voor den coopman. Aris voorsz alhoe-

200 gehengen: toestaan

wel seer bevreest was, ginck met hen, maar ontrent t'strandt komende, sloech hem Aldert met sijn sabel over d'ooren, als mede Cornelis Pietersz, dan door de stompicheijt van haar sabels quetsten hem weijnich ende door de donckerheid ontliep hij't in't water, ende ginck plat op sijn buijck leggen, datse hem niet vinden konden, is het eijndelijck dien nacht, met een kleijn schuytgien ontkomen, ende zijn leven gesalveert.

Item op den 24 jullij, des avondts, heeft Allert, door mondelingen last van Jeronimus eenen jongen Andries de Bruijn van Haarlem aande strant geleijt, tot hem zeggende kompt Andries wij sullen gaan vogeltiens soecken, maar heeft hem daar met een mes de keel affgesneden. Heeft mede in zee zijnde, besuyden de *Cabo* met ooghluyckinge van schipper Ariaen Jacobsz inde constapelscamer, bij Zwaantien Hendricxsz dienstmeijt geslapen ende vleesschelijck bekent.

Alle welcke voorsz grouwelijcke moorden daer hem zeer goetwilligh in heeft laten gebruyken als mede noch van zinne zijnde te doen, hadde het Godt almachtigh wegen het affloopen van't schip *Batavia*, ende t'jacht *Sardam* niet belet. Daarenboven noch daglijx met [285 r] Godt spottende, een vande principale sijnde die het bidden, ende Syn heijlich woort te prediken verbooden, ende seer schimpelijck doen ophouden heeft, alhoewel hij seijt Jeronimus hem sulcx belast hadde, met meer andere misdaden apparentlijck verdonckert gebleven, criminele delicten van seer quade consequentie sijn, die van Godt nochte de menschen niet en konnen ofte mogen geleden worden, alsoo de natuur ons sulcx genoechsaem leert, zoodanige boosdoenders ongestraft niet mogen gelaten worden, andere ten exempel. Soo heeft den Commandeur *Francisco Pelsart* ende wij ondergesz raatspersoonen vande schepe *Sardam* op de zelve ten hoogsten gelet hebbende naar lange examinatie, ende ondersoecinge de selve gedebateert ende overwogen (te meer om datter geen hope van beteringhe in hem te verwachten was alsoo in Hollant mede een man doodtgesteken heeft) omden toorn Godts van ons te weren, ende den cristelijcken naam van sulcken booswicht te zuyveren, den voorsz Allert Jansz van Assendelft gesententieert, gelijck wij hem sententieren midts desen, dat men hem op maandagh den eersten october 1629 sal brengen op't Robben Eijlandt ter plaatse daar toe bereijt, om justitie te executeren, aldaar eerst syn rechter handt affgekapt te worden ende daar naar aan een galge met de coorde te straffen datter de doot nae volgt, met confiscatie van alle sijne plungien, maantgelden, ende eenige pretensien, die hij alhier in *Indien* soude mogen hebben, ter profijte vande generaale Oostindische Compagnie onse Hrn. Mrs. Aldus gedaan ende gearresteert op't eijlant *Batavias* Kerchoff desen 28 september, anno 1629.

Francisco Pelsartt
Jacob Jacobs houten man
_ [201]
Claes Gerritsz
Jacop Jansz
Sijmon IJopzoon
Dit is t'merck van
Jan Willemsz Visch[202]

[285 v] Op heden den 24 september 1629 op't eijlant *Batavias* kerchoff heeft den Commandeur *Francisco Pelsart*, ende den scheeps raat geresolveert Andries Jonas van Luyck soldaat t'examineren over sijne groote moorden, soo verstaan gedaan te hebben ende dies noodigh zijnde, ter torture te brengen. Datum als vooren.

Andries Jonas van Luijck, soldaat, oudt ontrent 40 jaaren, affgevraagt hoeveel menschen hij mede hier op d'eijlanden ontrent het wrack vant verongelucte schip *Batavia* vermoort, oft helpen vermoorden hadde, bekent dat op eenen dagh zijnde den 9 jullij geweest als den provoost Pieter Jansz nevens andere 14 menschen, op 2 vlottiens naar t'Hooghe Eijlant varende, soo dootgeslagen als verdroncken wierden, waar van Pauwels Barentsz ende Hessel Jansz bootsgesellen, haar hier op't eijlandt meenden te salveren, maar wiert van Jeronimus belast men soudese doodtslaan, zoo heeft voorsz Andries nae dat Jan Hendricx, Pauls Barentsz ghehackt hadde, hem mede met een pijck dwers door zijn keel gesteken tot dat hij stierff.

Item bekent mede, dat op eenen dagh zijnde den 18 jullij geweest, hij van Jeronimus belast wiert nevens David Zevanck, Coenraat van Huijssen, Jan Willemsz Selijns, Luycas Gillisz, Rutger Fredricx, meester Frans Jansz, Jan van Bemmel, Cornelis Pietersz van Uutrecht met het schuytgien naar het Robben Eijlant te vaeren. Zoo heeft Zevanck des nachts tegens Andries Jonas gevraagt hebdij oock een scherp mes bij u, hij zeijde ick heb wel een mes, maer is niet zeer scherp, daar op Zevanck, hem sijn eijgen mes langde, ende seijde tegen hem, gaat ende snijt de vrouwen daar mede de kelen aff. Zoo is Andries sonder eenigh tegenspreken gegaen bij Maijken Soers, die heel zwanger was, ende namp haar by de handt, leydense een weynich buyten aff, tegens haar zeggende, Maijken lieff ghij moett sterff, ende wierpse onder de voet, ende sneet haar de keel aff. Dat gedaan synde, zach hij dat Jan van Bemmel besigh was, met Jannetgien

201 op deze plaats ontbreekt de handtekening van Salomon Deschamps
202 zie noot 126

Gist (huysvrouwe van Jan Hendricx uyt den Haagh) doodt te slaan, is Andries hem te hulp gegaan, ende heeftse met een mes voorts doodtgesteken, de resterende vrouwen, Laurentia Thomas huysvrouwe van Gabriel Jacobsz corporaal (die op den 15 deses [286 r] nevens meer anderen op't Robben Eijlant dootgeslagen was) ende Gerrtien Willemsz weduwe, met noch wel 15 jongers, vande andere desen nacht, soo Sevanck met syn consoorten, altsamen doodt geslagen, uytgenomen 3 jongers, die haar onder de ruygten versteken[203] hadden. Hem voorder affgevraagt (alsoo wij versekert waeren, dat hij mede naar des predikants tent was gegaan, ende present geweest, als zijn huysgesin vermoort wiert) wie hij daar gedoodt ofte helpen dooden hadde. Bekent dat des avonts, Jacop Pieterssz Cosijn bij hem is gekomen, ende geseijt compt Andries ghy moet helpen eenen tocht doen, wij sullen gaan des predikants volck voort helpen[204], hebdij oock een mes bij u, antwoorden Andries Jonas, jae, ende is soo met Jacop Pietersz nae de tent gegaan, daar Davit Zeevanck, Jan Hendricxsz, Wouter Loos, Mattijs Beer, Leenert Michielsz, Cornelis Pietersz, ende Andries Liebent mede rondom stonden, zoo zagh hij dat Wijbrecht Claasz buijten geroepen wiert, die Jan Hendricxsz doodt stack, waarop Zevanck met al d'andere inde tent gingen, ende bleeff Andries met Jacop Pietersz buyten staan, soo hij zeijt. Derhalven om de rechte waarheid uyt hem te trecken, hebben hem ter torture gestelt. Naar uytgesane pijne persisteert dat hij niet inde tent veel min noch ymant gequetst ofte gedoodt heeft, tot meerder versekeringh hem andermaal ter pijne gestelt, alevenwel als voren, ontkent inde tent niet gheweest te hebben.

Adij 27 dito voor den scheepsraadt Andries Jonas, wederom gevraagt ofte hij niemandt meer gedoodt, ofte helpen dooden heeft, bekent vrijwilligh, dat op den nacht als des predikants huijsgesin vermoort was, zijnde den 21 jullij geweest, hij van Zevanck geroepen wiert, die hem zeyde hij soude Maijken Cardoes uyt haar tent roepen, en snydense de keel aff, waar op Andries Jonas sonder eenigh tegenseggen, ofte naelatigheijt gegaan is, ende riep voorsz Maijken buyten, seijde tegen haar datse wat met hem gaan wandelen zouw, zoo vraagden sij, Andries suldij mij oock yets quaat doen, waar op hij seijde, neen, niet met allen, maar een weijnigh gegaan zijnde wierp hijse onder de voet, ende meyndese met sijn mes de keel aff te snijden, dan sy greep het mes in haar handt, dat het daar in bestierff, ende konde door haer [286 v] worstelen tot sijn voornemen niet komen, onder tusschen quam Wouter Loos geloopen, die haer met een bijl ofte dissel den kop in [sloeg] tot datse stierff ende sleepte hijse doen mede inden kuyl, daar des predikants volck ingesleept waeren. Bekent mede dat

203 versteken: verborgen
204 voort helpen: ombrengen

hij zeer willigh int moorden geweest heeft, ende nu niet weet, hoe hij zoo verre buyten Godt geweken was. Hem voorder affgevraagt, als sij tot haar voornemen hadden gekomen datse t'ander volck op t'Hooge Eijlant vermeesterden off hij dan mede t'eerstkomende jacht soude helpen affloopen hebben. Bekent dat hy mede gedaan hebben als een ander, want haar wijsgemaackt wiert, dat sij al haar leven rijck genoech waeren.

Wij ondergeschrevenen raadtspersoonen vanden scheepe *Sardam*, verklaeren op onse manne waarheijt in plaats van gestaaffden eede, dat alle dese bovengeschreven examinatien in onsen bijwesen genomen ende door Andries Jonas van Luijck soldaat zoo door torture als vrijwillighe bekentenisse beleden zijn, is hem op heden ten overvloet, dese examinatie ende bekentenisse weder voorgelesen, ende affgevraagt oft het altsamen niet warachtigh was, bekent vrij, lieber ende ongebonden, inderdaat soo gheschiet te zijn, ende om dat wij't selve met nuchteren ooren gehoort, ende eijgen oogen gesien te hebben zijn bereijt, t'allen tyden, die voor alle hooghe ende subalterne rechters, oock bij den Ed. Hr. Generaal *Jan Pietersen Coen* ende de Ed. Hrn. raden van *Indien* tot *Batavia* komende t'attesteren, ofte getuygen, ende daartoe versocht zijnde, met eede te bevestigen. In teken van dit warachtigh te zijn, hebbent met onse handtteken ondertekent, desen 28 september anno 1629 op t'eijlandt *Batavias* Kerchoff.

Francisco Pelsartt
Jacob Jacobs houten man
Salomon Deschamps
Claes Gerritsz
Jacop Jansz
Sijmon Yopzoon
Dit is t'merck van
Jan Willemsz Visch[205]

Andries Jonas[206], op heden den 2 october op't Robben Eijlant met de strop omden hals ter doot bereijt sijnde, bekent tot ontlastinge van sijne conscientie, dat noch op eenen nacht, sijnde den   jullij geweest als hij lach om te slapen, eenen jongen op handen ende voeten in haar tent was komen kruijpen, door dien dat hij gesien hadde, datter dien nacht eenige dootgeslagen waren, twelck Jacop Petersz Cosijn sach, die Andries Jonas opweckte, ende zeijde, Andries sleijpt die jongen buyten, ende sneet hem buyten de tent den hals aff, ende omdat wij ondergesz hem dit zelve

205 zie noot 126
206 de volgende passage is later toegevoegd

vrijwilligh, ende ongevraecht hebben hooren bekennen tot bevestinge van waarheid hebben dit met onse eijgen hantteecken onderteeckent desen 2 october 1629.

Francisco Pelsartt
Jacob Jacobs houten man
Claes Gerrtisz
Sijmon IJopzoon
Dit is t'merck van
Jan Willemssz Visch[207]

[287 r] Alsoo Andries Jonas van Luijck soldaat out ontrent 40 jaaren, hem hier op d'eijlanden ontrent het wrack van't verongelucte schip *Batavia* vanden wegh der menschelijckheid ofte redelycke creaturen, heeft laten aftrecken ende door zijne ingekanderde verdorventheid vanden goddeloosen Epicureenschen[208] booswigt Jeronimus Cornelissz ondercoopman goetwilligh hem heeft laten gebruycken, tot verscheijden moorden, die hij zeer tirannigh sonder eenigh medelyden zoo aan zwanger, als ander vrouwen ende mannen die gedoodt, ende helpen dooden heeft, als bij sijne bekentenisse, zoo door torture als vrijwilligh beleden, int largo als mede hier onder gementioneert blijckende is. Daarenboven heeft, nevens andere boose quaatwillige menschen, mede geresolveert geweest het eerstkomende jacht om haar te verlossen, te helpen affloopen, ende alles te vermoorden die haar niet dienstigh zouden geweest hebben, te weten zoo wanneer zij het volck, die op't Hooge Eijlandt (uyt het moorden daar ontvlucht) overwonnen, ende doodt gesmeten hadden, in welcke tochten ende strijden tegens haar, tot drij verscheijden reijsen, hij hem oock zeer goetwilligh heeft getoont, ende erger als openbare vijanden[209] helpen bevechten. Zijne moorden beginnen

op den 9 jullij zoo wanneer Pieter Jansz provoost met noch 14 menscchen zoo vrouwen als mannen op't Verraders Eijlant 2 vlotten gemaackt hadden, daar mede sij meenden, naar't hooge eijlant te vaeren, ter contrarie[210] van Jeronimus, ende zijne raat goetgevonden wierdt datmense zoude verdrincken, ofte doodtslaan, tot dien eynde een schuytgien gemant, naar toe zondt, eijndelijck zijn vande vlotten gejaacht, sommige doodtgeslagen ende sommige verdroncken, waarvan 4 a 5 mannen het ontliepen, ende haar hier op't eijlant meijnden te salveren, wiert van

207 zie noot 126
208 Epicureenschen: zie noot 239
209 openbare vijanden: openlijke vijanden
210 ter contrarie: in tegendeel

Jeronimus belast men soudese doodt te slaen, daar was geen genade, zoo heeft voorsz Andries Jonas een bootsgesel Pauwels Barentsz, die van Jan Hendricx onder de voet geslagen was, mede met een pijck dwers door de keel gesteken tot dat hij storff.

Item op den 18 jullij is Andries Jonas van Jeronimus belast dat hij nevens Davit Zevanck, ende noch ander mannen met het schuyutgien naar het Robben Eylant souden vaeren om aldaar de resterende 4 vrouwen ende ontrent 15 jongers die vande voorgaande moort op den 15 jullij overgebleven waeren te helpen doodt slaan. Derhalven heeft Zevanck gevraegt oft hij oock een mes hadde, Andries Jonas andtwoorden, hij had wel een mes, maar was niet seer scherp.[287 v] Waar op Zevanck sijn eijgen mes langden ende zeijden gaat en snijt de vrouwen den hals aff. Soo is Andries dadelijck sonder eenigh vertoeven ofte tegeseggen bij Maijken Soers, die zwanger synde gegaen, ende haar bij de hant genomen, leydense wat besyden af, seyde tegen haar Maijken lieff ghij moet sterven, ende wierpse onder de voet, sneet haar de keel aff. Dat gedaan sijnde, zagh hij dat Jan van Bemmel besich was, met Jannetgien Gist huysvrouwe van Jan Hendricxsz uyt den Haagh doot te slaan, derhalven ginck hij den voorsz Jan van Bemmel te helpen, ende stack Janneken met sijn mes voorts doodt, de resterende 2 vrouwen ende jongers wierden van d'andere oock dootgeslagen, uytgenomen drij jongers, die haar inde ruychte verborgen hadde.

Item op den 21 jullij des avondts, wiert Andries Jonas van Jacop Pieterssen Cosijn geroepen, die hem zeijde, compt Andries ghij moet mede helpen eenen tocht doen, wij sullen gaan des predikants volck aen een kant helpen, waar over Andries een mes bij hem genomen heeft, ende synt'samen nae de tent gegaen daar hij d'andere die mede tot het feijt verkooren ware, als Davidt Zevanck, Jan Hendricxsz, Lenert Michielsz, Mattijs Beer, Cornelis Pietersz, Wouter Loos ende Andries Liebent vont staan, ende zagh dat Wijbrecht Claesz jongedochter buytende tendt geroepen wiert, die Jan Hendricxsz doodtstack, ende Zevanck met al d'andere gingen inden tent, ende vermoorden den moeder met haar 6 kinderen maar Andries Jonas ende Jacop Pietersz bleven buijten staan, om dat de tent vol volck was. Dat gedaan wesende, zoo zeijde Zevanck tegen Andries Jonas, gaat ende roept Maijken Cardoes uyt haer tent, ende snijtse de keel aff, waar op hij dadelijck gegaan is, ende riep Maijken slaaptij, kom buyten, gaan wij wat wandelen. De vrouw buijten komende, vraagden, Andries suldij mij oock quaat doen, hij zeijde, neen, niet met allen, maar een wijnich affgeleijt hebbende, wierp hij de vrouw onder de voet, ende meijnden haar de keel aff te snijden, dan zij vatten t'mes, ende bestierff in haar handt soo dat hij door haar sterck worstelen tot sijn voornemen niet konde komen. Ondertusschen quamp Wouter Loos met een dissel ofte bijl geloopen ende sloegh haar den kop in, tot dat sij doodt was, doen sleepten hij Andries Jonas haar inden kuijl, daar des predikants volck in gesleept waeren.

[288 r] Allewelcke voorsz grouwelijcke moorden, daar hem seer goetwilligh in heeft laten gebruycken, als mede noch van zinne zijnde te doen, haddet den almogende Godt niet belet, daarenboven noch dagelijcx met Godt spottende, een vande principale synde, die het bidden ende zijn heijligh woort te prediken verboden, seer schimpelijck doen ophouden heeft, alhoewel hij segt Jeronimus hem sulcx belast hadden met meer andere misdaden, apparentlijck verdonckert gebleven, criminele delicten zijn, van seer quaden consequentie, die van Godt ende de menschen niet en konnen, ofte mogen geleden zijn, alsoo de natuur ons zulcx genoechsaem leert, zoodanige boosdoenders ongestraft niet mogen gelaten worden, anderen ten exempel. Soo heeft den Commandeur *Francisco Pelsart*, ende wij ondergeschreven raatspersoonen vande schepe *Sardam* op de sake ten hoogste gelet hebbende, naar lange examinatie ende ondersoeckinge de zelve gedebateert ende overwoogen om Godes toorne van ons te weeren, ende den Cristelijke naam van sulcken booswicht te zuyveren, den voorsz Andries Jonas van Luyck soldaat, gesententieert gelijck wij sententieeren midts desen, dat men hem op maandagh den eersten october 1629 zal brengen op't Robben Eijlant ter plaatsen, aldaar toebereyt, om justitie te executeren, ende daar aen een galge met de coorde te straffen, datter de doot nae sal volgen, met confiscatie van all sijn plunjen, maantgelden, ende eenige pretensien, die hij alhier in *Indien* zoude mogen hebbe, ter proffijte vande generale Oost Indische Compagnie onse Hr. Mrs. Aldus gedaan ende gearresteert op't eijlandt *Batavias* Kerchoff, desen 28 september 1629.

Francisco Pelsartt
Jacob Jacobs houten man
_[211]
Claes Gerrtisz
Sijmon IJopzoon
Dit is t'merck van
Jan Willemssz Visch[212]

[288 v] Op heden den 20 september 1629 op't eijlant *Batavias* Kerchoff, heeft den Commandeur *Francisco Pelsart* ende den scheepsraadt

211 op deze plaats ontbreekt de handtekening van Salomon Deschamps
212 zie noot 126

geresolveert Rutger Fredricxsz van Groeningen t'examineren over zijne groote moorden, zoo verstaan gedaan te hebben, ende dies noodigh zijnde ter torture te brengen. Datum als vooren.

Rutger Fredricx van Groeninghen slootemaker, oudt ontrent 23 jaaren, affgevraagt, hoe veel menschen hij heeft mede gedoot, oft helpen dooden heeft, bekent dat op eenen morgenstondt zijnden de 5 jullij geweest, van Jeronimus Cornelisz belast wiert nevens David Zevanck, Mattijs Beijr, Coenraat van Huyssen, Lenert Michielsz, Wouter Loos, Cornelis Pietersz ende Jan Hendricxsz met het grootste vlodt te vaeren, om Hans Radder, Jacop Groenewald trompetter ende Andries de Vries assistent te gaan verdrincken, zijn derhalven naar't Verraders Eijlant gevaeren, ende heeft Rutger den trompetter Jacop Groenewalt handen en voeten helpen binden, ende zoo in zee gedragen, maar Andries de Vries gebonden sijnde, wiert los gemaackt, ende voor dien tijt int leven gespaart. Hem voorder gevraagt oft hij niemant meer gedoot hadde, ontkent ijmant meer gequetst ofte gedoot te hebbe. Derhalven, omdat wij genoech versekert zijn van meer andere moorden gedaan te hebben, als goetwilligh geweest te doen, dagelijcx over t'eijlandt roepende moetter ijmant op't oor gestooten zijn, ick salt wel om een mutsjen[213] doen, zoo hebben hem ter torture gestelt, om de rechte waarheid uijt hem te trecken. Naar uytgestane pijne, bekent, dat op een dagh sijnde den 9 jullij geweest, als den provoost Pieter Jansz nevens andere 14 menschen op 2 vlotgiens naar tHooghe Eijlant varende, soo dootgeslagen als verdroncken wierden, waar van Pauls Barentsz, Hessel Jansz, Claas Harmansz van Maagdenburgh ende Niclaas Winckelhaack haar hier op t'eijlant meijnden te salveren maar wiert van Jeronimus belast dat mense doot slaan zoude. Zoo heeft Rutgert voorsz Bessel Jansz met zijn sabel mede gehackt, tot dat hij stierff. Dat gedaan zijnde liep hij naar Claas Harmansz van Maagdenburgh, die uijt het water int opkomen was, die hij alleenich zonder eenige hulpe doodt hackte.

Item bekent mede, dat op eenen dagh, wesende den 14 jullij, hij Rutger nevens Jan Hendricx ende Lenert Michielsz door Jan van Bemmel bij Jeronimus in zijn tent geroepen wiert, die haar aanseijde, dat sij [289 r] zouden gaan, ende slaan Andries de Vries assistent doodt, haar elck daar toe een sabel gevende, als mede eenen beker wijn geschoncken, zoo zijn sij buyten gegaan, ende hebben de Vries ontrent den middagh publiquelijck doodtgeslagen. Jeronimus Cornelisz present zijnde, gevraaght off dit warachtigh was, zulcx aan Rutgert belast hadde, bekent, jae, alsoo hij ende den raat sulcx goetgevonden hebben, maar dat hij voorsekerlijck

213 een mutsjen: een bekertje (wijn)

meijnt, dat Rutgert meer gedaan hadde, als hij bekent heeft, omdat hij altijt gewilligh zijnen dienst heeft komen presenteren, soo der ijmant van kant te helpen was. Hem voorder affgevraagt als sij tot haar voornemen hadden gekomen dat sij t'andre volck, op t'Hooge Eijlandt vermeestert had oft hij dan mede t'eerstkomende jacht, om haar te verlossen, zoude helpen afflopen, bekent, dat hij mede zoude gedaan hebben als een ander.

Wij ondergesz raadtpersoonen vanden schepe *Sardam* verklaren op onse manne waarheid, in plaats van gestaaffden eede, dat alle dese bovengesz examinatien in onsen bijwesen genomen, door Rutger Fredricx van Groeningen slootemaaker zoo door torture, als vrijwillige bekentenisse beleden zijn. Is hem op heden ten overvloet dese examinatie ende bekentenisse wederom voorgelesen, ende affgevraagt off het altsamen niet warachtigh was, bekent vrij, liber ende ongebonden, inderdaat soo geschiet te sijn, ende omdat wij t'selve met nuchteren ooren gehoort ende eijgen oogen gesien hebben, zijn bereyt t'allentijden dit voor alle hooge ende subalterne rechters, oock bij den Ed. Hr. Generaal *Jan Pietersen Coen*, ende de Ed. Hrn. raden van *Indien* tot *Batavia* komende t'attesteren ofte getuygen, ende daar toe versocht zijnde, met eede te bevestigen. Inteken van dit waragtigh te sijn, hebbent met onse handteken onderteijckent, desen 28 october 1629 op t'eijlant *Batavias* Kerchoff.

Francisco Pelsart
Jacob Jacobs houten man
Salomon Deschamps
Claas Gerrtisz
Jacop Jansz
Sijmon IJopzoon
Dit is t'merck van
Jan Willemssz Visch[214]

[289 v] Alsoo Rutgert Fredricx van Groeningen slootemaker, oudt ontrent 23 jaar, hem hier op d'eylanden ontrent het wrack van 'tverongeluckte schip *Batavia* vanden wegh der menschelijckheid ofte redelijcke creaturen heeft laten aftrecken, ende door sijne ingekankerde verdorventheid vande godloosen Epicureenschen booswight Jeronimus Cornelisz ondercoopman goetwilligh hem heeft laten gebruijcken tot verscheijden moorden, die hij zeer tirannigh zonder eenigh medelijden alhoewel het van sijn eijgen scheepsmedebroeders off mede genooten, die onder eenen eedt[215] tesamen waeren verbonden, sonder ijemant misdaan te

214 zie noot 126
215 eenen eedt: de eed van gehoorzaamheid en trouw aan de VOC

hebben[216], gedoodt, ende helpen dooden heeft, tirannen gehoorsaam zijnde, dan van wegen haar eijgen boosheijt niet sochten, als all de menschen op zeer weijnich naar te dooden, om door soodanigen middel tot haar voornemen te komen. Daarenboven heeft nevens andere boose ende quaatwillige menschen, mede geresolveert geweest t'eerstkomende jacht om haar te verlossen, te helpen affloppen, ende alles te vermoorden, die haar niet dienstigh souden geweest hebben, te weten, zoo wanneer zij het volck op't Hooghe Eijlant (uijt het moorden daar ontvlucht) overwonnen ende doodtgesmeten hadden, in welcke tochten ende strijden tegen haar, tot drij verscheyde reijsen, hij hem oock seer goetwilligh heeft getoont, ende erger als openbare vijanden helpen bevechten. Zijn moorden sijn als volgt,

op den 3 jullij is Rutgert Fredricx van Jeronimus Cornelisz gemandeert geweest, nevens Davit Sevanck, Coenraat van Huijssen, Gijsbrecht van Welderen, Davit Cornelisz, Mattijs Beer en Leenert Michielsz met het grootste vlot te gaan, om Jan Cornelisz van Amersvoort, Thomas Wensel, Hendrick Jansz van Oldenburgh ende Andries Liebent te gaan verdrincken, ende heeft Rutgert voorsz op't Verraders Eijlandt Jacop Groenewald trompetter handen ende voeten gebonden, ende wierden soo voorts in zee gedragen, tot dat sij versmoorden, ofte verdroncken, uytgenomen Andries Liebent, die verbeden wiert.

Item op den 9 jullij, soo wanneer Pieter Jansz provoost met noch 14 menschen, zoo mannen als vrouwen op het Verraders Eijlant 2 vlotten gemaackt hadden, daarmede zij meenden, naar t'Hooghe Eijlant te varen, ter contrarie van Jeronimus ende zijnen raat goetgevonden wiert datmense zoude verdrincken, ofte dootslaan, tot dien [290 r] eijnde een schuytgien gemandt naar toe zondt, eijndelijck zijn van de vlotten gejaagt, zommige dootgeslagen ende zommmige verdroncken, waar van 4 a 5 mannen het ontliepen, ende haar hier op't eijlandt meijnden te salveren, wiert van Jeronimus belast men soudese doodtslaan, daar was geen genade, zoo heeft Rutger voorsz Bessel Jansz met sijn sabel mede gehackt, tot dat hij stierff. Dat gedaan zijnde, was Claas Harmansz van Maagdenburgh mede op't droge gekomen, soo liep Rutger nar hem toe, ende sloegh hem alleen doot, zonder eenige hulpe.

Item op den 14 jullij wiert Rutger, nevens Jan Hendricxsz ende Leenert Michielsz door Jan van Bemmel bij Jeronimus in zijn tent geroepen, die haar aanseijde dat zij zouden gaan ende slaan Andries de Vries assistent

216 sonder yemant misdaan te hebben: zonder dat zij iemand iets misdaan hadden

doodt, heeft haar elck daer toe een sabel gelangt, als mede een beker wijn geschoncken, zoo sijn sij met haar drijen naar de Vries toegegaan, ende hebben hem op den middagh publiquelyck dootgeslagen.

Alle welcke voorschreven grouwelijcke moorden, daar hem zeer goetwilligh in heeft laten gebruycken, als mede noch van zinne zijnde te doen, haddet den Almogenden Godt niet belet. Daarenboven noch dagelijcx met Godt spottende, een vande principale zijnde, die het bidden, ende Zijn heijligh woort te prediken verbooden, ende seer schimpelijck doen ophouden heeft, alhoewel hy seght Jeronimus hem zulcx belast hadde, met meer andere misdaden apparentlijck verdonckert gebleven, criminelen delichten zijn, van seer quade consequentie, die van Godt ende de menschen niet en konnen, ofte moghen geleden zijn, alsoo de natuur ons zulcx genoechsaam leert, zoodanige boosdoenders ongestraft niet mogen gelaten worden andere ten exempel. Soo heeft den Commandeur *Francisco Pelsart* ende wij ondergeschreven raatspersoonen vanden schepe *Sardam*, op de zake ten hoogsten gelet hebbende, naar lange examinatien overwoghen, om Godes toorne van ons te weeren, ende den Christelijcken naam van sulcken booswight te suijveren, [290 v] den voorsz Rutgert Fredricx van Groeningen slootemaker, gesententieert, gelijck wij sententieeren midts desen, datmen hem op maandagh den eersten October 1629 zal brengen op't Robben Eijlant, ter plaatse aldaar toebereijt, om justitie t'executeren, ende daar aan een galghe met de coorde te straffen, datter de doodt nae sal volgen, met confiscatie van alle zijn plunjen, maantgelden ende eenige pretensien die hij alhier in *Indien* zoude mogen hebben, ten proffijte vande Generale OostIndische Compagnie onse Hrn. Meesters. Aldus gedaan, ende gearresteert op't eijlandt *Batavias* Kerchoff, desе 28 september anno 1629.

Francisco Pelsart
Jacob Jacobs houten man
_[217]
Claes Gerrtisz
Jacop Jansz
Sijmon IJopzoon
Dit is t'merck van
Jan Willemssz Visch[218]

[291 r] Op heden den 23 september 1629 op't eijlandt *Batavias* Kerchoff, heeft den Commandeur *Francisco Pelsart* en den scheepsraadt ge-

217 op deze plaats ontbreekt de handtekening van Salomon Deschamps
218 zie noot 126

resolveert Jan Pelgrom de Bije van Bemmel t'examineren over zijne gedane moorden, als beestelijck leven, hier op d'eijlanden geleijt heeft, ende dies noodiggh zijnde ter torture te brengen. Datum als boven.

Jan Pelgrom de Bije van Bemmel, out ontrent 18 jaeren, ende kaijuijtmeester geweest opt verongeluckte schip *Batavia*, maar alhier op d'eijlanden geweest den dienaar van Jeronimus Cornelisz ondercoopman, affgevraagt, hoe veel menschen hij gedoodt, oft helpen dooden hadde, ontkent, ijmandt gequetst, ofte gedoot te hebben, alsoo der anderen genoech zijn geweest, dieder graagh genoech toe waeren. Derhalven hem ter torture gestelt omdat wij genoech versekert waren, dat hij leugens sprack, naar uytgestane pijne, bekent dat op eenen dagh zijnde den 18 julij geweest, hij met Davidt van Sevanck, die hem op zijn bidden mede namp, naar't Robben Eijlant is gevaeren, alsoo hij gehoort hadde, dat de resterende vrouwen ende jongers vermoort zouden worden. Heeft hij des nachts als de leuse[219] gegeven was, eenen jongen doodt geslagen, dat gedaan zijnde, liep hij naar Jannetgien Gist huijsvrouwe van Jan Hendricx uijt den Haagh, die hij ettelijcke hacken met zijn sabel gaff waerop Andries Jonas geloopen quamp, die haar voorts met zijn mes doodt stack.

Bekent mede, dat op eenen dagh, sijnde den   jullij geweest, des nachts, hij van Jeronimus gesonden wiert om Jan Hendricx te halen, die hem belaste dat hij nevens Andries Liebent ende Jan van Bemmel zouden gaan, ende verworgen Anneken Hardens huijsvrouwe van Hans Hardens. Derhalven sijn met hun drijen henen gegaan, quamp ondertusschen Gijsbrecht van Welderen mede om haar te helpen, die een strop van haar haijrsnoer maackte, ende Jan Hendricxsz worgden haar de keel toe, Jan van Bemmel zadt haar op de benen.

Hem voorder affgevraagt, waerom hij op den 16 augustij, zoo wanneer Cornelis Aldersz Schagen van IJlpendam hooploper, den kop zoude affgeslagen worden, hij der zoo zeer om badt, dat hijt doen mocht, bekent dat hij op dien dagh met het schuijtgien uijt [291 v] geweest hadde, ende inde tent komende zeijde Jeronimus tegen hem, Jan daar is mijn sabel die moet ghij op den nettebraijer[220] proeven off hij scherp is, ende slaat hem de kop aff, waar in hij seer verblijt was. Dan Zevanck sulcx hoorende, sustineerden dat hij der te licht toe was. Ondertusschen quamp Mattijs Beijr, die versocht dat hij't doen mocht, d'welck hem oock vergunt wiert, soo nam hij den sabel uyt Jan van Bemmels handt, ende droeg hem bij Gillis Philipsen, om wat scherper te vijlen. Onderwijlen was Jan besich,

219 de leuse: het teken
220 den nettebrayer: nettenbreier, maar als scheldwoord: lummel

om den jongen te blintoogen ter presentie van Jeronimus, die tegen den jongen zeijde, nu lustigh zidt schoon[221], t'is maar gecken[222]. Soo quamp Mattijs Beyr, die den sabel onder sijn mantel hadde ende sloegh hem met eenen slagh meest den kop aff. Dit geconfronteert met Jeronimus, ende gevraagt off sulcx warachtigh was ende het hem belast hadde, zeijt, jae, omdat voorsz Jan van Bemmel dagelijcx biddende was, dat hij hem doch ijmant zoude willen laten dootslaen, alsoo hij't liever dede als eeten ende drincken. Doen hij den voorsz hooploper niet en mocht den kop affslaen,.darom schreijde.

Adij den 26 dito bij den scheepsraat. Den voorsz Jan van Bemmel, wederom gebracht sijnde, hem affgevraagt, waerom hij op't eijlandt hier zoo goddeloos geleeft hadde, dagelijcx roepende, compt nu duyvels met al de sacramenten, waar zijdij, ick wilde wel dat ick nu eenen duyvel sagh ende wie wilder nu op d'oor gestooten sijn[223], ick salt wel klaeren. Bekent dat hij t'gedaan heeft, maar dat hem zulcx belast wiert, alsoo hij dagelijcx van Jeronimus hoorde zeggen, datter noch duyvel, noch helle en was, dan dattet maar fabultgiens waeren.

Voorder gevraagt, hoe veel vrouwen hij hier vleeschelijck bekent hadde, zeijt dat hij bij Trijntgien Fredricx ende haar suster Zussien Fredricx sijnen wil gedaan, ende geslapen heeft, alsmede bij Anneken Bosschieter, die hij altsamen vleesselijck bekent heeft.

Gevraagt, hoe veel grouwelijcke boosheden hij meer gedaan heeft, bekent, dat hij op het [292 r] lesten wel zeer graagh was, om ymant doodt te slaen maar een ander was altoos voor hem in de weer, heeft mede zeer graagh geweest om het komende jacht te helpen affloopen.

Wij ondersz raadtspersoonen vanden schepe *Sardam* verklaren op onse manne waarheid in plaats van gestaaffden eede, dat alle dese bovengeschreven examinatien in onse bijwesen genomen ende door Jan Pelgrom de Bije van Bemmel, zoo door torture, als vrijwillige bekentenissen beleden zijn. Is hem op heden ten overvloet dese examinatie ende bekentenisse wederom voorgelesen, ende affgevraagt, oft het altsamen niet warachtigh was. Bekent vrij, liber ende ongebonden, inderdaat soo geschiet te zijn, ende omdat wij't selve met nuchteren ooren gehoort ende eijgen oogen gesien te hebben, zijn bereijt, t'allen tijden, die voor alle hooghe, ende subalterne rechters oock by den Ed. Hr. Generaal *Jan Pietersen Coen,*

221 zidt schoon: zit stil
222 gecken: schertsen
223 wie wilder op d'oor gestooten zijn: wie wil er een dreun

ende de Ed. Hrn. raden van *Indien* tot *Batavia* komende t'attesteren ofte getuygen, ende daar toe versocht zijnde, met eede te bevestigen. In teken van dit warachtigh te zijn, hebbent met onse handtteecken onderteeckent, desen 28 september anno 1629 op t'Eijlant *Batavias* Kerchoff.

Francisco Pelsart
Jacob Jacobs houten man
Salomon Deschamps
Claes Gerritsz
Jacop Jansz
Sijmon IJopzoon
Dit is t'merck van
Jan Willemsz Visch[224]

[292 v] Alsoo Jan Pelgrom de Bije van Bemmel, oudt ontrent 18 jaeren kaijuytwachter geweest op't verongelucte schip *Batavia*, ende alhier op de eijlanden van *Houtmans Abroholer* den dienaar geweest van Jeronimus Cornelisz ondercoopman die door zijn aangeboorne verdorventheijt, hem geheelijck tot een discipel van zijnen meester, den Goddelosen verleyder, ende menschenmoorder, begeven, ende zijne voetstappen naegevolgt heeft, zoo in moorden, die gedaan, maar noch meer ghenegen geweest te doen, hadde hij der toe konnen komen. Item diversche getroude vrouwen alhier vleeschelijkcen bekent, ende zijnen will mede gedaan, waar onder twee gesusters, als mede zijn grouwelijck leven, zoo met Godt te spoten, vloecken, ende zweren, alhier geleijt, gelijckende meer een beest als een mensch, dat op het leste, hem tot een schrick van allen t'volck maacten, ende hem meer vreesden, als eenighe andere vande principaalste moorders, ofte booswichten. Daarenboven zeer begerigh ende ijverigh geweest, om mede het eerstkomende jacht helpen affteloopen, jae, op den dach noch, dat het jacht *Sardam* gekomen was, vraagden hij tegenden Capitein Wouter Loos, wel, zullen wij't jacht nu niet afflopen, daar den anderen, ziende dat hun voornemen misluckt was, op antwoorden, neen, ick en heb dat niet int zin. Dit alles is volgens zijn bekentenisse door examinatie, zoo door torture, als vrijwilligh beleden, int largo blijckende, als mede hier onder, wegen zijnde moorden wijtloopigher te sien is. Te weten,

item op den 18den jullij is voorsz Jan Pelgrom op sijn bidden ende versoecken nevens Davidt Zevanck ende veel anderen meer, naar't Robben Eijlandt gevaren, alsoo hij hadde hooren zeggen, ofte resolveren, dat men de vier vrouwen ende resterende jongers, dieder t'sedert het lest

224 zie noot 126

dootslaan op dito eijlant overgebleven waeren van kant soude helpen. Soo heeft Jan, als de leuse van Zevanck gegeven was, eenen jongen dootgeslagen maar alsoo het nacht ende doncker was, is hem den naam onbekent. Dat gedaan sijnde, liep hij nae Jannetgien Gist huysvrouwe van Jan Hendricxsz uyt den Haagh bosschieter, die hij met sijn sabel diverse hacken gaff waar over Andries Jonas [293 r] quamp geloopen, die haar met sijn mes voorts dood stack.

Op den 30 jullij des nachts is Jan van Bemmel voorsz van Jeronimus gesonden, om Jan Hendricx te gaan halen, die inde tent komende belast wiert, dat hij nevens Jan van Bemmel, ende Andries Liebent soude gaan verworgen Anneken Hardens huijsvrouwe van Hans Hardens, warover Jan verblijt wesende mede ginck, maar ondertusschen quamp Gijsbrecht van Welderen om Jan Hendricxsz te helpen, die een strop van haer haijrsnoer maacten, maar Jan Hendricxsz worgdense de keel toe, ende Jan van Bemmel zadt haar op de beenen.

Item op den 16 augustij hadde Jan van Bemmel met het schuytgien uijtgeweest, inde tent komende zeijde Jeronimus tegen hem, Jan daar is mijn sabel, die moet ghij op den nettenbrayer beproeven off hij oock scherp is, ende zult hem den kop affslaan, waar in Jan zeer verheucht was, namp den sabel inde handt. Ondertusschen quamp Davidt Zeevanck die sustineerden datter Jan van Bemmel te licht[225] toe was, ende datmen een ander kerel daar toe hoorden te nemen, twelck Mattijs Beijr hoorden die versocht dat hij het doen mocht, dat hem eijndelijck toegestaan wiert, ende namp derhalven den sabel van Jan, diet hem niet goetwilligh geven wilde, maar mosten hem uyt de hant rucken, die met den sabel bij Gillis Phillipsz ginck om wat scherper te laten vijlen, ende quamp doen weder met den sabel onder sijn mantel. Ondertusschen hadde Jan van Bemmel den jongen al geblintooght, ter presentie van Jeronimus die der by stont, die tegen den jongen genaampt Cornelis Aldersz van Ylpendam zeijde, nu jongen zidt lustigh, sij gecken maar met u, waar mede Mattijs Beyr hem de kop affsloegh, daar Jeronimus, Zevanck, ende meer andere om lachten, ter contrarie Jan van Bemmel schreijde, om dat hij't niet hadde mogen doen.

Item heeft op't eijlant, dagelijcx als een overgeten[226] mensch geloopen, roepende komt nu duyvels, met al de sacramenten, waar sijdij, ick wilde wel dat ick nu eenen duyvel sach, ende wie wilder op d'oor gestoten syn,

225 te licht: niet sterk genoeg
226 lees: onvergeten; godvergeten
227 geleden: geduld

ick kant seer fraij klaaren, met sulcke, ende veel meer grouwelen, ende Godes blasphemien meer.

Alle welcke voorsz wreetheden, ende genegentheid [293 v] tot moorden, als selffs bekent heeft meer geerne zoude gedaan hebben, maar konde nimmermeer daar toe komen, als mede dat hij 'tinderdaat ghedaen heeft. Oock de onnatuurlycke bloetschande van bij twee gesusters ende getroude vrouwen te slapen, Godt soo schandelyck lasteren, dingen sijt die van Godt niet en willen geleden[227], noch konne geleden worden, maar belast den boosen te straffen, omdat hij in geen zwaarder zonde zoude vallen. Alsoo wij niet dan groote verdorventheid ende geen hoope van beterschap in hem bespeuren naar het oordeel van alle mensche, ende uyt zijn daden blijkende is, soo heeft den Commandeur *Francisco Pelsart*, ende wij ondergesz raadtspersoonen vande schepe *Sardam*, op de zake ten hoogste gelet hebbende, naar lange examinatien, ende ondersoeckinge de selve gedebateert, ende overwogen, om den toorne Godes van ons te weren, ende des christelijcken naam van sulcken booswicht te suyveren, den voorsz Jan Pelgrom de Bye van Bemmel gesententieert gelijck wij hem sententieren midts desen, datmen hem op maandagh den eersten october anno 1629 sal brengen op het Robben Eijlandt ter plaatse daar toe bereijt om jusitie te executeren, om aldaar aan een galghe met de coorde gestraft te worden, tot datter de doot naa volgt, met confiscatie van alle zijne plungien, maantgelden, ende eenighe pretensien, die hij alhier in *Indien* zoude mogen hebben, ten profffijte vande generale oost Indissche Compagnie, onse Heeren Meesters, aldus gedaan ende gearresteert op't eijlandt *Batavias* Kerchoff, desen 28 september anno 1629.

Francisco Pelsart
Jacob Jacobs houten man
_ [228]
Claes Gerrtisz
Jacop Jansz
Sijmon IJopzoon
Dit is t'merck van
Jan Willemssz Visch[229]

[294 r] Den 28 dito tegen den avondt naar dat Jeronimus zijne examinatien, ende eijgen bekentenisse publiquelijk voor allent'volck die op d'eijlant[230] waeren voorgelesen was, ende dat hij mercte, dat den raadt

228 op deze plaats ontbreekt de handtekening van Salomon Deschamps
229 zie noot 126
230 d'eijlant: het eiland Batavia's Kerkhof

over sijn sententie te strijcken vergadert was, versocht hij door[231] den predikant, noch eenige dagen uytstel want hij wilde hem laten doopen, ende dat onderwijlen tijt mocht hebben, om sijn zonden te beklaghen, ende overdencken, ende dat soo eijndelyck gerust, ende boetveerdigh sterven mocht. Door sulcken insicht tot behoudenisse van sijn ziel, hebben wij den dach der executie totten eersten october uytgestelt, om dat hij hem op overmorgen zondagh synde mocht laten doopen, d'welck hem den predikant aangeseijt heeft, dat hem eenige dagen vergunt ware, maar wist niet hoe veel. Jeronimus wilde weten hoeveel dagen, omdat hijder hem mocht naar reguleren[232], dan den predikant stelden hem voor dien dagh gerust ende hij geliet hem, ofte hij wel getroost ende gemoet was.

Adij 29 dito wilden Jeronimus wederom weten, hoe veel dagen respijt dat hem gegeven waeren, protgesteerden soomen hem die niet en zeijde, hij en konde hem tot geen gerustheid stellen. Eyndelyck hebt hem laten aanseggen, waar op hij zeijde, tut ist anders nijet, kanmen op zoo weijnigh dagen boetveerdigheijt des levens betoonen, ick meijnde men soude mij 8 oft 14 dagen gegeven hebben, zoo dat hij geheel begon te fulmeneren, zeggende, ick sien wel, men zoeckt maer mijn bloet en leven, maar Godt en zalt niet behengen[233], dat ick een schandelijcke doodt sterven sal, ick weet voorseker, ende ghij zult het altemael zien, dat Godt desen nacht een mirakel aen mij bewijsen zal, dat ick niet gehangen sal worden, hetwelck dien heele dagh sijne neur oft toon was. Derhalven belasten ick aende wacht, dat hem niemant mes, oft yets langen soude, daar hij hem mede soude konnen beschadigen. Maar des avondts adt hij secretelijck ijets daarmede hij hem meijnde te vergeven[234], want ontrent een ure inden avondt begonde te wercken zoo dat hij vol pijne was, ende scheen te willen sterven. Inde dese groote bangigheijt zont hij om wat Veneetse tijakel[235], eijndelijck begonde verlichtenisse te krijgen, alsoo het scheen niet sterck genoech geweest was, maar most dien nacht [294 v] wel 20 maal uijtgeslooten[236] worden, omdat zijn voorgenomen mirakel, zoo van onderen, als boven werckten[237].

231 door: bij monde van
232 naar reguleren: op instellen
233 behengen: toestaan
234 vergeven: vergiftigen
235 Veneetse tijackel: triakel; een geneesmiddel van ingewikkelde samenstelling dat met name in Venetië werd vervaardigd. Bestanddelen waren o.a. opium en suiker. Het middel werd gebruikt als universeel geneesmiddel, maar ook als tegengif.
236 uijtgeslooten: losgelaten
237 zoo van onderen, als boven werckten: zowel op maag als darmen effect had

Adij 30 dito des zondaghs, als men de predicatie doen soude, zond ick om Jeronimus te haelen, dat hij nevens d'andere patienten[238] Godts woort moch hooren dan hij gaff ten andtwoordt, hij wilden niet komen, hij hadde met den dominis praatgiens niet te doen. Ziet hoe wonderlijck Godt den heer, zijn goddeloosheid ten toon van alle de menschen stelt, ende weder op nieuw openbaar laat worden, hoe hij voor desen het prediken en bidden aan de predikant heeft laten verbieden. Ten anderen, als hij gesien heeft dat alle zijn uijtvluchten, ende sinistere practijcken, om int leven te blijven hen niet helpen en mochten, eerstelyck dat hij op *Batavia* mocht gebrocht worden, om syn vrouw noch eens te spreken, daar naar door schyn van te willen gedoopt sijn, eenighen tijt verlengenisse meenden gekregen te hebben, op t'leste hem van alle zijne voornemen ontbloot vindende, heeft sijn *Epicureenschen*, ofte *Torrentiaenschen*[239] opinie, die hij dus lange, soo veel hem mogelijck was, bewimpelt[240] inden boesem ghedragen hadde, gelijck hij sustineerden, datter noch Duyvel noch Helle was, als mede hier in sijn gevanckenis noch wilde staande houden, dattet geene dat hij dede was het goet oft quaat (van ander geoordeelt) dat Godt hem sulcx int herte stierden, want Godt, zeyde hij, was volmaackt in deugt ende goetheid, zoo en konde hij de menschen niet quaats int herte toe zenden, om datter niets quaats ofte boos bij hem en is. Daermede seggende, tgeene hy gedaan hadde, was hem van Godt int herte gesonden, want anders vermocht hij't van sijn zelven niet te doen, met meer andere grouwelijcke opinien, die hij de menschen hier op't eijlandt hadde meijnen in te prenten.

Adij *primo october*, den windt z.z.west met groote stormbuijen en waijden zoo hardt, dattet niet mogelijck was aan t'Robben Eijlant te vaeren, om de misdadigers volgens hare sententien ter doodt te executeren.

Adij 2 dito den wint zuyden, maar wat gestilt, hebben derhalven de verwesene[241] patienten, naer t'Robben [295 r] Eijlandt gebracht, om aldaar volgens haare sententie aande galge met de coorde gestraft te worden. Daar komende, baden zij dat Jeronimus eerst zoude hangen, omdat haare oogen den menschen verleyder noch mochten sien sterven. Dan Jeroni-

238 patienten: gevangenen
239 Epicureenschen, ofte Torrentiaenschen opinie: geloof in de leer van Epicurus of Torrentius, wat overigens niet hetzelfde is. Epicurus (341-271 v.Chr.) verkondigde dat lust het hoogste goed was. Torrentius (1588-1644) werd als vermeend Rozekruiser, als godslasteraar en wegens zijn onzedelijk gedrag in 1628 tot 20 jaar gevangenisstraf veroordeeld.
240 bewimpelt: bedekt, verborgen
241 verwesene: verloren, verdorven

15. *De terechtstellingen, uit* Ongeluckige Voyagie, *1647, tussen p. 40-41. Gravure*

mus konde hem tot geen sterven ofte boetveerdigheid stellen, noch in Godt te bidden, oft eenigh gelaat van berou over zijn zonden te betonen, dan zij riepen over malkanderen wraack, de andere misdadigers over Jeronimus, ende Jeronimus over haarlieden. Op't leste, daagde hijse, als mede den raat voor den rechterstoel Godts, dat hij aldaar met haar rechten wilde, alsoo hij't hier op de werelt niet hadde konnen doen, ende is alsoo opstinatelycken[242] gestorven.

Matthijs Beijr bekenden aan den predikant, bij de galge, dat hij noch vier mannen, met eene jonge, ter presentie van Jeronimus, op eenen nacht vermoort hadde, maar konde haar namen niet noemen, die hij dus lange verswegen hadde, versocht derhalven om zijne menichte van zonden, datmen voor hem bidden soude.

Als mede Andries Jonas, die onder de galge mede bekende, dat hij noch eenen jonghen meer, als in zijn bekentenisse beleden, op eenen nacht vermoort hadde, te weten, dat dien nacht eenigh ander volck vermoort was, waar over den jongen door vrese, ende oock zieck zijnde, op handen ende voeten in hare tent was komen kruypen, d'welck Jacop Pietersz Cosijn gesien hadde, die tegen Andries Jonas zeijde, Andries, ghij moet dien jongen gaen van kant helpen, is hij daar over buyten gegaan, sleijpten den jongen uijt den tent, ende sneet hem met zijn mes den hals aff.

Allert Jansz van Assendelft, ende meer andere, stierven mede zeer Goddeloos, ende onboetveerdigh, maar hij waarschouden mij, als mede tegen meer anderen gedaan heeft, wij souden op't schip wel toesien, want daar bleven noch een hoop veraders leven, die het gene dat sij int zin gehadt hadden, voor desen[243] gelegentheid siende, wel zouden uytvoeren, zonder ijmant te willen noemen, zeggende hij wilde nae zijn doodt geen verklicker geheeten sijn.

Jan van Bemmel ende konden hem tot geen sterven voegen,[295 v] krijtende en karmende, biddende om genade, datmen hem doch op een eijlant wilde setten ende laten hem noch wat leven. Is derhalven om zijn joncheijts wille, voor zijn leven gebeden, 'twelck wij ten lesten toesgestaan hebben, om hem op een eijlant, ofte vaste landt te zetten naar dat hem de gelegentheid gedragen zal.

Adij 3 dito den windt w.z.w. met harde koelte is niet aant wrack konnen gedaan worden, door de groote barningh.

Adij 4 dito den windt als vooren, met harde koelte, is derhalven niets gepasseert.

Adij 5 dito den windt o.z.o. met veranderlijck weer, derhalven zijn naar

242 opstinatelycken: halsstarrig
243 voor desen: hiertoe

t'wrack van't voorschip gevaeren, om een metale, ende een ijsere stuck geschuts, die aant wrack hingen aff te lichten ende hebben des nachts het metale stuck gekregen, ende aant eijlandt gebracht.

Adij 6 dito den windt zuydelijck. Des morgens heb ick't voorsz stuck aan boort gesonden, ende hebben voorts desen dagh aan't achter wrack niet konnen wercken, door de holle brandingh, maar hebbent schuytgien aan een eijlandt gesonden, om te zien, oft daar ijets te bergen was.

Adij 7 dito den windt zuydelijck, als vooren, hebben niets aant wrack konnen doen, dan eenige goederen die hier opt'eijlant waren, aan boort gesonden.

Adij 8 dito den windt z.z.w. hebben aan't wrack, door harde koelte niets konnen doen.

Adij 9 dito den windt als vooren, maar een weijnigh stilder, daerom heb ick den boot naar't voor wrack gesonden om't ander yser stuck te haelen, dat sy des avonts gebrocht hebben.

Adij 10 dito den wint als vooren, des morgens het voorschreven stuck aan boort gesonden, hebben desen dagh aan't wrack niet konnen doen, door de harden windt, maar hebben beginnen preparatie te maken, om't water te krijgen, waar toe ick ettelijcke dagen geleden belast hadde, t'creupel bosch op't Hooge Eijlant aff te branden, ten eenen omde catten[244] dieder op waren, te beter te konnen vanghen, ten [296 r] anderen, oft men daar geen verhole putten gelijck op Wiebbe Haijes eijlandt gevonden waeren, zouden konnen vinden, in welck affbranden sij eenen put waters, maar zeer stinckend gevonden hebben, daar naar noch eenen putt met brack water, des anderendaags vonden zij onder affgebrande ruijghte, een kleijn gat daar een arm in mocht, smeten met een steen daar in, bevonden datter weerklanck van water gaff, zoo heeft den schipper houweelen ende koevoeten van boort laten brengen, waar mede een gadt gearbeijt hebben, bequaam om bijt water te komen ende is Godt loff zeer goet water, alhoewel dit eijlant int eerste, zoo van mij als andere dorst noodige menschen, daar naar genoegsaem doorzocht ende overlopen is, maar het schijnt Godt niet belieft heeft, dat men het zelve heeft konnen vinden.

Adij 11 dito den windt als vooren, hebben vandaghe ons leege watervaeten, van het bovengesz waeter te vollen, ende t'scheep brengen, des achtermiddags is ons volck met het kleijn schuytgien uyt visschen geweest, die aan een klip een legger azijn vonden liggen.

Adij 12 dito den windt als vooren, des morgens heb ick den schipper met den boot naar de bovengesz klip ghezonden, om den legger asijn te halen, ende aan boort te brengen, ende dat hy vandaar naar eenighe eijlantiens, die een a 2 mijlen westelijck vant schip leggen, zoude vaaren,

244 catten: wallabies

om te zien, off daar geen driftigh goet aangespoelt was, ende dat hij soude des avonts, zoott doenlijck waer t'scheep zijn, maar dat hij voorsichtigh zoude vaeren, al soude sij een nacht uijtblijven. Voor den middagh het weer wat gestilt, ende de zee geslecht zijnde, ben ick met het kleijnste schuytgiens nevens de duyckers naar het wrack gevaeren, die 75 realen in los gelt dat uyt de kisten gevallen was, opduyckten, ende vonden op't leste noch een kiste gelt liggen, daar een stuck geschuts op lagh, die wij door den subiten[245] windt, als mede omdat wijse met het kleijn [296 v] schuijtgien niet lichten en konde, met harten leedt moeten verlaten.

Adij 13 dito den windt zuijden met harden koelte, heb het kleijn schuytgien aan boort gesonden, om soo haast als den schiper met den boot gekomen was, hem herwarts zoude vervoegen, omde voorsz geltkist met het eerste bequaem weer te lichten, tegen den avondt begonde het harder te waijen.

Adij 14 dito den windt z. ende z.z.w. met een harden storm, zoo dat ick voor den boot beducht ben.

Adij 15 dito den windt ende weer als vooren, so dat den boot noch niet heeft konnen weder komen, tegen den avondt begon het weer wat aff te nemen.

Adij 16 dito des morgens, den windt z.o. ende o.z.o. met apparentie van schoon weer, derhalven ben met het kleijnste schuijtgien weder naer t'wrack gevaeren, omte zien oftmen de kist gelt, met het schuytgien soude konnen lichten, dan daar bij komende bevondent noch zoo te branden dat daer niet konde ontrent komen, ende was door den lesten storm veer wegh gespoelt. Naer den middagh zondt ick het voorsz schuijtgien naar boort, met een brieffken aan den opperstierman, dat hij de schuijt zoude mannen ende providerense[246] met broot, water ende wijn ende zendense nevens den onderstierman, aen de naastgelegen eijlanden, omden boot ofte t'volck op te zoecken.

Adij 17 dito den windt zuyelijck, hebbende schuyt zien van't schip vaeren, om naar den boot te gaen soecken gelijck haar belast was.

Adij 18 dito den windt als vooren, des morgens is de schuijt alsoo zij weder gekeert was, herwarts aan ghekomen, die des middaghs nevens den opperstierman hier arriveerden, die mij verhaalde dat de schuyt gister avondt weder gekomen was maar hadden aande naastgelegene eijlanden geen boot ofte volck vernomen, maar datter noch een ander groot eijlandt was, ontrent 3 mijlen n.n.w. van't schip, daar zij niet hadden [297 r] durven aan vaeren, om dattet te hart waijden, vertelden mede dat zij op zondagh den 13 twee uren voor den avondt, den boodt 2 mijlen in zee n.n.o. van haar gesien hadden, ende dien tijt en den windt beginde op te

245 subiten: plotselinge
246 providerense: het bevoorraden

steken, verlooren hem dadelijck uyt het gesicht, zoo dat Godt betert te vreesen staan dat hij wegh gedreven is, ten ware, dat hij naar het voorsz eijlandt, dat n.n.w. van't schip leijt weder geloopen was, ende dat door den harden storm, den boot mocht ontstucken gestooten zijn. Daerom heb ick den stierman dadelijck weer naar boort gesonden, omde schuijt in haast met een planck op te boijen, ende prepareren, om zee te bouwen[247], ende laeten den onderstierman wederom, wel geprovideert, met water, broot, dreggen ende touwerck, met alles dat se soude mogen vandoen hebben, om den boot op de zoecken.

Adij 19 dito den windt zuydelijck, tegenden middagh hebben wij den schuyt van boort zien vaeren, om haar belaste reyse te volbrengen, teghenden avondt begondet weder harder te waijen.

Adij 20 dito den windt z. ende z.z.w. heel stijff waijende, zoo datse ons van boort, met geen eeten oft drincken hebben konnen versien, daar ick met het kleijnste schuytgien geschreven, ende om gesonden hadde.

Adij 21 dito den windt als vooren, met eenen harden storm zoo dat onse schuyt van d'eijlanden niet weder kon komen, noch konnen ons van't schip geen eeten senden, alhoewel wij niet meer en hebben.

Adij 22 dito den windt als vooren, met hardt weer, zoo dat de schuyt van d'eijlanden niet konde komen, noch het kleijn schuytgien kon ons oock geen eeten oft drincken van't schip brenghen.

Adij 23 dito den windt zuydelijck, doch vrij wat stilder als gisteren dan Godt betert, noch geen vaartuijgh, zoo van d'eijlanden als van't schip die ons eten zouden brengen vernomen, want wij nu in 2 dagen niet met allen[248] gehadt en hebben, om't volck t'eeten te geven. Tegen den avondt naar zonnen onderganck, is Godt loff t'kleijn schuijtgien van't schip gekomen, mede brengende broodt, ende ander eetwaeren, ende begonde heel moij weer te worden.

[297 v] Adij 24 dito den windt z.west, des smorgens heb ick het voorsz schuijtgien weder naar boort gesonden, om water te haelen, dat zij ons op gisteren niet mede gebracht hadden. Ontrent den middagh hebben wij de groote schuijt die ick op den 19den met den onderstierman gesonden hadde omden schipper met den boot op te zoecken, weder om [zien] komen, ende is des achtermiddachs, de voorsz schuyt met den opperstierman hier gekomen, tijdingh brengend dat zij aan een hoogh duijnich eijlant geweest hadden ontrent 3 a 4 mylen n.n.west van't schip, d'welck rontom met een resijff[249] beset was, uytgenomen een engh gadt, dat zij juijst treffen, ende soo binnen geraackten, maar hebben niet konnen vermercken, dat den schipper oft den boot daar geweest hadden. Is

247 zee te bouwen: de zee te trotseren
248 niet met allen: in het geheel niets
249 resijff: rif

een dor groot eijlandt, zonder eenigh versch water gevonden te hebben, als meenichte van meuwen ende eijeren, ende inden midden van't eijlandt haddet een valleije daar veel zout lagh, zoo dat Godt betert, den boot, met den voorgaanden storm op den 14 stanty[250] omgeseijlt ofte wegh gedreven zal zijn, te weten met den schipper Jacop Jacopsz van Sardam, Pieter Pietersz van Ouwenierop, quartiermeester, Marten Claasz van Texel, bosschieter, Cornelis Pieterssz van Bolswart, ondertrompetter op't schip Batavia geweest, Ariaen Theunissen van Harderwijck bosschieter op't schip *Batavia* geweest. Godt de Heere will haere Zielen genadigh geweest hebben, *amen*.

Adij 25 dito den windt z.west, ben ick met het kleijn schuijtgien naar eenige eijlanden ende klipen gevaeren, om te zien, ofter niets aan gedreven was, bevonden daar niets als houtwerck, daar d'eijlanden als mede bezaijt schynen te wesen, door de menichte dat op alle plaatsen aangedreven is. Ick meijnden naar t'wrack mede gevaren te hebben, dan bevondent zoo te branden, dattet onmoghelijck was.

Adij 26 dito den windt zuydelijck, nae den middagh ben ick met het kleijn schuytgien ontrent het wrack vant voorschip gevaeren dan bevondent buyten zoo te branden, dat wij niet konden uutrechten, dan vergaarden t'schuytgien vol ijsere hoepen ende ander yserwerck ende loot, dat uyt het voor wrack haelden, waer mede tegen den avont wederom keerden.

Adij 27 dito den windt z. west, des smorgens vroegh is de groote schuijt met den opperstierman en den hoogbootsman van boort hier gekomen, alsoo hen ontboden hadde, om noch eenige ghevangenen te examineren, d'welck wij voor den middagh gedaan hebben, maer alvooren, om dat het noch te hardt waijden, om aan't wrack ijets te doen, heb ick dito schuyt met het voorsz [298 r] ijserwerck van gisteren, ende brandthout, naar boordt gesonden, belastende dat hij dadelijck zoude weder keeren. Tegenden middagh begonde den windt te westelijcken, ende n.west te loopen, waar mede zoo subit een slecht water ontrent het wrack wierdt, dattet qualijck gelooffelijck zoude wesen, derhalven deden alle mogelijcke teeckens soo met vieren, vlaggen te waijen, als andersints, omdat de schuyt met haast wederkeeren zoude. Ondertusschen ben ick met het kleijn schuytgien ende den duyckers naar het wrack gevaeren, bevondent door stercke regenbuijen noch altemet vrij hardt te branden, daerom bleeff ick met het schuytgien buyten langen tijt leggen, tot dattet soo door regen, als dat het weer stilden, heel slecht water werde, dat wij op het wrack voeren bevonden dat het achterschip heel wech gespoelt was, ende nu weijnich merckteecken hadden, waer wij de geltkist vinden zouden, die wij op den 12 gesien hadden, dan zochten soo langh, tot datse

250 stanty: ?van deze maand

de duijckers vonden, ende stakender een tros[251] op, om te lichten, dan was te zwaar, voor dit licht schuijtgien, zoo dat wijder een boeij op staeken, ende voeren weder naar t'eijlandt, om te zien oft de groote schuijt noch niet quamp, dan daar komende vernampse noch niet. Derhalven liet het kleijn schuytgien naar't Robben Eijlandt vaeren, om dat zijse van daar beter konden zien ende teecken doen, op't leste tegenden avondt quamp de schuijt een halff uur voor zonnen onderganck, ende bevondt dattet des quartiermeesters schult was, die zoo langh buijten zijn commissie[252] aan't Hooge Eijlandt gelegen hadde, ende nu te laat was, om de kist te haelen.

Adij 28 dito den windt z.z.west, is niets gepasseert, door den stercken windt, ende harde barningh.

Adij 29 dito den windt w.z.w. met harde weer als vooren, hebben aant wrack niet konnen doen, dan heb met den boot ende schuyt naar d'omliggende eijlanden gevaeren, eenich hout ende ijserwerck gehaalt, t'welck met den boot nevens den opperstierman ende den hoogbootsman weder naar boort gesonden hebben.

Adij 30 dito des morgens den windt zuijdelijck, wast een uur lanck heel stil, derhalven voer ick met het kleijn schuytgien ende de duyckers naar het wrack, dan bevonden buyten dat de dieninghen noch soo hart schooten, ende verre buijtent wrack branden, dat wijder niet konden aankomen, waerover uijt den z.z.westen weder hardt begonde te koelen, dat wij vertrecken mosten.

Adij 31 dito den windt z.z.west, met harde coelte, des morgens heb de schuijt met brandthout doen laden, ende weder naar boort gesonden.

Primo November den windt als vooren doch wat stilder, derhalven met vierteeckenen de schuyt van't schip begelt[253], omte [298 v] zien ofmende kist met gelt uyt het wrack soude konnen krijgen, dan hebben dito schuyt niet vernomen.

Adij 2 dito den windt zuydelijck, des morgens vroegh heb wederom viertekenen gedaan omde schuyt van boort te hebben, zoo dat dito schuyt mett den opperstierman voor den middagh gekomen is, dan alsoo den windt zoo sterck was hebben aant wrack niet konnen doen, heb derhalven den stierman met de schuijt des avonts weder naar boort gesonden, om daar mede het resterende water van't Hooge Eijlant te haelen.

Adij 3 dito den windt zuijdelijck, als vooren met harden windt zoo dat aant wrack niet hebben konnen doen, dan zondt het kleyn schuytgien naar t'voorste wrack, omte zien ofter eenigh voordeel te doen was, maar hebben niets gevonden.

251 stakender een tros op: bonden er een touw aan
252 buyten sijn commissie: zonder opdracht of toestemming
253 ?lees: besteld

Adij 4 dito den windt z.z.oost maar wat stilder ende schoon helder weer, zoo dat wederom teecken met roocken gedaan hebben, omden boot van boort te hebben. Ondertusschen ben ick met het kleyn schuytgien voorden middagh naar t'wrack gevaeren, dan soo haast wij van't landt affgesteken waren, wierden noortoost van ons verscheyde roocken gewaar, als mede vaste cust van't Zuydlandt, die wij perfect konden zien, daar desen roock op was, alhoewel het landt voor desen van niemant hier noch gesien is. Dit doet mij vastelijck geloven ende inbeelden, dat den schipper met sijn volck op dit landt, met den boot gestrant sijn, ende door het klaar weder roocktekens gedaan hebben, soo dat ick hope door de genade Godts, dat wijse noch int leven sullen vinden. Des achtermiddaghs is de schuijt nevens den stuerman van't schip gekomen, zijn soo dadelijck met de duyckers naart wrack gevaeren, dan hebbende geltkist niet konnen vinden. Derhalven met onverrichter zaken wederom gekeert.

Adij 5 dito des morgens vroegh den windt n.west, met schoon klaar weer, daerom hen ick bytijts met de schuijt ende het kleyn schuytgien wederom naar t'wrack gevaeren, ende aldaar met grooten ijver laten duycken omde geltkist te vinden, die Godt betert, niettegenstaande, alle mogelijcke vlijt die de duyckers aangewent hebben, niet konnen vinden, dan visten een casse met clatergout, als mede 4 silvere moorse fruytschotels, met een dito lampetschotel, [299 r] wegende altsamen naar gissingh marck zilvers, syn soo tegen den middagh weder gekeert omdat de zee hardt begonde aante schieten, daar en boven doncker gesicht, tot een weynich nae den middagh, sijn andermaal met den schuyt ende het kleijne schuijtgien klare zonneschijn sijnde, daarnaer toe gevaren, dan naa veel zoeckens niet met allen gevonden.

Adij 6 dito den windt n.n.w. ende n.w. met een topseijl koelte, en doncker weer, het is nu aan't wrack een opperwal[254], met desen windt, dan ter contrarie schiet de zee eenen hart aan met branden.

Adij 7 dito den windt z.w. altemet stil, ben met het kleyne schuijtgien nevens de duyckers weder naar 't wrack gevaaren, alhoewel nae veel zoeckens niets en hebben konnen vinden, derhalven, hebben beginnen onse goederen van't eijlandt naar boort te brengen.

Adij 8 dito den wint zuyen, aan't wrack niet geweest, doorde harden windt, ende brandingh, dan gecontinueert tgelt dat gebergt is ende andere goederen naar boort te brengen.

Adij 9 dito des morgens den windt z.z.o. maar tegens den middagh, schiet hij gemeenlyck zuijdelijck, van daagh hebben door harden wint aant wrack niet konnen vaeren, dan een schuijt met 4 kisten geldt ende ander goet naar boort laten voeren.

254 het is nu aan't wrack een opperwal: de wind waait van het wrak af

Adij 10 dito des morgens den windt z.z.o. maar tegen den middagh zuyelijck, met styven doorgaanden wint, van daagh ben met de resterende 3 kisten gelt ende ander goet naar boort gevaaren, om ons tot de reyse te prepareren alsooder geen hope en is om aan t'wrack yets meer te doen.

Adij 11 dito den windt z.z.oost met harde coelte, desen dagh met water halen doorgebracht, alsoo het te hardt waijden, om noch eenigh houtwerck, op't eijlandt *Batavias* Kerckhoff te haalen.

Adij 12 dito smorgens den windt zuijden, met weijnich koelte, ende begonde op den dagh, naar't noordt westen te loopen, met variabele luewe winden, ende opt'leste stilte. Derhalve heb het kleijne schuytgien, nevens de duyckers, noch eens ten overvloet naar t'wrack gesonden, om te zien ofter noch ijets te vinden was, die des avonts weder gekeert sijn, mede brengende 2 zilvere schootels, met een timmerkist die zij gevischt hadden. Verklarende op haar mannen waarheyt datter nu niet meer te vinden zoude zijn, al bleeffmen noch soo langen tijt leggen.

[299 v] Adij 13 dito den windt z.z.west, met stilte ende moij, weer hebben op vandaagh geresolveert, dat wij Godt te vooren, windt ende weder zullen toelatende, op den 15den t'zeijl te gaan, ende onse reijse op't spoedichste te vervorderen naar *Batavia,* als mede datmen dese naevolgende persoonen die haar op de eijlanden niet onstraffelijck gedragen, maar door vreese vande doodt, haar handen met menschen bloet besoetelt hadden, haar recht zal executeren, te weten, Salomon des Champs, ondercoopman, Rogier Decker, kaijuijtwachter geweest, Lucas Gillissen uyt den Haagh adelborst, Abraham Gerritsen van Amsterdam, ende Claas Harmansen van Campen, als bij de volgende resolutie, ende sententien blijckende is.

Op heden den 13 november 1629 bij den Commandeur ende den scheepsraat van't jacht *Sardam* geresolveert,

Alsoo wij Godt betert, alhier ontrent het wrack van't verongeluckte schip *Batavia,* den tijt van weijnich min als 2 maanden, genoechsaam tegen onsen wil, ofte meeningh hebben moeten verslijten, door harden windt ende weer, dat wij alhoewel alle gelegentheden, van stilte, ende weijnigh brandingen niet versuijmt, maar wel waargenomen hebben om door de duyckers in het wrack de contanten, als andere waren, op te zoecken, zoo dat wij tot verscheijden reijsen, ontrent de 10 kisten gelt gevonden hebben, ende om datter 12 int schip geweest zijn, zoo en hebben volgens onsen restricten last, vanden Ed. Hr. Generaal daar niet lichveerdigh willen affscheijden, maar ten vollen versekert zijn, datter niet meer te vinden was, gelijck wij nu sijn om dat alles doorcruijst, ofte geduijckt is. Zoo heeft den Commandeur geproponeert, offmen alhier noch eenighe dagen still weer zouden verwachten, dieder gemeenlijck om de 15 a 20 dagen van eenen compt, om noch ten overvloede te besien ofter ijets te vinden zoude zijn, (oft datmen) nademaal wij ten vollen zoo wij meenen bewust zijn, dat al het verder zoecken maar tijt verquist is, ende het leggen blijven tot groot nadeel van onse Hrn. Meesters streckt, onse reijse op het spoedighste naar *Batavia* sullen bevorderen. Zoo heeft den raadt naar dat wij met ernst ten meesten dienst vande Generale Oost Indische Compagnie op't stuck gelet hebbende en in consequentie getrocken, dat alhier met soo veel [300 r] contanten ende goederen daar benevens over de 100 mannen, op een fondament, van een onsekere hoope te blijven leggen, niet dan tot grooten nadeel, ende ondienst kan strecken. Derhalven hebben geresolveert op over morgen Godt te vooren, wint ende weder zulcx toelatende, t'zeijl te gaan, naar *Batavia,* maar al vooren zullen het vaste Zuijdtlandt aandoen, oost noort oost van hier, om te sien off wij daar den schipper ende andere 4 mannen die met hem inden boot geweest, ende door harden windt wech gedreven sijn, konnen vinden, alsoo wij op den 4den deser verscheyde roocken gesien hebben, waaruijt te presumeren staat, dat zijlieden zulcx gedaan hebben, tot een teecken.

Voorder, alsoo Wouter Loos van Maastricht soldaat maar naa de gevanckenisse van Jeronimus Cornelissen ondercoopman, voor ons arrivement alhier, Capiteijn vanden moordersen hoop gemaackt is geweest, ende hem zelfs daar voor heeft laten authoriseren, ende het volck met handtteeckeningh ende eeden doen zweren, hem in alles getrouw te zullen zijn, in forme als Jeronimus voor zijn gevanckenisse mede hadde laten doen, waarover op den 17 september voor genomen heeft het defensive volck op't Hooge Eijlandt te gaan bevechten, om haar te vermeesteren, alhoewel naar 2 uren strijdens op haar niet geadvanceert hebben, dan dat 4 mannen met haar musquetten zeer schadeloos[255] geschoten zijn, waar van eenen genaempt Jan Dircxsz van Emden bosschieter op den 28 dito gestorven is. Daarenboven heeft hem goetwilligh tot verscheijden moorden laten gebruycken, als bij zijne examinatie ende eijgen bekentenissen int largo blijckende is, als mede bij diversche vrouwen, alhier zijnen wil gedaan. Tot welcke volkomen kennisse wij zeer lancksaam, ende nu eerst ten vollen daarvan versekert zijn geworden, zoo heeft den Commandeur geproponeert, naademaal soodanige criminele delicten, door hem gedaan zijn, die wij niet konnen ofte mogen voor Godt noch onse hooghe overicheijt op *Batavia* hem ongestraft latende, verantwoorden, oftmen den voorsz Wouter Loos alhier ten exempel van andere met der doodt zal straffen oft datmen hem op het vaste zuytlant zal zetten, om al-

255 schadeloos: onschadelijk

daar met de inwoonderen des landts soo het Godt gelieffden dat zij hem int leven lieten, met haar een tijt lanck te leven, ende t'landts gelegentheijt te doorsien, totter tijt dat eenighe schepen, op de 25 a 26 graden, mochten vervallen daar hij hem onthouden mochte noch verlost te worden, zoo heeft den raat, naar dat wij op t'zelve met allen ernst gelet ende de zake vanden voorsz Wouter Loos overwogen ende gedebatteert hebben, hem te sententieren, prefererende gratie in plaats van rigeur der justitie, als mede ten dienste vande Generale Oost Indissche Compagnie datmen hem nevens [300 v] Jan Pelgrom de Bije van Bemmel die op den 28sten september passado ter galge gesententieert was, ende door sijn jonckheijt verbeden wiert, om op een eijlandt te mogen geset worden, met een schuijtgien als schelmen ende doodt verdiende delinquanten, aant voorsz landt zal zetten, om haar aldaar met het voorsz schuijtgien te generen[256], ende ondertusschen haar met de menschen[257] gewoon ende bekent te maecken, ende te doorsien wat in die landen voor materialen t'zij gout, zilver, oft andersints valdt[258], om ofter[259] t'eenigher tijden eenige scheepen op die cust quamen te vervallen, ofte schuijten aan landt quamen daar zij mede mogen verlost worden, ende dies landts gelegentheijt verwittighen.

Ten anderen alsoo haar de ondergeschreven persoonen op dese eijlanden niet onstraffelijck gedragen hebben, maar door al te groote vrese voor de doodt, de moordersche schelmen, haer doen met ooghluijckingh ende dissumilatie toegestaan inplaats vande gerechticheijt, haar eere, eedt ende salicheijt maintenerende tegen te stellen, maar ter contrarie haar handen met menschen bloet te vergieten besoetelt hebben alhoewel daar toe gedwongen zijn geweest. Derhalven hebben wij naar dat hare zaecke, op't hoogste in consequentie getrocken wel geexamineert, gedebateert, ende overwoghen hebben, eenstemmelijcken goetgevonden, zommighe conform hare delicten, met dese ondergeschreve straffe, de doodt aldernaast verzellende[260] te sententieeren, als bij de navolgende sententien int largo blijckende is.

Te weten Salomon Deschamps, ondercoopman, drij maal te kielhaelen, ende met 100 slagen geleerst[261] te worden, Rogier Decker van Harlem, drijmaal te kielhalen, ende met 100 slagen voor de mast geleerst te wor-

256 generen: behelpen of in onderhoud voorzien
257 de menschen: de bewoners van het Zuidland
258 valdt: te krijgen is
259 ofter: wanneer er
260 de doodt aldernaast verzellende: die het dichtst bij de doodstraf staat
261 geleerst: met een touw op de broek of op 'het natte gat' geslagen

den, Abraham Hendricx van Amsterdam, 3 maal te kielhalen, ende met 100 slaaghen voor de mast geleerst te worden, Lucas Gillisz uijt den Haagh adelborst 3 maal vande reede te laten vallen, met 100 slagen voor de mast geleerst te worden, daarenboven 6 maanden gagie geconfisqueert ten proffijte vande generale OostIndissche Compagnie, Claas Harmansz van Campen, 3 maal vande reede te laten vallen ende met 100 slagen voor de mast geleerst te worden. Aldus gedaan, ende gearresteert op't jacht *Sardam datum ut supra.*

Francisco Pelsartt
Claes Gerrtisz
Salomon Deschamps
Sijmon Jopzoon
dit is t'merck van
Jan Willemsen Visch[262]

[301 r] Op heden den 21 september, op't eijlandt *Batavias* Kerchoff, heeft den Commandeur *Francisco Pelsart*, ende den scheepsraadt geresolveert Wouter Loos van Mastricht soldaat *alias* Capiteijn, t'examineren over zijne gedane moorden, als beestelijck leven hier op d'eijlanden geleijt heeft ende dies noodigh zijnde, ter torture te brengen. Datum als boven.

Wouter Loos van Maastricht soldaat oudt ontrent 21 jaaren, die op den 2 september naar dat Jeronimus Cornelisz op t'Hooghe Eijlandt, vande deffensive ende gevluchte menschen gevangen genomen wierdt, in zijn plaats vanden rebellen hoop, voor haren Capiteijn gekoosen, ende aangenomen is, d'welck hij haar tot bevestinge van zijn authorisatie, op den 8 dito met handteecken ende eede, van alde persoonen heeft doen zweeren, hem in alles te gehoorsamen, waarop hij den 17 stantij geresolveert heeft, de bovengesz gevluchten te gaan bevechten, ende vermeesteren zoo zij konden. Dan naar langh strijdens hebben zij op haar niets geadvanceert dan dat sij 4 mannen met haar musquetten swaarlijck quetsten waar van apparentlijck eenighe sterven zullen. Derhalven hem affgevraagt, tot wat eijnde hij tegens dat volck gevochten heeft, zeijt, omdat de zijne murmureerden, ende begeerden geen rantsoen van water meer te hebben, dan wilden sterven, ofte meester van dat eijlandt worden, heeft hem dieshalven van haar laten bewegen, maar dat het hem zeer leet is, dat zulcx gedaan heeft.

Voorder alsoo wij noch onderrecht zijn, dat hij mede in des predikants

262 zie noot 126

tent, als zijn huijsgesin vermoort wiert (geweest is) ende apparentlijck zijn devoir int doodtslaan, nevens anderen gedaan heeft, hem gevraagt wie hij aldaar doodtgeslagen hadde, bekent, dat hij dien dagh tegen den avondt in sijn tent lagh, ende dat hem Davidt Zevanck buijten riep, hem aanseggende, datmen des nachts s'predikants huijsgesin aan een kant soude helpen, ende hem tegen dien tijt gereet souden houde, waar op hij soude geseijt hebben, daar is ommers volck genoch, waerom neemt ghij der mij toe, maer is alevenwel des avondts, nevens Zevanck ende 4 a 6 andere naar des predikants tent gegaan, ende inkomende namp Zeevanck de lamp, ende zeijde hier is Compagnies goet in verborgen dat willen wij zoecken, ende daar uijt hebben, wiert ondertusschen de lamp uijtgeblasen, ende namp Wouter Loos den ketel met robbenvleesch die over t'vier hinck en koockten, bracht hem inden tent van Annetgien Boschieters. Wederkerende vont hij dat al het volck vermoort, jae partije weghgesleept waren, besigh synde met plunderen, maar dat hij niemant aangeraackt ofte ijmant leet gedaan heeft. Alsoo hij mede inde tendt geweest heeft nochtans ontkennende ijmant gedoodt oft helpen dooden te hebben, [301 v] derhalven hem ter torture gestelt om de rechte waarheijt uijt hem te trecken. Naar uytgestane pijne ontkent als boven, aan ijmandt handtdadigh geweest te hebben, alleenelijck dat hij met de ketel deur gegaan is, maar beleijt, dat zoo wanneer Hans Radder en Jacop Groenewald trompetter zouden verdroncken worden dat hijse mede handen ende voeten heeft helpen binden, ende sijn zoo in zee gedragen.

Voorder affgevraagt, hoe veel vrouwpersoonen hij op dit eijlant vleesschelijck bekent heeft, belijt dat hij bij Trijntgien Fredricx ende Annetgien Bosschieters eenige reijse geslapen, ende zijne will mede gedaan hadde. Mede gevraagt, oft hij bij Lucretia Jansz nademaal hij eenige dagen nae de gevanckenisse van Jeronimus Capiteijn zijnde, bij haar inde tent geweest heeft, zegt datter de doot op sterven wil, zoo hij haar onneerlijck angetast ofte versocht heeft.

Op den 27 october voorden scheepsraadt andermaal geexamineert, alsoo ons ter ooren gekomen is, door Judigh de dochter vande predikant, als dat Wouter Loos voor desen wel gesegt ofte hem beroempt soude hebben, dat hij Bastiaan Gijsbertsen assistent haren oudtsten broeder (doen haer moeder, zusters, ende broeders vermoort wierden) met een dissel dootsloegh. Waarover scherpelijck op de zake gelet ende naarder vernomen hebben, bevinden dat hij het aan meer ander persoonen geseijt heeft. Derhalven hem wederom laten brengen, om nu de rechte waarheid uijt hem t'zij met torture ofte vrijwillige bekentenisse te trecken, die geerne zoo met dreijgementen, als andersints van hem geweten hadde, dan bevonden hem even obstinaat zoo dat hem ter pijne gestelt hebben.

Ende affgevraaght nademaal hij hem tegen diverse zulcx beroemt hadde, ten anderen dat hij met een dissel nevgens d'andere moorders inde tent geweest hadde, ooghschijnelijck sijn uytterste debvoir int doodtslaan gepleegt heeft, bekent op't leste dat hij den oudtsten zoon met een dissel onder de voet geslagen heeft, dat hij doodt was, ende dat daar naar den ketel met vlees die over het vier hinck en koockten affnamp, ende die in sijn tent bracht.

Bekent mede dat weijnich tijt naar het boven ghepasseerde hij nevens Davidt Zevanck ontrent de voorsz [302 r] predikants tendt wandelen ginck, ende dat hij zagh dat Andries Jonas besich was, om Maijken Cardoes den hals aff te snijden, maar haar niet wel machtich konde worden, zoo is hij Wouter Loos met een stock toe geloopen, ende heeft de voorsz vrouw Maijken Cardoes daar mede de kop ingeslagen, het welck accordeert op de belijdenisse van Andries Jonas goetwilligh voor sijn sterven beleden, zeggende, dat hij se meenden te dooden, maar dat Wouter Loos hem te hulp quamp geloopen, diese den kop insloegh.

Verklaart voorders dat op de 5 augustij op't Hooghe Eijlandt zijnde Jeronimus Cornelisz ende Zevanck die te zamen wandelen gingen, hem belasten dat hij zoude gaan, ende steken Jan Willemsz Selijns kuyper doodt alsoo zij vreesden dat hij mede overlopen mochte, waar op Wouter Loos van meningh zijnde uijt te voeren, dat hem geseijt was, naar Jan Willemsz toe ginck, dan bij hem komende, ontsetten hem zijn gemoet in sulcken alteratie dat het niet doen konde, ende waarschouden den voorsz cuijper met eenen dat hem zulcx belast was, maar dat hij wel voor hem bidden zoude, om dat hij groot vrient van Jeronimus was.

Wij ondergeschreven raadtspersoonen vanden schepe *Sardam* verklaren op onse mannen waarheijt inplaatse van ghestaaffden eede, dat alle dese bovengeschreven examinatien, in onsen bijwesen genomen, ende door Wouter Loos van Maastricht, zoo door torture als vrijwillighe bekentenisse beleden zijn, is hem op heden ten overvloet dese examinatie ende bekentenisse wederom voorghelesen, ende affgevraagt oft het altesamen niet warachtigh was, bekendt vrij, liber ende ongebonden, inderdaat zoo geschiet te zijn, ende om dat wij t'zelve met nuchteren ooren ghehoort ende eijghen ooghen gesien te hebben, zijn bereijt t'allen tijden, die voor alle hooghe ende subalterne rechters, oock bij den Ed. Hr. Generaal *Jan Pietersen Coen*, ende de Ed. Heeren raden van *Indien* tot *Batavia* komende t'attesteren ofte te getuijgen ende daartoe versocht zijnde met eede te bevestighen. [302 v] In teecken van dit warachtigh te sijn, hebbent met onse handt teycken onderteijckent, desen 14 november anno 1629 op't jacht *Sardam*.

Francisco Pelsartt
Claes Gerritsz
Salomon Deschamps
Sijmon IJopzoon
dit is t'merck van
Jan Willemsen Visch[263]

[303 r] Alsoo Wouter Loos van Maastricht soldaat oudt ontrent 24 jaaren, maar op den 2 september zoo wanneer Jeronimus Cornelissen ondercoopman opt Hooge Eijlandt vanden deffensive gevluchte menschen, gevangen genomen wiert, in zijn plaats van alden rebelligen hoop voor haren Capiteijn gekosen ende aangenomen is, t'welck hij haar tot bevestingh van sijn autorisatie op den 8 dito onderteijckenen ende met eede van alle de persoonen heeft doen bezweijren hem in alles te gehoorsamen. Waar op hij den 17 september voorgenomen, ende hem van de principale muytmakers heeft laten bewegen, om tegen de andere die op't Hooge Eijlandt waren te gaan vechten, ende zien off zij de selve konden vermeesteren. Dan naar langh vechtens hebben zij op haar niet geadvanceert, dan dat zij 4 mannen met haar musquetten zwaarlijck quetsten, waar vander eenen genaampt Jan Dircxsz van Emden bosschieter, op den 28 september gestorven is, ende apparentlijck noch meerder onheijlen souden gecauseert hebben, haddde het Godt niet gelieft dat wij dien zelven tijt, ofte ure, als zij vochten, met het jacht hier arriveerden, ende alsoo al haar desseijn verniettight is. Daarenboven heeft hem voorsz Wouter Loos hier op de eijlanden ontrent het wrack van't verongeluckte schip *Batavia* vanden wegh der menschelijkcheijt ende redelijcke creaturen laten afftrecken, ende door zijn ingekanderde verdorventheijt vanden Godloosen, Epicureenschen booswicht Jeronimus Cornelisz daer hij een groot favorit van was, goetwillich laten gebruycken tot het menschen moorden, als bij zijne bekentenisse soo door examinatie van torture als vrijwillighe beleden int largo, als mede hieronder gementioneert blijkende is, te weten,

dat op den 5den jullij hem van Jeronimus heeft laten ordonneren, om nevens Davidt Zevanck, Coenraat van Huijssen, Jan Hendricxsz, Lenert Michielssz, Cornelis Pietersz van Uutrecht ende Rutger Fredricx met het grootste vlot te gaan, om Hans Radder ende Jacop Groenewaldt oppertrompetter te gaan verdrincken, die sij aant Verraders Eijlant gebracht hebben, ende heeft Wouter Loos hen handen ende voeten helpen binden ende zijn soo in zee gedragen, ende versmoort.
Item op den 21 julij tegen den avondt is den voorsz Wouter Loos van Ze-

263 zie noot 126

vanck mede aangeseijt dat hij hem gereet zoude houden, om des nachts den predikants huijsgesin aan eenen kant te helpen, ende wiert hij inde [303 v] avont, als het tijt was van dito Zevanck geroepen, waer toe inde wegh een dissel op socht darmede nevens Jan Hendricxsz, Mattijs Beer, Cornelis Pietersz van Uutrecht, Jacop Pietersz, Andries Jonas ende Andries Liebent naer de voorsz dominees tent gegaan is, alwaar Zevanck binnen gaende het woort dede, zeggende daar was Compagnies goet in verborgen dat wilden hij der uut hebben. Ondertusschen bliesen de lamp uut, ende begonden met dissels ende bijlen in den hoop te slaen zoo dat Wouter Loos, den oudtsten zoon Bastiaen Gijsbertsz, assistent, met sijn dissel den kop insloegh tot dat hij doodt was.

Op den zelven avondt, naar het bovengepasseerde ginck Wouter Loos met David Zevanck ontrent de tent wandelen, met[264] zach hij dat Andries Jonas besich was om Maijken Cardoes die hij onder de voet hadde gesmeten, de keel affte snijden, dan konde door haar sterck worstelen, ende dat sij het mes in haar handt gevadt hadde, tot zijn voornemen niet komen. Derhalven liep den voorsz Wouter Loos met een kluppel ofte stock naar haar toe, ende smeet voorsz Maijken Cardoes soo den kop in, het welck Andries Jonas voor sijn sterven oock goedtwilligh beleden heeft.

Item heeft mede bekent, dat soo wanneer hij op den 5 augustij nevens Jeronimus ende ald'andre op't Hooghe Eijlandt sijnde, dat hem voorsz Jeronimus belasten, dat hij den cuyper Jan Willemsz Selijns zoude gaan doodtslaen, dan bij hem komende wroegden hem het gemoet in sulcken voegen, dat in plaats van doodt te slaen, Jan Willemsz waerschouden dattet hem belast was, maar dat hij't niet doen konde, zoo dat hij aan Jeronimus, omdat hij groot exces by hem hadde, voor den voorsz Jan Willemsz gebeden heeft, waaruijt lichtelijck te mercken staat, wat favorit dat hij van Jeronimus geweest is, ende apparentlijck meer doot slagen met zijn tonge door raatgeven, als noch met handen gedaan heeft.

Item heeft alhier op de eijlanden bij verschijde ghetroude vrouwen vleeschelijck bekent, off synen boosen wil mede gedaan. Alle welcke grouwelen, zoo dan het menschen moorden, vrouwenschenden, als voorgenomen obstinaatheijt, Capitijn gemaact zijnde, de voetstappen, als successeur vanden booswicht Jeronimus Cornelisz naar ghevolcht heeft, de arme defensive gevluchte menschen te gaan bevechten, daer sij der 4 swaarlyck quetsten, waar van een als vooren gesz gestorven is, onder dexel dat sij meester van't water wilden sijn, daar ter contrarie haar geen water geweijgert is geweest, maar met brieven haar alle [304 r] vrient-

264 met: direkt

schap aangeboden, die hij ontstucken gescheurt, ende haar voor als vyanden gehouden, gelijck den voorsz Wouter Loos in sijn authorisatie haar daar voor verklaart. Criminele delicten sijn, van seer quade consequentie, die veelvoudich dootwaerdigh sijn, ende die van Godt nochte den menschen niet en konnen noch mogen geleden worden, alsoo ons de (natuur), ick laat staan Godes gebooden ons genoechsaem leert, datmende boose moet straffen, andere ten exempel, zoo heeft den Commandeur *Francisco Pelsart,* ende wij ondergesz raatspersoonen vande schepe *Sardam,* op dese zake ten hoogsten gelet hebbende, naar lange examinatie ende ondersoeckinge de selve gedabateert ende overwogen, den voorsz Wouter Loos gratie inplaats van rigeur der justitie geprefereert ende hem gesententieert, gelijck wij hem sententieeren mits desen, datmen hem alhier, aan het vaste Zuijdtlandt als een doot verdiende delinquant zal zetten, nevens Jan Pelgrom de Bije van Bemmel die op 28 september ter galghe over syn misdaden gesententieert, maar vande doot verbeden is, om haar leven salveren, ende de Compagnie eenigen dienst mochte genieten, met confiscatie van zijn maantgelden, ofte eenighe pretensie die in *Indien* soude mogen hebben, ten proffijte vande Generalle OostIndissche Compagnie onse Hrn. Meesters. Aldus gedaan ende gearresteert op't jacht *Sardam,* desen 13 november, 1629.

Francisco Pelsartt
Claes Gerritsz
Salomon Deschamps
Sijmon IJopzoon
dit is t'merck van
Jan Willemsen Visch[265]

[304 v] Instructie voor Wouter Loos ende Jan Pelgrom de Bij van Bemmel, beijde doot verdiende delinquanten, die door verscheijde insichten alhier aan't vaste *Zuijtlandt* geset worden,

Met een champan oft schuijdt, die zij behouden sullen met haar toebehooren, om haar daar mede te generen, ende sullen zien datse met dese zuijdelijcke windt die hier nu lancx de wal waijt op 25 a 24 graden naar gissingh komen, 'twelck ontrent 50 mijlen van dese plaats is, daer hier aen landt geset worden, om aldaar oft onderwegen, moij weer ende gelegentheid waarnemende, haar met t'volck van dit landt door teeckens van vrientschap bekent te maeken. Waartoe haar vanden Commandeur eenige Noorenborgerije[266] zoo messen, kralen, bellen, ende spiegeltiens mede

265 zie noot 126

266 Noorenborgerije: in het algemeen kramerij, meer in het bijzonder spiegeltjes, speelgoed, klein gereedschap etcetera uit Neurenberg

gegeven worden daar zij de zwarten altemet een weijnich van zullen geven, totdat zij haar gewendt zijn.

Met haar bekent wesende, zoo zij u dan in haar dorpen hij hunnen oversten willen brenghen, verstout u goetwilligh met hun te gaan, het is misselijck[267] waar s'menschen geluck ingelegen is, zoo u Godt bewaart, zult van haar geen schade lijden, maar ter contrarie, alsoo zij noijt witte menschen gesien hebben, alle vriendtschap bewijsen. Ondertusschen sult neerstelijck letten wat matrialen t'zij goudt oft zilver dat daar valt, ende wat zij voor costelijcxte houden, om als ghij in volkomen vrientschap met haar gekomen zijt, versoecken mochte met teecken oft haar spraack lerende, dat naar schepen oft volck op de zeekant mocht uijtzien, om meer van sulcke goederen van haar te krijgen, als ijser, coper, oft norenborgerij waarvan ghij verscheijde monsters mede hebt, die haer ongetwijffelt wel aanstaan zullen. Den tijt dat de schepen daar het *Zuijdlandt* aandoen is in *april, maij, junij, jullij,* waar over in dien tijt wel scherpelijck most uytkijcken, ende eenige gewaar wordenden zoodanige teeckenen doen, datmen konde zien, dat hij met ernst gedaan wort, zoo met roocken, als andersints. Voor all hebt Godt voor oogen, vergeet die niet, hij sal u ongetwijffelt overschaduwen, ende noch eijndelijck een goede uytkompste geven. Aldus gedaen op t'jacht *Sardam* desen 16 november 1629.

[305 r] Alsoo Godt betert vele, jae de meeste menschen die hier op t'eijlandt van *Batavias* Kerchoff geweest zijn, haar niet onstraffelyck, maar in vele fauten vergeven hebben, waar van zommige dese navolgende zijn, die zoo door genomen examinatie als haar eijgen bekentenisse, haar te buijten hebben gegaan, intvolgende, eerstelijck

Salomon des Champs van Amsterdam ondercoopman, die hem soo wegen syn amptshalven daar hem bij de Ed. Hr. Mrs. voor verhuert heeft seer slappelijck gequeten, int bevorderen tgeene vande Ed. Compagnies dienst ende behoudenisse vande arme menschen, die soo jammerlijck vermoort zijn, haar leven streckende was, maar de boose in haar voornemen, met dissimulatie ende ooghluyckinge heeft laten voortgaan, sonder eenigh tegenseggen. Daarenboven op den 20 jullij, des nachts dat hij van Jacop Pietersz uijt zijn tent gehaalt wierdt, die hem in Maijken Cardoes tent bracht daar Davidt Zevanck, Jan Hendricxsz ende Cornelis Pieterssen van Uutrecht waeren, die hem aanzeijden datse van sijn getrouwicheid niet versekert waeren, derhalven een jonck zogent kindt uyt den

267 misselijck: makkelijk te missen, onzeker

schoot vanden moeder Maijken Cardoes voorsz namp, die inde selve tent was, ende tegens hem zeijden, Deschamps, daar is een halff doot kindt, ghij en zijt doch geen vechtent man, hier is een stropjen daarbij, gaat henen ende maackt dat wij overt'eijlant daar soo veel gekrijts niet van en hooren, heeft hij Deschaps sonder weijnigh tegenseggen, het kindt buijten de tent genomen, ende soo geworgt, allwelck een delict van seer quade consequentie, jae crimen is, die wel ten alderhoochsten dienden gestraft, omdat een officier volgende zijn eer, eedt, ende zalicheijt, wilden betrachten, behoorden anderen daar van te bestraffen, ende meerder onheijlen zoecken voor te komen te hebben, hem met de grouwelen niet besoetelt heeft. Nochtans den Commandeur ende den scheepsraat vande schepe *Sardam* om verscheijde consideratien, zoo omdat het kindt van Jeronimus Cornelisz met vergift van *mercurium sublimatum*[268] vergeven was, ende niet leven noch sterven konde, ten anderen, dat hijder toe gedwongen is geweest oft zouden hem anders apparentlijck om t'leven gebracht hebben, hebben ten hoogsten met den voorsz Deschamps niet willen procederen, maar gebruyckende gratie inplaats van rigeur der justitie, hebben hem gesententieert gelijck hem sententieeren midtsdesen, datmen hem op morgen 3 maal sal kielhaalen, ende daar naar met 100 slagen voor de mast geleerst te worden ten exempel van andere.

Als mede Rogier Decker van Haarlem, oudt ontrent 17 jaeren, kaijuijtwachter, ende dienaar geweest op den schepe *Batavia* van Jeronimus Cornelissen ondercoopman, die hem oock van menschelijcheijt, ende broederlijcke lieffde laten ontblooten heeft, maar van zijn gewesen meester Jeronimus op den 10 augustij heeft laten bewegen, tot een tirannige moordt, te weten, dat hij op den voorsz dagh in zijn tendt zadt vischen braden, als wanneer [305 v] Jeronimus selffs quamp, ende riep hem uijt de tendt bij hem ende schonck hem een beker met wijn, tegen hem zeggende daar is een ponjaart, gaat ende stoot daarmede Hendrick Jansz van Purmerent timmerman die met Deschamps gaat wandelen thert aff, t'welck den voorsz Rogier zonder eenigh tegenseggen toegestaan heeft, ende is zoo buijten gegaan, ende heeft den voorsz Hendrick daar mede dootgesteken. Het welcke een crimen delict is, dat wel behoorde met de doodt gestrafft te worden, zoo tirannighlyck op een zeghwoort[269] den onnoselen man, zijn bloet te vergieten. Nochtans den commandeur ende den scheepsraadt gebruyckende gratie inplaats van rigeur der justitie, soo om syn joncheijt, als ten anderen, dat door vrese zoo hij sulcx geweijgert

268 mercurium sublimatum: mercuriumchloride; een kwikverbinding, vergif, doch in lage dosering destijds gebruikt als geneesmiddel bij geslachtsziekten
269 zeghwoort: mondeling bevel

hadde, dat zij hem gedoot soude hebben. Als mede, dat tot noch toe niet en hebben konnen bevinden, dat hem in eenighe ander boosheijt heeft laten ghebruijcken. Hebben hem gesententieert, gelyck hem sententieren midts desen, datmen hem op morgen driemael sal kielhalen, ende daar naar voor de mast geleerst te worden.

Als mede Abraham Gerritsz van Amsterdam jongen out ontrent 15 jaaren, die van t'schip *Leijden* inde *Sierra Lionas* wegh geloopen was, ende door den Commandeur van 't landt mede genomen is, die op den 15 jullij op't Robben Eijlant zijnde zoo wanneer partije jongers ende mannen dootgeslagen wierden, hem van David Zevanck aangeseijt wiert, jongen ghij moet mede helpen lustigh dootslaan, offmen sal u selfs matsen[270]. Hij goetwilligh int zelve geweest, ende met zijn mes eenen jongen genaampt Frans Fransz van Haarlem, den hals affgesneden heeft. Het welck crime delicten van seer quade consequentie is, die niet en konnen ofte mogen geleden worden, maar andere ten exempel, metter doodt wel dienden gestaft te worden. Nochtans den Commandeur, ende den scheepsraadt gebruyckende gratie inplaats van rigeur der justitie soo om sijn joncheijt, als dat hij't door vrese gedaan heeft, hebben hem gesententieert, gelijck wij hem sententieeren midts desen, datmen hem op morgen drijmaal zal kielhalen ende daar naar met 100 slagen voor de mast geleerst zal worden.

Als mede Lucas Jellisz uijt den Haagh, adelborst die hem hier op't eijlandt, soo met woorden als wercken, den schijn vande schelmen aangetrocken ende in haar doen, hunnen coers in boosheid gevolgt heeft. Te weten dat op den 9 jullij soo wanneer Pieter Jansz provoost, met den sijnen dootgeslagen wierden, hij hem int schuytgien mede heeft laten gebruijcken, ende het vlot waar van zij de menschen in zee wierpen vast hielt, als mede op den 20 jullij, doen Passchier vanden Enden bosschieter ende Jacop Hendricxen van Amsterdam timmerman des nachts den hals affgesneden wierden, hij nevens Jan [306 r] Hendricxsz ende Lenert Michielsz gemandeert wiert te gaan omt'zelve uijt te rechten. Dan alsoo Jan Hendricxsz haar alle beijde den hals affgesneden heeft, hij der niet konnen toe helpen maar zijn mes toe gelangt, dat hem Davidt Zevanck present sijnde affeijschte, omdat Jan Hendricx 4 messen op Jacob Hendricxsz voorsz ontstucken stack, eer hij hem konde doodt krijgen. Daarenboven Lucas voorsz op den 5 augustij op't Hooge Eijlandt synde nevens alle d'anderen, ende dat Jeronimus ende synen raadt goet gevonden hadden, om meester Frans Jansz van Hoorn opperbarbier te laten

270 matsen: doden

vermoorden, omdat zij vreesden dat hij over soude loopen, zoo is Lucas nevens Leenert Michielssen, Mattijs Beer ende Hans Jacops door Sevanck gemandeert, omden voorsz meester Frans onder schijn, van robben te gaan zoecken, doot te slaan. Heeft Lucas, zoo wanneer Leenert Michielsz hem eerstelijck met een pijck dwers doorsteken, Hans Jacopsz met een morgensterre int hooft geslagen hadde, ende Mattijs Beijr met een sabel den kop gekklooft, den voorsz meester Frans oock met een pijck om't wel staans wil int lijff gesteken, alwelcke wreetheijt hij wel hadde konnen voorkomen, nademaal den man soo gehackt ende gesteken was. Maar ter contrarie heeft willen laten blijken dat hij mede van haar humeur, ende gesintheid was, niet en konnen ofte mogen geleden worden, maar een ander ten exempel op t'hoogste wel dienden gestraft. Nochtans den Commandeur ende den raat, naar dat op de sake gelet, ende de selve gedEbateert hebben, prefereren gratie inplaats van rigeur der justitie. Hebben den voorsz Lucas Jellissen gesententieert, gelijck hem sententieren midts desen, dat hij drij maal vande rede zal vallen, ende met 100 slagen voor de mast geleerst te worden, daarenboven met confiscatie van 6 maanden gagie ten proffijte vande Generaelle OostIndissche Compagnie onse Hrn. Meesters.

Als mede Claas Harmansz van Campen jongen, out ontrendt 15 jaeren, die op den 18 jullij, zoo wanneer den vrouwen, ende resterende jongers op't Robben Eijlant vermoort wierden, hem nevens 2 andere jongers genaampt inde ruychten verborgen hadde, ende nae ettelijcke dagen, haar vertrouden ofte tenvoorschijn quamen, waar over Jeronimus Cornelisz de voorsz 3 jongers met Jacop Pietersz liet haelen omdat hijse onderwegen soude laten verdrincken, zoo heeft Jacop Pietersz tegens den voorsz Claas Harmansz geseijt int schuijtgien synde, jongen, smijt de andere 2 jongers over boort offmen zalt u doen. Het welck den voorsz Claas toegestaan ende de 2 jongers over boort gesmeten heeft. Hetwelck wel een gruwel is, die op't hoogste dienden gestraft. Nochtans den Commandeur ende den raadt, insiende, dattet eenen jongen is, die het belast wiert, in een schuijt zijnde, daar geen uijtvlucht en was, oft zouden hem selfs overboordt smijten, heeft met hem niet ten uyttersten willen procederen maar gratie gebruijct in plaats van rigeur der justitie, [306 v] hebben hem gesententieert, gelijck hem sententieeren midts desen, datmen hem op morgen, 3 maal vande rede sal laten vallen, ende daar naar met 100 slagen voor de mast gheleerst sal worden.

Aldus gedaan, ende gearresteert op t'jacht *Sardam*, desen 12 november anno 1629 ten ancker leggende onder t'Hooge Eijlandt 2 mijlen van't wrack.

Francisco Pelsartt
Claes Gerritsz
Salomon Deschamps
Sijmon IJopzoon
Dit is t'merck van
Jan Willemsz Visch[271]

Adij 14 november den windt z.z.west, hebben de rest van't volck vande eijlanden gehaalt, om op morgen t'zeijl te gaan, ende is desen dagh niet zonderlings gepasseert.

Adij 15 dito den windt z.z.west, met ooghschijnelijck moij weer. Derhalven hebben inden name Godts ons ankers gelicht, ende zijn van dese ongeluckige *Abrolhos* t'zeijl gegaan, naar het vaste landt, coers o.n.oost, om den schipper, ende 4 ander mannen, die met den boot door storm op den 14 passado, van't schip zijn versteken, alhier op te zoecken, ende vandaar onse reijse op't spoedichste naar *Batavia* te vervorderen. De plaatse daar het schip ofte wrack leijt is op de hoogte van 28 graden, 37 a 40 minuten, ende daar wij met het jacht onder het Hooghe Eijlandt geset gelegen hebbn, leijt op 30 a 32 minuten n.n.west van't wrack, alhoewel de stierluijden, naar het blijven van't schip op een vande eijlanden de hoogte van 28 graden 8 minuten, ende 28 graden, 20 minuten genomen hadden, twelck ons geen weijnich misverstant int opsoecken van dese plaatse ende ommers[272] tijt te verslijten, heeft toegebracht, als oock niet zonder groot perijckel om tselve mede te verseijlen, hadde ons den almogende Godt niet merckelijcken tot verscheijden reijsen bewaart. Wij hebben hier bevonden dat den windt meest den tijt, die wij hier gelegen hebben, uyt den zuijden, ende zuyt zuijt oost waijt, altemet des morgens naar het zuyt oosten, ofte oost [307 r] zuyd oosten schieten, maar weijnich, zoo dat het hier op het wrack altijt een leger wal is ende stadigh hardt aen-,brant ende het slechte water zeer nauw moet waergenomen moet worden, oftmen soude noijt aant wrack yets konnen uijt rechten hebben, want doen wij hier eerst met het jacht quamen, wasser aent achter ende voorschip noch een stuck bovent water, maar nu was het altsamen wegh gespoelt dat ondert water maar den kiel met een weijnich van't wrack ruijm leijt, daar de stucken geschuts, ankers, touwerck ende diergelijcke swaar goet seer wonderlijck in malkanderen ghevlochten leijt, ende niet wijt wech spoelen kan. Het is hier ontrent seer vischrijck, van drijderlij soorten van visch maar heel anders van smaack ende fatsoen, als op andere custen syn. Het zijn altsamen leege cooralige eijlantiens ende clippen, uytgenomen 2 a 3 groote eijlanden, waar van sij op't een over langen tijt

271 zie noot 126
272 ommers: hier omtrent

eer wij hier quamen, 2 putten met water gevonden hadden, maar deselve putten sijn inden tijt, dat wij hier geweest zijn, heel brack, ofte soudt geworden, dattet ondrachelijck is, ende op't ander daar het jacht tegen geset gelegen heeft, hebben wij door het affbranden vande ruychte ofte kreuckelbosch oock 2 putten met water gevonden, die zeer avontuerlijck oft bij geluck gevonden syn, omdatse gelijck ick voor desen op den passado verhaalt heb, boven maar een kleijn gat was, daar een mans arm in mocht, ende onder een heelen cisterne oft waterback was, onder het aarde, die wij boven het gadt met coevoeten ende mokers soo groot maackten, datmen het water daar gevoeglijck konde uijtscheppen. Boven dit zijn op dese eijlanden groote partije catten, dat een wonderlijck fatsoen ofte schepsel is, zoo groot als een haas, het hooft gelijckt een civetkatte, de voorste voetjens sijn heel kort, ontrent een vinger lanck, waar aan het vijff nageltiens ofte vingertiens heeft, als een apenvoorpoot, ende haar 2 achterste beenen zijn wel een halff elle lanck, daar sij op loopen op het plat van het gewricht van't been, zoo dat niet snell int loopen sijn. Den steert is haar heel lanck als van een meerkatte, als zij eeten zoo zitten sij op hare achterste voeten, ende nemen haar eeten inde voorste pootjens, ende eeten als de eeckhorentiens ofte apen doen. Haar genereren ofte voorttelingh is zeer wonderlijck, jae aenmerckens waardigh. Onder den buyck, hebben de femeniens een tasse[273] daar men een handt insteken kan, ende binnen in heeftse haar tepels, alwaar bevonden hebben, dat haere jongen in groeyen, met den tepel inden mondt, ende soo vonden liggen hebben, die maar een boon groot waeren, ende de leden van het beestien geheel geproportioneert, levende, zoo dat het sekerlijck is dat zij daar aan den tepel vande mammen groijen, ende haar voetsel trecken [307 v] tot dat sij groot zijn, ende loopen konnen, alhoewel noch heel groot synde inde tas noch kruypen, ende loopter de moeder mede wegh alsmense jaagt. Eenige grauwe tortelduyven onthouden haar op dese 2 eylanden mede, maar anders van gedierte, oft vruchten valter niet als kreuckelstruijcken, geen ofte weijnich gras. Dit ende allent voorsz is zoo veel als hier ontrent dese *Abrolhos* ondervonden ende gepasseert is. Derhalven zullen keeren naar het vaste Zuijtlandt, daar wij naar toe zeijlen, ende ontrent den middagh dicht ondert landt quamen, daar wij op een halff mijl vande strandt met kleijn zeijl lancx zeijlden, omte sien off wij geen menschen ofte teecken konden zien, tot den achtermiddaghs, dat wij op't hooge een weijnich roock op zagen gaan, maar verginck dadelijck, alevenwel anckerden daar op 21 vademen schoonen zandtgrondt, omte zien oftet den schipper, met den zijnen was, dan den roock bleeff achter[274] ende verscheen niemandt op de strandt, waar uijt wij zagen dat-

273 tasse: buidel
274 achter: weg

tet vande inwoonders geweest waeren, die haar niet en dorsten vertoonen, bleven ten ancker liggen, alsoo het hardt waijden, tot

adij 16 dito des morgens, dat wij weder ons ancker lichten, den windt z.z.oost met een topzeijl coelte, zeijlden weder met kleijn zeijl, dicht lancx de wall een cortouw schoot[275] vande brandingh. Tegen den middagh wierden het inbochtien gewaar daar wij op den 8 junij als wij met den boot water zochten meijnen in te loopen, maar door eenen noordt westen storm, die ons beliep in grooten noot van sincken waren ende Godt ons doen zoo merckelijcken bewaarden. Alhier zagen wij veel diversche roocken op gaan, ende alt'samen verblijt wesende dat ons volck daar mocht sijn, daarom heb ick de schuijt dadelijck naar t'landt gesonden, om seker bescheijt vande plaats, ende roocken te krijgen, die daar om eenen steijlen hoeck, daar wij vermoeden van water gehadt hadden, een afflopent water vonden, dat vooren aande zeekant brack, maar om hooge zoet was, zij zagen oock veel voetstappen van menschen, ende doorgaande voetpaatgiens naer't gebergte, met menichte van roocken, dan de zwarten hielen haar verborgen, ende openbaarden hem niemant. Voor desen doen wij met den boot hier zwerffden, waeren mede dicht onder't landt, maer hebben op dese plaatse geen menschen noch roock vernomen. Door dese goede gelegentheijt, heb ick de twee gesententieerde delinquanten, te weten, Wouter Loos ende Jan Pelgrom de Bij van Bemmel, met een champan van alles versien, aan dit landt laten vaeren, Godt [308 r] geve dat ten dienste vande Compagnie mach strecken ende dat haar Godt een goede uytcompste geve, om eens zeker te weten, wat indie landen passeert. Dit inbochtien is geleghen op de hoogte van 27 graden 51 minuten. Nae den middagh, alsoo der geen hope ofte apparentie omden schipper te vinden en was, hebben zeijl gemaackt ende onsen coers n.west, twee streken buyten den wal gedaen, om dat het stijff begonde te waijen, ende des avonts gingen west noord west aen.

Adij 17 dito des middags de zuijder brede, van 26 graeden, 40 minuten, coers w.n.west, den windt zuijen met een topseijl coelte.

Adij 18 dito des middags, de zuijder brede van 25 graden, 49 minuten, coers w.n.west, den windt z.z.west met een topzeijl koelte.

Adij 19 dito den [wind] zuijelijck, met een slap top zeijl koelte, des middags geen hoogte gehadt, dit etmaal gezeijlt 30 mijlen, naar gissingh w.n.w. behouden, onsen coers nu n.west aangedaan.

Adij 20 dito den windt z.o. met een slap top zeijl coelte, coers n.west, desen middagh geen hoogte gehadt, maar naar gissingh 30 mijlen geseijlt te hebben.

Adij 21 dito den windt z. oost met een slap topzeijl coelte, coers n.west,

275 cortouw schoot: kartouwschot

desen middagh geen hoogte gehadt maar naar gissingh hebben 30 mijlen geseijlt, het hout hem hier een heel doncker overtogen locht met een drooge zuijt oosten windt.

Adij 22 dito des morgens onsen coers noorden, ende noorden ten oosten aengedaan, omde Cocus Eijlanden int gesicht te krijgen, den windt z.oost met een topzeijl koelte, hebben dit etmaal naar gissingh geseijlt 36 mijlen. Des middaghs geen hoogte gehadt doort doncker locht.

Adij 23 dito des middags de zuijder breede van 18 graden, den wint o.z.o. met een topseijl koelte, dit etmaal 36 mijlen naar gissingh geseijlt, coers noorden ende noorden ten oosten.

Adij 24 dito des middags, de zuijder brede van 15 graden 30 minuten, den wint o.z.o. met een topseyl koelte, dit etmaal 37 mijlen geseijlt, coers noorden, ende noorden ten oosten.

Adij 25 dito den windt oost, met een topseijl coelte, des middaghs geen hoogte gehadt, dan naar gissingh dit etmaal 30 mijlen geseijlt, noorden behouden.

[308 v] Adij 26 dito den windt oost, vanden 25sten t'savonts, tot het eerste quartier inden nacht, als wanneer noort noort oost schoot, met eenen harden storm, zoo dat geen zeijl konden voeren, maar lietent drijven, het regenden den geheelen nacht, ende vandage tot nae den middagh, derhalven geen hoogte gehadt. Des achtermiddags namp den wint aff ende liep noorderlijck, maackten de marsseijls bij, ende liepen oostwaart over, tot dat eenigh croos sagen drijven vande *Cocus* Eijlanden, tot snachts dattet wel hardt begonde te waijen, dat de marsseijls in mosten tot

adij 27 dito des morgens, den windt noordt oost, maar weder harde coelte, ende liepen, n.n.w. over met een topsijl coelte, den windt schoot hardt uut de noordelijcke kandt. Des middags de hooghte gehadt van 12 graden 3 minuten, bevonden ons nu voorbij de *Cocus* Eijlanden, daar wij dicht bij lancx geloopen syn, maar hebbense niet gesien.

Adij 28 dito des morgens is den windt oost geloopen, soo dat wij noorden, ende n.n.oost konden zeijlen, met een liefflijck weer, ende slecht water, des middags de hoogte gehadt van 10 graden 58 minuten, hebbEn dit etmaal n.n.west behouden.

Adij 29 dito des s'morgens den windt z.oost geschooten, zoodat wij onsen coers noordt oost naar *Sumatra* nu ruijm konnen zeijlen, des s'middaghs de hoogte gehadt van 10 graden 2 minuten, hebben dit etmaal n.o. ten noorden behouden, ende 17 mijlen geseijlt met fraij still ende liefflijck labber weer.

Adij 30 dito den windt z.o ende z.z.oost met een moij ende liefflijck weer, met slecht water, ende weijnich wint. Des middaghs de hoogte van 8 graden 40 minuten coers noordt oost, gisten 37 mijlen geseijlt te hebben.

Adij primo *december* den windt ende coers als vooren, met noch altoos moij liefflijck weer ende slecht water, des s'middags de hoogte gehadt van 7 graden 52 minuten dat gisten 17 mylen geseijlt.

Adij 2 dito den windt z.z.oost, coers noordt oost, met labber coelte, als vooren, des middags de hooghte van 7 graden gehadt, hebben dit etmaal 18 mijlen geseijlt, van nu aff onsen coers n.o. ten oosten behouden.

[309 r] Alsoo de ondergeschreven delinquanten haar op de eijlanden ontrent het verongeluckte schip *Batavia* ende gelijck ander voorgaande gesententieerde, int gehoorsamen vande booswicht Jeronimus Cornelissen, hebben vergrepen, vergetende haeren eede ende getouwicheyt daar sy aande Generaelle Compagnie onse Hrn. Mrs. in verbonden waeren, maar ter contrarie den selven quitterende[276], hebben haer verplicht, soo met handteeckens als eetsweren, te gehoorsamen aen zoodanigen, die sij genoechsaem konden mercken, dat zijn proceduren[277] voor Godt noch wereltlijcke overheden conden bestaan, oft verantwoort worden, alsmede haer seer moetwillich buyten menschelijckeijt naar't verliesen van't schip aangestelt hebben, waarover eenige zeer lange in hechtenisse gehouden sijn, om also by den Ed. Hr. Generaell op *Batavia* te brengen. Dan alsoo sij seer instantelijck[278] versochten, als mede het gemeijne voor haar gebeden hebben, datmen hare begane fouten oft delicten met zoodanige straffe alhier op't schip mochten gesuyvert worden, biddende voor gratie ende verschooningh van't leven, zoo heeft den Commandeur den raat hier over beroepen, oftmen het selve zonder in ongenade van den Ed. Hr. Generaell te comen alhier op't schip absolutelijck[279] souden affdoen, oft datmen haer saecken souden open laten staan, tot op *Batavia* comende, om het goet gelieven vanden Ed. Hr. Generaell daer over te besoigneren. Welck door den raadt op't hoogste overwogen is, ende naar lange debatten in deliberatie getrocken, eijndelijck geresolveert ende goetgevonden, ten insichten dat alle principale crimen delicten voor desen, tot verseeckeringh vandes Compagnies schip ende middelen affgedaan, ende als boosdoenders geexecuteert sijn, datmen dese van veel minder gewicht alhier mede sal suijveren, omden Ed. Hr. Generaell in sijn veelvoudige besoingnien apparent gelijck vresen, alhoewel hopen neen, den Javaanschen Oorlogh[280] hem harten leet genoech is causerende, niet voorder moijelijck te vallen, de navolgende persoonen alhier op't schip te sententieren, ende condemneren, te weten,

276 den selven quitterende:zich ervan ontsloegen
277 proceduren: handelwijze
278 instantelijck: dwingend, aanhoudend
279 absolutelijck: eens en voor al
280 Javaanschen Oorlogh: zie noot 41

Daniel Cornelissen van Luijck, adelborst out ontrent 21 jaaren, die op den 4 jullij inde eerste menschen verdrincken hem goetwilligh heeft laten gebruycken, dat nevens Davidt Zevanck, Coenraat van Huyssen, Gijsbrecht van Welderen, Lenert Michielsz met het grootste vlodt zouden gaan, om Jan Cornelissen van Amesvoort, Thomas Wensel ende Hendrick Janssen van Oldenburgh te gaan verdrincken die zij op't vlodt handen ende voeten gebonden hebben, ende heeft hij Daniel den voorsz Hendrick Janssen van Oldenborgh, alias Maffken overboort gesmeten. Daarenboven op den 5 jullij zoo wanneer Egbert Roeloffs ende Warnar Dircxsz timmerlieden, dootgeslagen wierden, [309 v] heeft hy Daniel den voorsz Warnar mede met een degen nevens andere dwers doorsteken, waar van hem namaels beroempt heeft, zeggende het gincker door oftet gesmeert hadde geweest. Zoo dat den voorsz Daniel als een vande trawanten van Jeronimus Cornelisz ende Coenraat van Huyssen met zijn consoorten gerekent wiert, tot dien eijnde van sijn goetwilligheijt versekert sijnde, hebben hem op den 23 jullij met eenen brieff int Francois getranslateert, naar het Hooge Eijlandt daar de gevluchte oft defensive waeren gesonden, om aldaar zekere fransoijse soldaten tot verraat te corromperen, als bij den selven brieff ons behandigt int largo blijckende is. Dan de selve den valschen intentien merkende hebben Daniel gevangen gehouden, totter tijt dat wij met het jacht arriveerden, ende ons alsoo overgelevert is.

Alle welcke crimen delicten niet zonder groote vreese van in ongenade bij den Ed. Hr. Generaell te komen, soo hij op het hoogste met de doodt niet gesorcht en worde. Nochtans den Commandeur ende den raat steunende op de clementie vanden Ed. Hr. Generaell die gratie in plaats van rigeur der justitie prefereert, hebben derhalven om verscheijde insichten met hem ten uijttersten niet willen procederen, maar hebben hem gesententieert gelijck wij hem sententieeren mits desen, dat hem met dese bequame gelegentheid ende weder 3 maal gekielhaalt sal worden, ende daar naar met 200 slagen voor de mast geleerst te worden, met confisatie van alle zijne verdiende maantgelden, die van het vaderlant tot op den dagh van heden verdient heeft tot proffijt vande Generaelle OostIndissche Compagnie onse Hrn. Meesters.

Als mede Hans Jacob Heijlweck van Basel adelborst, oudt ontrent 23 jaaren, die hem op den 15[281] jullij nevens andere booswichten op't Robben Eijlandt heeft laten gebruijken ter tijt doen d'eerste partije van 18 mannen aldaar dootgeslagen wierden, dat hij nevens Davidt Zevanck, ende syn consoorten daar synde, ende de leuse van vermoorden gegeven was, Coenraat van Huijssen den assistent Cornelis Jansz van Amsterdam vatten

281 18 verbeterd in 15

ende sloegh hem met sijn degen over de schouder, dan hij ontworsteldent hem, soo trat Hans Jacopsz toe en stack den assistent int loopen met een pijck in sijn broeck, van meningh hem te doorsteken, dan hij ontquamp het op een vlotgien oft eenige houten die daar lagen. Daarnaer heeft hij alde doode tot het getal van 15 ofte meer int water gesleept. Voorders op den 5 augustij des morgens op't Hooge Eijlant wiert Wouter Loos ende den voorsz Hans Jacopsz van Jeronimus ende Davidt Zevanck belast, dat sy souden gaan ende slaan Jan Willemsz Selijns cuyper doot, dan doen Wouter Loos bij den cuyper quamp ontsetten hem sijn gemoet dat [310 r] hijt niet doen konde, maar waarschouden Jan Willemsz dat hij hem wachten soude, want hen was belast dat zij hem dootslaan soude. Des achtermiddags des selven daags wiert Mattijs Beer, Leenert Michielsz, Lucas Gillisz ende Hans Jacops belast dat sij zouden gaan ende slaan meester Frans Jansz van Hoorn doot, t'welck sij goetwilligh aannamen, ende een weijnich affgeleijt hebbende, onder decxel van robben te gaan zoecken, stack hem Leenert Michielsz eerst met een pijck dwers doort lijff, daar naar smeet hem Hans Jacops met een morgensterre int hooft dat neder viel, ende clooffden hem Mattijs Beijr voors met sijn sabel thooft. Alle welcke crimen misdaden wel behoorden als boven mette doot gestraft te worden, maar den Commandeur ende den raadt naar dat de zake op't hoogste overwogen ende gedebateert hebben, gebruijckende gratie in plaats van rigeur der justitie, hebben den voorsz Hans Jacops gesententieert gelijck hem sententieeren midts desen, datmen hem met d'eerste gelegentheid ende weder 3 maal sal kielhalen, ende met 100 slagen voor de mast geleerst met confiscatie van 6 maanden gagie, ten proffijte vande Generaelle OostIndissche Compagnie onse Heere Meesters.

Als mede Cornelis Jansen van Haarlem, alias Boon, bootsgesel, out ontrent 18 jaeren, die door sijn aangebooren ende ingekankerde verdorventheijt hem op den 14 meij 1629 op t'schip *Batavia* bij zuyden de *Cabo de Bone Esperansa* vanden hoogbootsman Jan Evertsz van Monickendam tot het schandelijck feijt door haarlieden op dito schip dien avondt aan een vrouw persoon gepleegt, te weten dat hij voorsz Boon, nevens Ryckert Woutersz van Harlingen bosschieter, Jan Jansz Purmer van Amsterdam bosschieter, Harman Nanninxen quartiermeester, Dirck Gerrits van Harderwijck, Allert Jansz van Assendelft bosschieter, Abraham Hendricxen bosschieter des avonts tusschen lichten ende doncker, Lucretia Jansz weduwe van Boudewijn vander Mijlen uut de kaijuijt van tafel komende gevat, op de stierplecht neder gesmeten en vandaar op den overloop getrocken hebben, ende aldaar haar aansicht als mede onder haar cleederen met swart stront ende ander vuijlicheijt besmeijrt tot dat haeren boosen lust gekoelt hadden, met noch veel ander moetwillen, die zij op dito schip bedreven hebben, die door de quade proceduren vande schipper ende andere officieren van sijnen aanhanck voor die tijt niet wel te remedieren waren, alsoo Godt betert haar desseijn was om het schip aff te loopen. Hier over is het schip verongeluckt zoo en heeft desen voorsz Cornelis Jansz niet alleen een overvloet van moetwill in droncken drincken ende diergelycke acten gebruijct, maar oock nevens andere schelmen hem aldaar laten den wijn schencken, ende dienen, jagende [310 v] uijt dieder in behoorden. Als mede den hoet, met de ploijen vanden broeck, vol messen stekende, ende soo ijmant tegen sijn opinie sprack, wierp hem een mes toe, om te snijen. Darenboven, heeft hem mede laten vinden bij het plunderen van des Commandeurs coffer, alwaar hij zijn part van begeerden, d'welc hem gegeven is, waar onder een goude medalie was, daar de tronie van sijn prinselijcke exellentie[282] in *agaat*steen uijtgehouwen was, rontdom gegarnesseert[283], die hij bewaarden tot des anderendaags, doen leijde hij se in syn muts, met noch eenigh ander goet, ende wierpet in zee, seggende, daar leijt den bruij[284], al ist noch zoo veel duysenden waert. Dese, ende diergelijck schelmstucken meer, hier te lanck om te verhaelen sijn door hem gepleegt, die wel behoorden op't hoogst jae, met der doot gestaft te worden. Nochtans den Commandeur ende den raadt, naar dat sijn delicten wel overwogen, ende in consequentie getrocken hebben, prefereren gratie in plaats van rigeur der justitie. Derhalven hebben hem maar gesententieert gelijck sij hem sententieren midts desen datmen hem met de eerste gelegentheijt oft bequam weer, 3 maal zal kielhalen, daar naar met 150 slagen voor de mast geleerst te worden, met confiscatie van 18 maanden gagie, ten proffijte vande Generaelle OostIndissche Compagnie onse Heere Meesters.

Als mede Jean Thirion van Heijdelbergh soldaat, oudt ontrent 38 jaaren, die hem naar t'verongelucken van't schip *Batavia* zeer groffelijck heeft vergrepen, ende te buyten gegaan, op't selve schip blijvende daar hem doch belast was aan landt te gaan, alsoo dien dagh al de menschen soo sij gewilt hadden, genoechsaem aen lant konden komen, maar eenige haar oogenwidt opt dronken drincken, anderen, op't plunderen geslagen hebben, is voorsz Thirion dies insichts wil[285] mede aen boort gebleven, ende heeft des sanderdaags hem verstout een van des Compagnies geltkisten, die boven geset waeren, om te salveren, met een dissel open gehackt, ende wiert eijndelijck vandaar gedreven, ende door den timmerman Hendrick Jansz weder een stuck planck op gespijkert, waarop andere gekomen sijn, die de gespijkerde planck weder affgeslagen hebben, en is soo

282 sijn prinselijcke exellentie: Frederik Hendrik
283 gegarnesseert: versierd
284 bruij: rommel
285 dies insichts wil: daarom

de heele kist meest leech gemaackt, ende eijndelijck door dronckenschap malkanderen met tgelt naar't hooft gesmeten. Waar van hij voorsz Thirion den principaal autheur ofte voorganger is geweest, ende alsoo geen discipelen int quade gebraken die hem navolgden, t'welck veroorsaackt heeft dat de heele kist verongeluckt ende [311 r] niets daar van gevonden is, tot groot nadeel, ende schade vande Compagnie, welck een zaack is die wel behoorden met de doodt gestraft te worden, dat in plaats van sijn meesters goederen te beschermen, de zelve moetwilligh verdestrueert, t'welck op't hoogste, jae metter doodt wel dienden gestraft te worden. Nochtans, den Commandeur ende den raadt naar dat syn delicten wel overwogen, ende in consequentie getrocken hebben, prefereren gratie in plaats van rigeur der Justitie. Derhalven hebben hem maar gesententieert gelijck sy hem sententieren midts desen, datmen hem met d'eerste gelegenheid, oft bequaam weer, 3 maal sal kielhalen, daar naar met 100 slagen voor de mast geleerst te worden, met confiscatie van 6 maanden gagie, ten proffijte vande generaelle OostIndische Compagnie onse Hr. Mrs.

Als mede Andries Liebendt van Oldenburgh soldaat oudt ontrent 19 jaaren, die op den 21 jullij op't eijlandt *Batavias* Kerchoff van Davidt Zevanck, nevens de moorders gemandeert sijnde, om hem t'savondts mede veerdich te houden, om't huysgesin vande predikant te helpen vermoorden, d'welck hij niet geweijgert, maar hem met een bijl inde handt gelijck haar allen geweijr was, ontrent de tent laten vinden, dan om dat hij wat te laat quamp, ende dat Davidt Zevanck met den zijnen binnen in met het moorden besigh waren, bleeff den voorsz Andries buyten staan, omdat de tent te vol volcx was, maar doen zij begonden te moorden namp hij uijt den ketel met robben vleesch, die over t'vier hinck en koockten, eenich vleesch, wondt het in een doeck ende gincker mede deur. Als mede op den 30 jullij is hij nevens Jan Hendricxen bij Jeronimus in zijn tent geroepen, die belasten dat sij souden gaan ende verworgen Anneken Hardens, huysvrouwe van Hans Hardens, daar sij naar toe gegaan zijn, ondertusschen quamp Gijsbrecht van Welderen tot hulp, die van haer haijrsnoer een strop maackten, ende Jan Hendricxsz worgdense de keel toe, ende hij Andries zadt haar op de benen. Daarenboven is hij op't lest mede een vande principale muytmakers geweest, murmererende sij en wilden geen rantsoen van water meer hebben, maer begeerden tegende defensive te vechten, ofte sterven soo dat hij uytgemunt heeft, soo in woorden, als syn roode clederen, met veel goude passementen geboort waar in hij des Compagnies goedt seer onnuttelijck mede verconsumeerdten[286]. Alle welcke delicten sijn van seer [311 v] quade consequen-

286 verconsumeerdten: verspilde

tie die wel behoorden op't hoogste gestraft te worden. Nochtans den Commandeur ende den raat naar dat het stuck in rijpe deliberatie getrocken ende ernstigh overwogen hebben, prefereren alevenwel om diverse insichten, gratie in plaats van rigeur der justitie, te weten dat hem gesententieert hebben, gelijck sij hem sententieren midts desen, dat 3 maal vande reede sal vallen, ende met 100 slagen voor de mast geleerst te worden, Daarenboven met confiscatie van 6 maanden gagie ten proffyte vande generaelle OostIndissche Compagnie onse Hrn. Mrs.

Als mede Hans Fredrick van Bremen soldaat out ontrent 18 jaaren, die hem op den 5 jullij seer onchristelijck heeft te buijten gegaan, betonende mede een vande goetwillige discipelen vande moorders te willen sijn. Te weten dat soo wanneer Egbert Roelofs ende Warnar Dircxsz timmerluyden op't eijlant *Batavias* Kerchoff dootgehackt wierden, zoo heeft voorsz Hans Frericx op Warnar mede 2 a 3 hacken gegeven, ende om dat veel jae meest den tyt sieck geweest is, heeft hy mogelijck tot zijn leetwesen nievers[287] meer handtdadigh geweest alhoewel hy mede inde jonckers tent int getal vande gewapende gerekent is geweest, maar heeft hem int vechten tregens de defensive goetwillich laten gebruijken. Welcke bovengesz goetwillige genegentheid die hij int eerste noch gesont sijnde betoont heeft, in doot te helpen hacken, een delict van seer quaden boosheijt is die wel op't hoochste behoorden gestraft te worden, nochtans den Commandeur ende den raat naar dat sij het stuck in rijpe deliberatie getrocken, ende overwogen hebben, prefererenden alevenwel om diverse insichten gratie in plaats van rigeur der justitie. Te weten dat hem sententieren, gelijck hem sententieren mits desen, dat 3 maal vande groote reede sal vallen, ende met 100 slagen voor de mast geleerst te worden. Daarenboven met confiscatie van 6 maanden gage ten proffijte vande generaelle Oostindische Compagnie onse Hr. Meesters.

Als mede Olivier van Welderen van Nimwegen adelborst out ontrent 22 jaaren die hem op't eijlant *Batavias* Kerchoff, niettegenstaande meest den tijt sieck geweest heeft, alevenwel hem soo met wercken als woorden vergrepen, ende te buyten gegaan, heeft. Te weten dat hij op't voorsz eijlant tot 2 verscheyde reijsen bij Sussien Fredricx getroude vrouwe geslapen, ende sijnen wil gedaen heeft, alsoo in sodanige conjonctie die het begeerde, van haar soo [zij haar] leven behouden wilde, niet konde geweijgert worden. Ten anderen hij Olivier den oudsten broeder synde van Gysbert van Welderen een vande principale moordenaers ende schelmen die het schip *Batavia* hebben [312 r] meynen affteloopen, den voorsz Olivier ontsien wiert. Daarenboven niet te vrede synde dat zynen boosen wil

287 nievers: nergens

met haar[288] gepleegt hadde, heeft hem tot verscheyde reysen, soo op't landt als hier op't schip daer van beroemt, het vrouwmensch beliegende, dat sy het hem gepresenteert oft daar toe versocht hadde, welck een sake is van seer quade consequentie, die in een schip van recht niet en kan oft behoort geleden maar een ander ten exempel gestraft te worden. Zoo heeft den Commandeur ende den raat, naar datse op de saake gelet hebben, den voorsz Olivier gesententieert, gelijckse hem sententieren mits desen, dat 3 maal vande rede sal vallen met 100 slagen voorde mast geleerst te worden.

Als mede Jan Renow de Miombrij soldaat out ontrent 23 jaeren, een vande defensive, nochtans sijnen staat oft ellende, daar in geweest hadde, haast vergetende, heeft hem cort naar ons arrivement in woorden groffelyck te buyten gegaan, te weten dat Sussien Fredricx nevens Anniken Boschieters op den 20 september naar het Hooge Eylant gevaeren synde, aldaar door quaat weer oft harden wint 2 dagen mosten verblijven, inwelcken tyt voorsz Jean Renouw in een tendt daar ontrent 10 a 12 persoonen by malkanderen saten (gekomen is) seggende, daar is soo wat nieuws, Wiebbe Haijes die heeft vandage bij Zussien geslapen noemende de plaats daart gheschiet soude sijn. Daar naar isser den trompetter Cornelis Pietersz oock bij gekomen, die heeft ter oock sijn will bij gedaen, daar naar ben icker oock selfs bij gegaan, en hebbet oock 2 reysen gedaan, noemende plaetsen, ende gelegentheden waer het selve altemaal op eenen dagh soude geschiet sijn. Daarenboven seggende, dat sij hem wat quaats aan geset hadde[289], welcke leugens oft versinsels dadelijck voortgelopen is, ende het vrouwmensch dagelijcx verweten wert dat sij t'gedaan hadde. Derhalven hebben op de sake gelet ende den voorsz Jean Renouw gesententieert[290], die t'selve lochent ende ontkent dat hij oijt geseijt heeft, dan alsoo der 8 a 10 ghelooffwerdige getuijgen sijn die het hem hebben hooren seggen bevonden syne lochenen ende swere leugens te sijn. Welck een sake van seer quaden gevolge is, ijmandt te disfaveren[291] met leugens, die hij om te gelooviger te maken bevestigde dat niet alleen anderen haren wil bij het vrouwmensch gedaan hadden, maar hem beroemende dat hij van gelycke daar toe gekomen was. Zoo heeft den Commandeur ende den raadt, naar datse op de sake gelet hebben den voorsz Jean Renouw gesententieert gelijck sij hem sententieren mits desen, dat 3 maal vande rede sal vallen, ende met 100 slagen voorde mast ten exempel van anderen, geleerst sal worden.

288 haar: Sussien Fredricx
289 wat quaats aangeset hadde: hem een geslachtsziekte had bezorgd
290 geexecuteert verbeterd in gesententieert
291 disfaveren: in opspraak brengen

Als mede [312 v] Isbrant Isbrantsen van Purmerent assistent, out ontrent 20 jaaren, die op den 24 jullij gemandeert wiert nevens Reynder Hendrixen bottelier ende Gerrit Willemsz van Enchuysen, bootsgesel, met Jacop Pietersz Cosijn van Amsteldam lanspesaat in het schuytgien te gaan omte helpen roijen, met last van Jeronimus aande voorsz Jacop dat hij 3 jongers die haar int doot slaan van het volck op't Robben Eijlant seer subtijlick verborgen hadden [ende] eenigen dagen geleden[292] synde hem wederom vertoonden, (souden halen) ende 2 vande selve laten verdrincken, maar dat eenen bewaren soude, die d'andere soude over boort smijten, t'welck Jacop Pietersen naar gecomen heeft, ende haalden de jongers. Onderwegen synde belasten hij stillekens aan Claas Harmansz hooploper, een vande 3 dat hij de jongers op't boort vande schuijt soude doen sitten, ende stootense dan over boort, t'welck Claas aanden eenen dede, maar den andere siende datmen hem doen wilde als sijn maat, worstelde, ende wilden op't boort niet sitten. Waer over Jacop Pietersz aan Ysbrant belasten die naast aan't riem zadt, dat hij den jongen helpen zoude, 'twelck IJsbrant sonder tegen seggen gedaan heeft, vatten hem met een been, ende wierp hem Claas Hermansz soo mede over boort. Ende omdat den voorsz Ysbrant in anders niets voor oft naar heeft vergrepen, zoo heeft den Commandeur ende den raat, om dies insichts wille met hem ten uyttersten niet willen procederen, maar hebben hem gesententieert gelijck sij hem sententieren mits desen, dat 3 maal vande rede sal vallen, ende met 50 slagen voor de mast geleerst sal worden.

Aldus gedaan ende gearresteert op't jacht *Sardam* desen 30 november anno 1629.

Francisco Pelsartt
Claes Gerritsz
Salomon Deschamps
Sijmon IJopzoon
Dit is t'merck van
Jan Willemssz Visch[293]

[313 r] Adij 3 *december* des s'morgens met den daghe, hebben Godt zy danck ende loff, de Princen Eylanden, met den oost hoeck van *Java* gesien, ende hadden t'eijlant *Cracatouw* o.n.oost van ons, den windt z.o. zoo dat niet hooger als o.n.o. zeijlen konden, op den dagh wiertet still, ende naar den midagh liep den windt zuyden, gingen ten naasten bij over, des s'nachts cregen de cust van *Java* aan boort, tot

292 geleden: gepasseerd
293 zie noot 126

adij 4 dito des s'morgens, dat ons neven *Angier* bevonden, maer wiert heel still tot des s'middags, dat den wint z.w. liep met een moije coelte, maar den stroom liep zoo hardt om den west, dat wij vande heelen dagh maar 3 mijlen wonnen, tot des s'nachts, dat de vloot quamp, daar mede voorbij *Bantham* gedreven sijn, ende bevonden ons

adij 5 dito des s'morgens bij't Mensch Eeters Eijlandt met een moij landt windt, zijn eijndelijck Godt heb danck en loff, van ons behouden reijse des sachtermiddags op de reede van *Batavia* weder geariveert.

[315 r] Verklaringh int corte, den oorspronck waarom, ende tot wat intentie Jeronimus Cornelissen ondercoopman, doen resolveren heeft tot het vermoorden van allent volck met haar verscheijden voornemen, ende hoe hem de zaack soo eerst als eijntlijck gedragen heeft.

Jeronimus Cornelissen, een groot vriendt, ende hem ten hoogste familiaer van schipper Ariaan Jacops gemaackt hebbende, smolten haer humeur, verstant, ende gevoelens in een masse, den schipper begaaft sijnde met hooghmoedige grootdunckentheid, ambitieus, dat niemants gebiet boven wel mocht lijden. Daarenboven schimpich, een verachter van alle menschen. Voorts onervaaren oft onbequaam in menschen ommeganck, als alleenlijck zooveel als sijn zeevaart toucheerden. Maar Jeronimus daarentegen was wel clappende, zijn gemeenelijcke[294] leugenwoorden, eenen schijn van waarheijt gevende, veel listiger ende doortrapter in den menschelijcken omganck, alsoo in Hollant oft tot Haarlem een discipel ofte compagnon van *Torentius* geweest hadde welcken opinie ofte secte van gelooff noch in hem geprent was, jaa geen professievan religie hadde[295], zoodat Jeronimus de tonghe vanden schipper was, ende hem voor een pedagogie dienden[296], om t'insinueren[297] wat hij antwoorden zoude, als ick hem ijets zeggen oft bestraffen wilde, volgens sijn eijgen bekentenisse vrijwilligh beleden. Dat aande *Cabo de Bona Esperansa* den schipper nevens Jeronimus mede nemende Zwaantien, zoo wanneer ick te landewaarts in was gegaan om beesten te zoecken, sonder mijn weten, aan landt waaren gegaan, daarenboven aant'jacht *Sardam*, daar naar aan't schip *Bueren* hem zeer beestelijck aanstelden, zoo in woorden als wercken, datter genootsaackt waaren over te klagen. Derhalven des anderendaags smorgens ter presentie van Jeronimus ende meer anderen inde kaijuit hebbe ick den schipper over zijn quade proceduren die hij begon-

294 gemeenelijcke: gebruikelijke
295 geen professie van religie hadde: geen enkele godsdienst beleed
296 voor een pedagogie dienden: als leermeester optrad
297 t'insinueren: in te geven

de int werck te stellen bestraft zoo met vermaninge als dreijgementen zoo hij geen affstandt wilde doen zouder moeten in versien, al eer wij op *Batavia* quamen. Hij excuseerden hem eensdeels, dat hij beschoncken hadde geweest, ten anderen niet en wist datmen sulx zoo hoogh nemen zoude. Denselven dagh weijnich tijt naar't gepasseerde, den schipper boven op't schip bij Jeronimus komende, seijde hij bij Godt, dat die schepen daar niet en lagen, ick soude dien gierigen hondt zoo tracteren[298], dat hij in 14 dagen uijt zijn koij niet komen soude, (ende waar ick noch wat jonger ick stelden wat anders int werck) dan als wij ons anckers hier gelicht hebben, sal ick wel haast vande schepen maken te zijn. Waar op Jeronimus vraagden hoe soudij dat konnen doen, de stuerlieden hebben immers de wacht, ende ghij hebt maar de dagh wacht. Hij antwoorden, ik salt wel klaren, al soud ickt in mijn wacht doen, ende sal dan wel haast meester van't schip zijn. Tot meer reijsen repeterende, waar ick wat jonger ik stelden wat anders int werck, waarop [315 v] Jeronimus ten laasten vraagden, wat zoudet dan sijn zoo ghij wat jonger waart, maar wilden hem voor dien tijt daar geen uytspraack van doen. Dan weijnigh daagen hier naar quamen sij weder in propooste[299], ende verhaalden het bovengesz altemaal tegen Jeronimus, waar ick wat jonger ick soude mij soo langh niet beraden, als ick nu doe. Waar op Jeronimus hardt protesteerden, soo hij't hem niet en zeijde, dat hij aan zijn volkomen vrientschap twijffelde; eyndelyck quamper het hooge woort uijt, dat hij hem meester soude maken van zoo een treffelijcken[300] ende rijcken schip, alsser sijn leven noijt van *Amsterdam* gevaren hadde, om daar mede een jaar ofte 2 haar geluck te versoecken, sij waren voor seker altemaal rijckelieden, dat *Kamphaan*[301] bij haar niet te gelijcken saude helpen. Welck voornemen Jeronimus dadelijck avoyeerden[302], ende approbeerden voor goet, hem affvragende offmen sulcx sonder groot perijckel wel soude konnen te weegh brengen, zoo antwoorden den schipper, ick sal al de meeste officieren op mijn handt wel krijgen, met de principaal bootsgesellen, ende aangaande vande soldaten, die sullen wy s'nachts haar kot toespijkeren, tot dat wij meester sijn. Ende wiert alsoo besloten den Commandeur met allent volck op 120 kloeke mannen naar over boort te werpen, oft dootslaan, naadat hen de gelegentheid presenteren soude. Waar over ick korts hierop heel zieck geworden ben, dat anders niet gemeijnt, ende sij trouwens hoopten, off ick soude gestorven hebben, dan naar 20 dagen liggens begonde ick te beteren, contrarie haar opinie, en was op den 13 meij dat ick aldereerst

298 tracteren: behandelen
299 propooste: overleg
300 treffelijcken: kostbaar
301 Kamphaan: Claes Compaen, zeerover die in die tijd aktief was
302 avoyeereden: goedkeurde

op stondt, 'twelck den schipper ende Jeronimus siende, haar voorgenomen disseijn[303], daar sij soo veel lichter konden toe komen hebben, misluckten, practiseerden eenen middel int werck te leggen die niet alleen strecken soude tot een confusie, maar om een proeff te nemen van haar getrouwigheid die het selve souden uytvoeren, om soo allenxkens de zaak ten effect te brengen. Dat is, alsoo den schipper seer haatigh was op een vrouw persoon genaampt Lucretia Jansz, die hij eenen tijt lanck tot sijnen wille te krijgen versocht hadde, het selve hem niet geluckt en hadde, derhalven eenen uytnemende bitterheid op haar genomen, verkiesende haren dienstmaagt Zwaentien Hendrixen tot syn tijt verdrijff, oft om sijnen wil mede te doen, die de caressen van den schipper seer goetwilligh aannamp, ende hem niet en weijgerden, tgeen hij versocht. Daarover de lieffde van haar beijde soo ontstack dat hij niet aansiende eer ofte reputatie van sijns ampts halven, maar volgens de bekentenisse van Jeronimus geswooren hadde, die het voorsz Zwaantien maar in manier van spreken een zuer gesigt gaff hij en soudet ongewroken niet laten. Op't leste aande Cabo vande schepen wesende wierp hij haar den naam van dienstmaaght vanden hals, haer [316 r] belovende sij zoude noch den onderganck van haar vrouwe ende meer anderen zien, ende hij wildense tot een groote vrouw maken. Eyndelijck besloot den schipper ende Jeronimus met by wesen, ende voorweten van voorsz Zwaantgien, naar langhe debatten ende discoursen, wat schandaal zij de voorsz vrouw best souden aandoen, die schandelijcxt ende bij den Commandeur hooghst genomen soude werden, om ondertusschen door haar alsmen de handtdadige zoude straffen een confusie mocht gesocht worden. Jeronimus proponeerden men soudese over beijde de wangen een snee met een mes geven, het welck van een mensch konde gedaan worden, ende weynichst souden mercken dattet door haar beleijt quamp. Den schipper daarentegen meijnden het waar beter, datter vele handtdadigh aan waren, zoo en soude den Commandeur de menschen niet konnen straffen, oft daar soude een tumulte[304] door konnen te wege gebracht worden, ende soo den Commandeur sulcx ongemerct liet henen gaan, zoo waart altijt tijts genoech om haar sneen in de wangh te laten gheven. Eijndelijck beslooten dat sij den hoogbootsman den last van dit werck souden geven, die sij alreede tot alles soo int affloopen vant schip, als 't geene dat zij hem souden belasten bewillight[305] hadde. Dat is dat sij des avonts door pertije volck die den hoogbootsman daar toe soude uutkiesen, met strondt, zwartsel, ende ander vuijligheden het aangesicht ende het geheele lijff souden besmeeren ('t welck den 14 Maij des avonts tusschen lichten en-

303 disseijn: plan
304 tumulte: oproer
305 bewillight: bereid gevonden

de donckeren oock int werck stelden) d'welck vande Commandeur op't hoogste (alhoewel noch heel kranck zijnde) qualijck genomen, ende ten uijttersten ondersocht wie de hantdadigers daar van geweest waren. Voor al hiel hij den schipper door veel circumstantien, die hij in zijn sieckte gemerct hadde, dat die den autheur vant werck was. Dit is het rechte ooghmerck geweest, daar sij het meijnden toe gebracht te hebben, liet door den hoogbootsman uytstroijen, liever dan men het volck, om vrouwen ofte hoeren wil soude straffen, oft in't lyden brengen, den schipper sal't zijn leven niet toelaten. Ondertusschen met eenige vande geene die handtdadigh geweest hadden, quamen int bespreck dat sij het schip wilden affloopen, ende dat nu occasie ende gelegentheid hadden, zoo wanneer den Commandeur de hantdadigers van't feijt soude willen in de boijen zetten, dat sij alsdan met de sabels in de kaijuit souden gesprongen hebben, ende den Commandeur overboort gesmeten, ende haar soo voorts meester van't schip gemaact hebben, waar toe oock al eenige vande soldaten tot haar devotie[306] hadden. Maar tot het volkomen getal der gener die der van geweten hebben, sijn niet konnen komen, om dat d'een van d'ander niet en wist. Hier over is het schip komen te verongelucken, ende doen eenige misnoegen dat den schipper aan Rijckert Woutersz een vande principale complicen gegeven hadden, als die aan't lant quamp verhaalden int publicq wat zij int zin gehadt hadden, hem zeer over den schipper beklagende, dat hij om zijnentwil ettelijcke dagen, met den sabel onder t'hooft geslapen hadde, ende daar over nu zeer qualijck van hem beloont was. Jeronimus Cornelisz die noch aant'schip was, ende door de harde brandingen niet konde affkomen, verbleeff 8 dagen zoo op't schip, als blinde marsse[307], (naar dat wij met den boot [316 v] waaren gegaan om water te soecken) omdat niet swemmen konde. Ten lesten aan landt komende, verstont dat het altsamen ruchtbaar was geworden, wegen t'afflopen van't schip *Batavia*, derhalven van dien tijt practiseerende zoodanige duijvelse behulpmiddelen, dat niet soude behoeven op *Batavia* te komen, hetselve heel subtijlijck ende allenxkens int werck stelden, dat het inde eerste 20 dagen niet konde gemerckt worden. Als op den 4 Jullij, dat een soldaat genaampt Abraham Hendricx van Delft die eenighe reijsen uijt de wijnlegger getapt, ende hem droncken gedroncken hadden, alsmede aan eenen bosschieter Arian Ariaansz mede gedeelt, dat hij oock droncken was, waar over Jeronimus zijnen raat die hij doen hadde beriep, ende proponeerden sij waren alle beijde zonder eenige gratie oft uytstel de doodt waardigh, ende men soudese dadelijck verdrincken. Den raadt stondent toe, van Abraham Hendricxsz omdat hij uijt den legger getapt hadde, maar aangaande vanden anderen Arian

306 tot haar devotie: haar toegewijd
307 blinde marsse: mars van de bovenblinde

Ariansz die was het gegeven, ende hadde eenigh insicht[308] darom maackten dificulteijt, en konden om hem mede ter doodt te sententieren niet stemmen. Waarover Jeronimus doen uutbersten, en zeyde, hoe kondij sulcx niett helpen toe staan, ghij sult haast nochtans wat anders moeten resolveren, in welcke woorden elck een beducht was, en konden niet vatten wat hij daar mede meijnden. Dan des anderendaags setten hij den raadt aff, ende verkoos tot zijnen nieuwen raat, zoodanige persoonen, die met sijn humeur accordeerden, te weten, Coenraat van Huijssen, adelborst die mede een vande conspirateurs int affloopen van't schip *Batavia* zoude geweest hebben, den tweden Davidt van Zevanck assistent, den derden Jacop Petersz Cosijn lanspesaat. Hiermede stelde hij des anderendaags naar haar verkiesingh het begin van't moorden int werck, te weten van 4 mannen die hij heijmelijck liet verdrincken, d'welck naar haaren wensch succedeerden. Resolveerden voorts, alde rest met bequame middelen op 30 a 40 vande cloexsste naar, aan een kant te helpen, alhoewel inde uytvoeringh van't zelve gheen weijnich perijkel gelegen was, omdat als de goeden gemerckt hadden, dattet altsamen haar leven gelden souden, voorseker tegenstant konnen doen hebben. Maar sulcx quamen zij voor dat 20 a 24 vande goetwilligste tot dit werck uijtkosen, die in 2 tenten met haar geweer verdeelden ende namen allen't geweijr vande geene die ijets hadden. Voorts op de goede successie van dat proefstuck aande bovensz 4 mannen die zij verdroncken hadden, vervolgden sij dagelijcx haar desseijn, soo met heijmelick verdrincken als dootslaen, en wanneer ijmandt vraagden waar de gemiste waren, maacktense het volck wijs, dat se naar het hooghe landt[309] waaren gesonden. Dan desen deckmantel wiert haast openbaar. Waar over door schrick ider een socht op houten ende vlotgiens te vluchten, naar een hoogh eijlandt 2½ mijl van't wrack, daar eenige persoonen int eerste naar toe gevaren waeren, om water te zoecken, met een gegeven teecken, soo zij water [317 r] vonden, zoudense 3 vuren maken, d'welck sij naar eenige dagen daar geweest zijnde 2 verhoolen putten met water vonden, ende tot dien eijnde op diverse plaatsen 3 vieren maackten, t'welck van Jeronimus ende allent volck genochsaam gesien wierdt, dan omdat zij besich met moorden waren, t'welck den 4 jullij begonde, ende duerden tot op den 21 dito dat zij't getal tot op 40 gemaackt hadden, derhalven taalden naar geen water. Ondertusschen warender in die dagen soo gevluchten als die int eerste wegh gesonden waren ontrent 44 persoonen, op't Hooghe Eijlandt versamelt. Doen Jeronimus ende zijnen raat haar voornemen dus verde geeffectueert[310] was, soo deden se doen de uytspraack dat sij het eerstkomende

308 hadde eenigh insicht: men kon het begrijpen
309 het hooghe landt: het Hoge Eiland
310 geeffectueert: uitgevoerd

jacht dat haar soude komen halen, wilden afflopen, ende was geresolveert, dat sy den boot met de oversten eerst souden aan landt laten komen hebben, die sij dan gemackelijck dootslaan konde, ende dan s'nachts zouden sij met den selven boot gaen ende vermeesteren het jacht, t'welck haar naar meningh niet falgieren[311] konde. Souden der dan een tijt lanck mede op vrijbuijt gevaeren hebben, ende daar naar als zij rijck genoech waren, wildense inde straat[312] ofte *Spangnien* in loopen. Maar alvooren mostense dat gevlucht volck op't Hooghe Eijlandt vermeesteren, ende aan een kant helpen, want Jeronimus proponeerden soo het jacht binnendeur quamp soo soudense van haar gewaarschout worden. Derhalven prepareerden hem tot den oorlogh om haar te bevechten, dan konden opde defensive niet winnen, ende gingen onverrichter zake door. Weijnich dagen hier naar rusten haar wederom toe met allent volck/mannen[313] die sij doen hadden, t'welck maar 32 int getal was, dan bij haar partije zagen wederom geen kans. Derhalven wendent over den boegh van paijs[314] te maken, ende met haar 'taccorderen, om soo onder dexsel van vruntschap haar ter gelegentheid met verraat t'overrompelen. Welck accoort Jeronimus door den *domini* die over ende weder ginck te wege bracht, te weten dat Jeronimus haar laken tot kledingh soude langhen, de defensive daarentegen souden haar een schuijtgien weder geven, dat eenen gevluchten mede genomen hadde. Waarom[315] Jeronimus het laken ginck halen, met groote blijschap tegen sijn volck zeggende, zij waren voor al genoch versekert van dat volck, hij hadse algewis in zijn handen. Des anderdaaghs keerden Jeronimus ende gaat nevens 5 vande principaal moorders ende zijn trawanten met het laken, op't landt bij de defensive die het daar uyt deelden, ende het volck zeer veel leugens wijs makende, hij en wilde niemant misdoen, het was maar om't water dat sij tegens haar geoorlocht hadden, ende sij en behoefden geen mistrouwen op hem te hebben, omdatter eenighe doot geslagen waren, want dat waren muijtmakers ende schelmen geweest, die het wel verdient hadden, maar het meeste volck hadde hij noch op't eijlandt *Batavias* kerchoff gelaten, omdat hijse inde 2 schuijten niet voeren konde. Ondertusschen was Davidt ende andere die met Jeronimus gekomen waren besigh om eenighe vande kloexste tot verraat om te kopen, haar elck ses duijsent guldens biedende, soo sij op haar zijde wilde vallen, daarenboven zoudense mede part inde juwelen nevens hun hebben, haar geluck dat haar voor hand stont [317 v] op t'hoogste affschilde-

311 falgieren: mislukken
312 straat: Straat van Gibraltar
313 boven *volk* staat *mannen*
314 paijs: vrede
315 lees: waaro

rende. Waar over de defensiven de hooffden bij malkanderen staken, nademaals het op verraat lagh, dat se wel toe te zien hadden, resolveerden sij wildense gevangen nemen, 'twelck zij int werck stelden, ende begondense te binden, dan een vande zelve ontliepet. De moorders ziende (die op een eijlantien dicht bij't hooge landt inde wapen stonden) dat haar principaal hooffden gevangen waren, begonden haar veerdigh te maken, om aante vallen, ende haar t'ontsetten. Tot dien eijnde, om te beter versekert te sijn, ende dat haar met de gevangens niet zouden belemmeren, sloegen [de defensiven] vier vande principale doodt, ende behielden Jeronimus Cornelissen gevangen, in wiens plaats datelijck een andere Capitein uyt de soldaten genaampt Wouter Loos gekoosen wierdt, die 14 dagen naar dit gepasseerde wesende den 17 september anderwerff resolveerden de defensive te gaan bevechten. Alhoewel naar 2 uren strijdens op haar oock niet en advanceerden, dan dat 4 mannen met 2 musquetten die zij hadden, zwaarlijcken quetsten, waar van eenen naarmaals gestorven is. Op den selven tijt oft ure als sij besigh waren int vechten, verschenen wij haar met het jacht waarover een groote blijschap onder de defensive was, daar ter contrarie de moorders herten met vreese beklempt wierden, siende de cansse verloopen, ende haar desseijn ongeeffectueert. Hier hebben wij naar ons groote blijschap die wij getrocken hadden uut het roocken op t'hooge eijlandt, verhopende groote partije volck int leven te vinden, met groot harten leet moeten verstaen datter over de 120 persoonen soo mannen, vrouwen, als kinderen, jammerlyck vermoort waren, soo met verdrincken, worgen, hacken, als de keel affsijden, ende noch meer int zin hadden, oft int werck zouden gestelt hebbe, hadde het den almachtigen Godt niet verdrooten, die haar desseijn gestut, ende al haar voornemens ter neder gestort heeft, latende hen smaken haare verdiende straffe, ende Godes rechtveerdich oordeel over haar boosheden begaan, die dus lange met een zeer goet behagen dieder in schepten gepleecht hebbe. Godt den almogende zij danck vande goede uutcomst ende onser aller verlossingh, *Amen.*

BIJLAGE I

Verklaring van Wiebe Hayes ten laste van Jeronimus Cornelisz[1]

[59] Volght noch seeckere getuygenisse, ten laste van *Jeronymus Cornelisz* voornoemt verleent.

Wy onderschrevene *Weybbe Hayes* van Winschoten sergeant; *Claes Jansz* 't Hooft uyt Ditmartsen, trompetter; *Allert Jansz* corporael ende *Jan Kastensen* van Tonnige, bosschieter, attesteren ende getuygen op onse mannen waerheydt, met onse oogen gesien ende nuchtere ooren ghehoort te hebben, op heden den 2 october 1629, dat *Lucretia Jans* weduwe van *Boudewijn van der Mijlen* een uur te voren dat *Jeronymus Cornelisz* door justitie (wegen sijn overgroote misdaden) van 't leven ter doot soude gebraght werden; haer tegens den voorsz *Jeronymus* seer beklaegende van de sonden die hy met haer, tegens hare wille, ende daer toe gedwongen zijnde, gedaen hadde; waer op *Jeronymus* seyde; het is waer, ghy [60] hebt'er geen schult toe, want ghy hebt wel twaelf dagen by mijn in de tente geweest, eer mijn wille van u krijgen konde: segghende voorts, dat hy't op't laetste tegens *David van Zeevanck* klaeghde, dat tot sijn voornemen met goetheydt ofte quaedtheydt niet konde gheraecken. Des *Zeevanck* antwoorde; weet ghy daer gheen raedt toe? dat sal ick haer wel haest doen doen; waer over *Zeevanck* in de tente quam, ende seyde teghens *Lucretia*; ick hoore klachten over u; waerom syde sy? om dat ghy den commandeur[2] met goetheydt sijn wille niet en doet; maer ghy moet nu kiesen ofte deylen, de wegh van *Wybrecht Claes*[3] te gaen, ofte te doen 't ghene daerom wy de wijven ghehouden hebben: alsoo heeft het *Lucretia* door't voorsz dreyghen dien dagh moeten consenteeren, ende heeft soo den tijdt van 2 maenden sijn vleeschelijcke wille met haer gedaen. In teecken der waerheydt (dat dit boven-schreven aldus waerachtelijcke van woort tot woorde uyt den mont van *Jeronymus Cornelisz* gehoort hebben, ende ter presentie van meer andere gheschiedt) hebben dit met onse gewoonlijcke hantteeckenen onderteeckent. Derhalven zijn bereydt tot al-

1 *Ongeluckige voyagie, van't schip Batavia*, Amsterdam, Jan Jansz, 1647, p. 59-60, UBA: 1804 D 2.

2 den commandeur: Jeronimus Cornelisz

3 Wybrecht Claes: de dienstmaagd van de predikant, die al vermoord was

len tijden (daer toe versocht zijn) sulcks met eede te bevestighen. Actum op't eylandt genaemt *Bataviaes Kerckhof*, ontrent het wrack van't verongheluckt schip *Batavia. Datum ut supra.*

BIJLAGE II

Verklaring voor de Raad van Justitie, 20 juli 1629[1]

[223 r] Compareerde voor d'ondergesz gecommitteerden uutten achtbare Raet van Justitie de E. Francisco Pelsaert, commandeur op schip Battavia den welcken verclaerde ten versoucke van meester Anthonij van Heuvel advocaat fiscaell t'naervolgende

Eerstelijk de voorsz Commandeur gevraecht sijnde hoe dat bij gecomen is dat t schip Battavia verongeluckt is, item waer ende op wat hoochte sulcx geschiet is, verclaert naer datse den 22 aprill desen jaers vande Cabo de Bo Esperance mettet schip Battavia voorsz verschijden[2] waren (met expresse resolutie bij de gantse vloot aldaer genomen den coers te vervolgen naer luijt[3] ende inhout vande instructie bij de Hrn. Mrs. ten dien eijnde de respective scheepen mede gegeven datse sints de hoochte van 32 graden o.n.o. aengegaen hebben tot op 30 may ende alsdoen bij den schipper ende stuerlieden wiert geresolveert n.o. aen te gaen datse den 2 junij de hoochte van 29 graden 20 minuten hadden sints geen hoochte cregen, dat op iiii junij wesende op pinxstermaendach ontrent 2 uren voor dach met claren maenschijn (naer gissinge op de hoochde van 28 graden ende noch wel 150 mijlen buijten den wal vant Suijtlant te wesen) op een clip gestooten hebben, metten versz scheepe seijlende met volle topstaende seijlen ende alsoot hooch water was, gants geen barringe[4] gesien nochte gewaer wierden, dan met dien stoot t'roer vant schip verloren, oock dito schip metten 2 stoot soo opgeschoten was, dat voor ondert gallioen 12 voet waeters ende achter onder de spiegel 18 voet waters was, ende soose de boot uutsetten wilde om een ancker achter uut te brengen, wierde de voorsz boot met een zeewater, off stortinge[5] van boort affgedreven, dan als begonde te dagen wiert met de sloup weder gecregen, dat den schipper rechts[6] voort ongeluck van eenen Hans den Bosschieter

1 ARA, VOC 1098, fol. 223r-224r.
2 verschijden: vertrokken
3 luijt: inhoud
4 barringe: branding
5 stortinge: hoge brekende golf
6 rechts: kort

genaempt, gevraecht zijnde wat dat wit was op twater, (twelck schuym scheen te wesen) daer op t'antwoort wiert tis schijnsel vanden maen, datse alst dach geworden was vernamen ende bekenden, op d'Abrolhos van Houtman ontrent 9 mijlen buijtent vaste lant van d'Eendracht te wesen datse ontrent xiiii dagen voort voorsz ongeluck eenich crois[7] ontmoeten waer over datse gisten Sante Paulo[8] n. van haer te hebben.

[223 v] Voorder de voorsz Commandeur gevraecht sijnde in wat gestalten is tschip verlaten ende waer all dat scheepsvolck is gebleven, dat op 4 dito ten 9 uren tschip versz alheel geborsten ende vol waters was datse niet als een cassien met jueelen op een eijlant daer ontrent geberght hebben, ende datter mede 180 zielen op twee eylandekens waer onder eenige vrouwen, kinderen, soldaten, ende bootsgesellen geberght sijn ende ontrent 70 sielen die int schip waeren gebleven ende voor haer ontrent 12 personen verdroncken als sijlieden naer lant wilde swemmen ende de 180 sielen die opt eijlant sijn hebben tot haer onderhout 12 a 13 varckens broot sonder meer, dat alsse 3 dagen opt eijlant geweest waren, de see boven overt verlooren schip Battavia heen spatte en tselve begondt te breken, ende door d'onstuijmichheid vande zee geen apperentie siende, om iets meer uut voorsz schip te salveren. Resolveerde om vers waeter alsoo maer 2 tonnekens onder allen tvolck hadde, te gaen soecken aen andere eijlandekens die daer ontrent lagen, ofte aent vastelant sijn. Op 7 deser vertrocken mette boot, daer 48 sielen waer onder (2 vrouwen 1 kind mitsgaders meest alle d'officieren vant schip) in waeren naer d'eijlandekens gevaeren daer in cuijltjens inde clippen ontrent $^{1}/_{2}$ varcken vers water (dat daer in geregent was) vonden, datse dit vonden op 22$^{1}/_{2}$ graden ende indiense dit waeter niet gevonden hadden soude van dorst hebben moeten vergaan, alsoose selffs inde boot geen water en hadden, naert vaste lant gaende om meer waters te soecken vondent selve lant seer steijl ende hooch, clippen sonder voorlant, niet om aen te comen, resolveerden met den anderen naer Battavia te loopen, maer 70 kannen waeters inde boot hebbende waer van een kanne op Batavia voorsz brochten, dan den Commandeur voornoemt dede de officiers ende matroosen voorsz belooven dat soose eenich vers waeter noch aent vaste lant conde vinden, alsdan niet naer Battavia te lopen, maer eerst tvolck opt eijlant gebleven, soude provideren met sooveel waeters ende anders datse soude vinden, alssij soude meijnen van noden te wesen, om te mogen secours verwachten, tsij dat dan mette boot iemant naer Battavia soude senden ofte anders datse langs lant liepe tot op 17 dito vondent tselve alomme gesloten steijl ende hooch sonder ingangen, ende alsoose geen water nieuwers[9] en

7 crois: wier
8 Sante Paulo: St. Paul; eiland in de Indische Oceaan, halverwege Kaap de Goede Hoop en Australië

vonden, resolveerden naer Java overtesteecken, ende hebben den 27 dito Java aen boort geloopen sijn den 30 dito inde Straet Sonda ende den 7 julij voor Battavia gearriveert, alle tgeene versz staet bekent [224 r] ende verclaerde d'versz comparanten alsoo te wesen d'oprechte waerheid. Compareerde mede Adriaen Jacobsz schipper, Claes Gerritsz opperstierman, Jacob Jansz Hologh onderstierman, Gillis Fransz Schelling halffwaeck ende Claes Jansz schieman, alle gevaren hebbende indier qualité opt versz schip Battavia welcke verclaeren gesaementlijk ende ider int particulier d'omstaende verclaeringe om door d'heer Commandeur Pelsaert gedaen inder daet alsoo d'oprechte waerheid te wesen, aldus gedaen ende gepasseert in Battavia inde raetcaemer desen 20 julius anno 1629, ende in oirconden der waerheid bij d'onderstaende commissarissen onderteeckent.

9 nieuwers: nergens

BIJLAGE III

Instructie van Gouverneur-Generaal Jan Pietersz Coen voor Pelsaert[1]

Ordre voor den commandeur Francisco Pelsaert ende den raet van 't jacht Serdam, gaende naer 't Zuyderlant, 15 juli 1629.

Alsoo den commandeur ende schipper nevens 45 persoonen, met de boot van't schip *Batavia* den 7en deser alhier aengecomen, tydinge brengen hoe voorsz schip *Batavia*, comende van 't vaderslant, op de hoochte van 28 $^1/_3$ graden suyderbreete verseylt ende, Godt beter't, verongeluckt is, sijnde 't resterende volck, sterck omtrent de 250 sielen, soo mans, vrouwen als kinderen, op seker eylanden ofte klippen, omtrent 8 a 10 mylen van 't vaste lant gelegen, gelaten in d'uytterste miserie, omme van dorst ende hongersnoot te vergaen.

Soo is 't dat wy goetgevonden hebben 't jacht *Serdam* in alleryl te lossen ende derwaerts te senden om 't volck tytelijck te secoureren, [ende] sooveel gelden ende goederen van gemelte verongeluckte schip te salveren ende herwaerts te brengen als mogelijck werd.

Sult dienvolgende in den name Godes op morgen seyl gaen ende uwe reyse by alle mogelijcke neerstícheyt voorderen, ten eynde op 't spoedichste moocht arriveeren ter plaetse daer ghylieden 't schip verlooren ende 't volck verlaten hebt, sijnde alsvooren geseyt op de hoochte van 28 $^1/_3$ graden zuyderbreete, genaemt Houtmans droochte.

Aldaer met lieff[2] gecomen sijne, sult trachten te bergen sooveel volck, gelt ende goederen als in wesen sult vinden ende by alle mogelijcke middelen te becomen sal sijn.

Omme de gelden ende andere goeden op te duycken, gaen met dit jacht eenige exparte swemmers ende duyckers namentlijck twee Nederlanders ende vier Guseratten. Animeert haer dat hun devoir doen, onder toesegginge dat van ons wel sullen worden beloont, ende tracht, is 't doenelijck, alle de companten te salveren, opdat de Compagnie tegen haer groote schade eenichsints mach worden gesoulagieert. Gedenckt het cas-

1 H.T. Colenbrander, *Jan Pietersz Coen. Bescheiden omtrent zijn bedrijf in Indië*, 5e deel, 1923, p. 575-577.

2 met lieff: behouden

ken met juwelen, dat voor u affscheyt alreede op 't eylandeken by 't volck gebercht was, herwaerts te brengen.

Byaldien geen van ons volck omtrent het verongeluckte schip off op de byleggende eylandekens verneempt, dat niet verhoopen, sult onderstaen oft sich ook ymandt na 't vaste lant begeven heeft, trachtende de plaetse daeromtrent soo na t' ontdecken ende 't volck op te soecken, als immer mogelijck ende doenelijck sal sijn.

Alles gebercht ende gesalveert sijne, dat te becomen is, sult ghylieden u op spoedichste wederom herwaerts aen vervougen.

Byaldien door quaet weder, storm ende harde winden verleth wiert ende de clippen daer 't schip verongeluckt is, niet te genaecken waren, ende voorhants geen middel saecht omme de gelden te bergen, sult echter daer niet lichtvaerdich affscheyden ende onverrichter saecken herrewaerts keeren, maer verdacht sijn dat de son om de suydt compt, de somer op handen is ende dagelijcx schoon ende bequaem weder hebt te verwachten, weshalven sult aldaer op beter gelegentheyt vertoeven, goet weder ende cleen water waernemen omme, is 't doenelijck, alle de contanten (daertoe goede hoope hebben) te becomen, al sou 't oock dry, vier ende meer maenden dueren.

Ten waere ghylieden op u aencomste aldaer noch soo goeden getal van ons volck bejegende, dat door gebreck van water genootsaeckt wierd eer herrewaerts te comen, in welcken gevalle alles ten besten van de Compagnie sult overleggen, vooral wel lettende off aen 't vaste lant, 't sy om de zuyt of om de noort, geen bequame havenplaets ende water te vinden is, omme 't volck aldaer te transporteren ende 't jacht te bergen totdat de son by zuyden de linie gecomen sal wesen, als wanneer niet twijffelen off sal beter tijt bejegenen ende middelen vinden alle 't gelt te bergen, daeraen des Compagnies dienst ende uwe eere gelegen is. Ondertusschen sal U.E. sijn inhebbende water wel doen menagieren, ende by regen sooveel versamelen dat de vaten gestadich vol mogen blyven, is 't mogelijck.

Op uwe reyse sult perfect journael houden, goede aenteeckeninge doen der landen, droochten, clippen, inhammen, bayen ende hoecken, die soud mogen bejegenen ende ondecken; alles op sijn behoorlijcke hoochte, lengte ende streckinge leggende.

Ende opdatter gedurendt 't voyagie goede ordre ende eenicheyt mach werden onderhouden, behoorlijck devoir in 't salveren van Compagnies volck ende goederen gedaen, hebben wy goetgevonden den E. Francisco Pelsaert, gewesene commandeur op 't schip *Batavia*, 't oppergebiet over dit jacht ende 't voorder beleyt van saecken te bevelen, ghelijck wy 't selve hem by desen bevelen; ordonneren ende belasten derhalven alle officieren ende bootsgesellen op 't jacht *Serdam* beschyden, mitsgaders die van 't verongeluckte schip *Batavia* souden mogen werden gebercht ende herwaerts gebracht, gemelten Pelsaert voor haer overhooft t' erkennen ende te gehoorsamen, ghelijck ghylieden alle dat voor ons soudt willen verantwoorden.

Actum in 't Caseel Batavia, ady 15 july 1629.

BIJLAGE IV

Overzicht van geborgen contanten en goederen[1]

[529 r] Notitie vande gebergde contanten ende goederen door onslieden in het wrack vant verongluckte schip *Batavia* in verscheijde reijsen gevischt ende hier opt lant gevonden hebben, die geladen zijn int jacht Sardam om in Indien over te leveren aende Edele Heer Generael Jan Pietersen Coen als volcht,

10 Kisten met realen als Hollantse daelders, te weten,
9 kisten soo met realen als Hollantsche daelders, waer onder een kist no. 33 daer 9 sacken ducaten met 41 sacken soo dubbelde als enckelde stuijvers in zijn, omdatter eenige vande voorsz stuijvers uutgevallen zijn,
1 kist die ontstucken[2] sonder decksel opgevischt hebben, ende het gelt door den roest heel vast aen malcanderen gecleeft was daerin bevonden hebbe, te weten,
5400 rijcxdaelders in 27 sacken getelt
400 rijcxdaelders in 2 sackgiens getelt van gelt dat alhier opt eijlant gevonden ende het volck affgenomen hebben.

1 Casien met juweelen daerin 4 doosgens onse Hren. Meesters	
de Compagnie toecomende monterende[3]	58671:15:–
Waer van een goude ketentgen gemist wordt, costende	70:09:–
	58601:06:–

In dit selve cassien is mede een juweel toecomende Caspar Boudaan coopman tot Amsterdam, dat de Hren. Mrs. in hare vergaderinge vande Seventhiene op den 27en october 1628 hem vergunt hebben mede naer Indien te mogen senden op sijn resico ende aldaer te vercopen, mits dat de Compagnie van het procedido[4] 25 per cento[5] sal genieten.

1 ARA, VOC 1098, fol. 529 r-v.
2 ontstucken: kapot
3 monterende: bedragend
4 het procedido: de transactie
5 volgens het contract met Boudaen kreeg de Compagnie niet 25, maar 28 procent

1 Cassien daerin 75 marck silvers bestaende int navolgende
4 moorse fruijtschotels
2 cleijne eetschotels
1 moors lampet becken
pertije gebroocken zilverwerck
In dit cassien is mede pertije soo goude als silver galon[6] en passementen maer meest swart ende heel bedorven.
3 vaetgens conchenillie[7] no. 107, 108, 109, waer van het vaetgen no. 109 een weijnich nat geweest heeft, wegende ijder 52 lb brabants gewicht.
2 Cassen inhoudende 't naervolgende
13 stucken segge halve stucken root laecken[8] meest gevleckt ende bedorven, oock eenige stucken, daer affgesneden is geweest
3 stucx groen carsay[9]
1 stuck swart dito
1 stuck heere zay[10]

[529 v] 1 kist met diverse stucken soo lappen als heeresay, bourat[11], groffgreijnen[12] ende andersints maer altsamen meest bedorven.
1 cassien daerin partije roode laeckense clederen met goude passementen geboort,
stucx rijcxdaelders in diverse reijsen door de Gouseratten opgeduijckt.
2 cassen met clatergout[13] ijder casse inhoudende 8 cleijne cassiens maer heel swart geworden
2 stucken geschuts te weten
1 metaele stuck wegende 3310 lb
1 ijsere dito wegende 3300 lb
pertije ijserwerck soo hoepen, bouts, als andersints
2 leggers spaense wijn
1 dito vol olije
1 dito azijn
2 vaetgiens jopenbier[14]
1 pack met oude lappen, laeckens, ende saijen[15].

6 galon: boordsel of koord voor het versieren van uniformen e.d.
7 conchenillie: cochenille; rode verfstof vervaardigd uit gedroogde insecten
8 laecken: dichte wollen stof
9 carsay: grove gekeperde wollen stof
10 heere zay: goede wollen stof
11 bourat: stof van garen dat gesponnen is uit afval van de zijdespinnerij
12 groffgreynen: een stof gedeeltelijk van grove zijde of zijde-achtig materiaal
13 clatergout: dun uitgeslagen geelkoper
14 jopenbier: dik, bruin bier, ook gebruikt als medicijn
15 saijen: lichte gekeperde wollen stoffen

BIJLAGE V

OVERZICHT VAN DE OPVARENDEN VAN DE *Batavia*[1]

[582 r] Volcht de notitie van 303 persoonen soo mannen als jongers waer mede wij uyt het Texel verseijlt sijn waer dat voor ende naer 't verongelucken vant schip Batavia deselve gebleven sijn.

Inn Duijns[2] wech geloopen als schelmen persoonen	6
Opde Gallias ende tjacht Sardam over laten gaen	3
Opt schip van sieckte ende schuerbuyck gestorven	10
Naert verongelucken vant schip inde brandingh verdroncken ende in zee wech gespoelt tsamen	40
Opt eijlandt Batavias Kerckhoff door sieckte ende eenige te veel sout water gedroncken hebbende sijn gestorven	20
Met de boot op Batavia gearriveert	45
Door Jeronimus Cornelissen ende sijn complicen sijnder laten vermoorden soo met verdrincken, worgen hals affsnijden als doothacken	96
Opt thooge eylandt sijnder 4 vande principale moorders door de defensive dootgeslagen	4
Opt Robben Eijlandt vande principale moorders opgehangen	7
Opt vaste Zuijtlandt voor schelmen geset vande dito	2
Met de boot nevens den schipper Jacob Jacobsz Houteman van Sardam verongeluckt met den boot om te seylen	2
Met het jacht Sardam op Batavia gebracht	68
persoonen	303

Als mede
Van 38 soo vrouwen als kinderen opt schip Batavia geweest waer deselve gebleven syn te weten van sieckte en dorst gestoren

kinderen	9
vrouwen	1

1 ARA, VOC 1098, fol. 582r.

2 Duijns: The Downs; rede ten noorden van Dover

Door Jeronimus Cornelissen met syn complicen synder laten vermoorden	vrouwen	12
	kinderen	7
Op Batavia int leven gebracht	vrouwen	7
	kinderen	2
vrouwen en kinderen		38

BIJLAGE VI

Brief van Pelsaert aan de Kamer Amsterdam, 12 december 1629[1]

[583 r] Erenfeste manhafte wyse voorsinnige seer discrete Ed. Heeren,

Het is my meer als leet dat u.l. de disastre oft ongeluckich wedervaren van het schip Batavia sall moeten verstaen soo van het blyven derselfs opde Abrolhos van Frederick Houtman gelegen op de hoochte van 28 graden 37 minuten, als mede de miserabelen staet door een onversinnigen[2] valstrick die ons om den hals geworpen werdt, door het vreesselyck branden vant ressiff, daert schip in verseylt was, datt gheen waeren uut het schip conden bergen, waer door inden uuttersten noot geraeckt syn, ende genootsaeckt te resolveren geweest, met een boot te gaen om water te soecken, dwelck wy voor dien tijt aende naest gelegen eylanden niet hebben connen vinden ende liepen eyntlyck naer tvaste Suijtlandt dwelck 8 myllen vant wrack was, daer wy door eenen storm ende dagelycxsche harde winden uut den zuyt zuytwesten waeyende, gheen lant conden aendoen, maer soo door storm als windt om den noort gedreven werden, dattet buyten menschelycke macht was, weder te connen opcomen[3]. Eyntlyck met groot peryckel ende dorst noot, mosten resolveren naer Batavia te loopen, om aende Ed. Hr. Generael ons droevich wedervaren te adviseren, ende te versoecken om met een jacht in corter stondt, weder te mogen derwarts gesonden worden, met water ende vivres, om het volck te haelen, ende soo veel contanten ende goederen te bergen als doenlijck soude mogen wesen, twelck my vande Hr. Generael toegestaen werdt, ende vertrocken opden 15en jully 7 dagen naer ons arrivement, alhoewel ick heel sieck ende van geleden armoede uutgemargelt was, met het jacht Sardam weder naer het Zuytlandt, daer wy naer veel uutgestane peryckellen den 17en septembris omtrent het wrack eerst arriveerden, daer Godt betert onse groote vruecht doen wy volck vernamen, in een seer groote droeffheytt verandert werdt, als met groot herten leet verstaen mosten, dat eenen ondercoopman Jeronimus Cornelissen die door syn ingekanckerde verborgen verdorventheyt, hem vanden duijvel tot een

1 ARA, VOC 1098, fol. 583r-584r.

2 onversinnigen: onverwachte

3 opcomen: tegen wind en stroom in varen

quade resolutie hadde laten bewegen, dat met syn complicen 124 menschen hadde doen vermoorden, om tot haer voornemen te comen om het eerstcomende jacht dat haer soude haelen, aff te loopen, waer over in soodanige conjonctie[4] als ick daer vondt, met soo veel bedorven ende halff bedorven menschen, die niet dan noch trachtende waren tot een quade resolutie, genootsaeckt geweest de principale over haer hondert voudige verdiende dootstraffe aen een galge aldaer moeten ophangen, om des Compagnies middellen soo schip volck als contanten die seer mirakeuleuselijck met veel peryckellen gevist hadden, te weten 10 kisten gelt al de juweelen ende ander goederen, als byde ingesloten notitie blyckende is, niet voorder te hasarderen oft in [583 v] peryckel te stellen, alsde Ed. Heeren int largo door my beschreven aende Hr. Generael Specx overgelevert, ende door hem aende Ed. Heeren gesonden wordt, daer de heeren ten vollen sullen sien, hoe dat hem het verliesen vant schip met alle syn toevallen, en ongelucken die het schynt Godt betert vande beginne uuttet Texel onderworpen is geweest, tot dat eyntlijck, mynder, meer als onaffmetelycke droeffheyt, versylt is, daer ick soo onnooselyck doorde hoovaerdige waenwetentheyt van schipper en stierlieden die noch gisten 200 myllen van landt te syn, onse eer ende ernstigen iver ten dienste vande Generaele Compagnie gestut is, door de gestadige droeffheyt en harten leet, die door my qualyck vergeten oft verswegen can worden, ende nu eerst ten rechten bevinde en overdenckende ben, dat een mensch syn wereltlycke welvaren in handen van soo 2 a 3 meynwetende[5] dickwils gestelt werd.

Dan nu mij het pack van alle ongelucken tsamen gesmolten opden hals gevallen is, jae niet wel mogelijck met de penne uut te drucken, sall alevenwel de selve soo veel doenlyck is matiegen, ende door de genade Godes hervatten, om den schuldigen dienst ende plicht daer ick altyt ten dienste vande Compagnie naer getracht hebbe, ende myn oogenwit geweest heeft, te hervatten, gelyck ick alhoewel uutgemargelt van een sware siecte ende armoede daer vande Cabo de Bona Esperanca in was gevallen totter tyt dat het schip verongeluckten (gedaen hebbe) dat ick 100 myllen met den boot in groote miserie met honger ende dorstnoot tot Batavia ben gecomen, vann waer ick dadelyck aende Hr. Generael versocht datt hy mij wederom met een jacht naert Suijtlandt wilden seynden, om de groote schade vande Ed. Compagnie voor soo veel in menschen macht was te repareren, gelyck ick Godt loff ten wege gebracht hebbe. Verhopende dat de groote ongemeene wyscheyt, ende verresiende consideratien vande Ed. Heeren tselve in consequentie sullen trecken ende

4 conjonctie: samenzwering
5 meynwetende: domme mensen

om dat ick opt vertreck vande schepen naert vaderlandt hier eerst gearriveert ben, ende den tyt seer cort valt door veelvoudige occupatien, dwelck de oorsaeck is dat ick de Heeren niet punctuelyck can schryven gelyck wel behoorden. Maer om dat ick gelyck boven verhaelt allent gepasseerde int largo beschreven hebbe, bidde ick de Ed. Heeren het selve toch nu ten besten te duyden.
De geberchde boeckenn[6] vant schip Batavia, door cortheyt des tyts is niet mogelijck geweest deselve te sluyten en te copieren om d'Ed. Heeren met dese schepen toeteseynden als alleenlyck de monsterrolle[7], die den boeckhouder Bucquoij nevens ander boecken is medeseyndende, waer in d'E. Heeren sullen connen sien, waer ende op wat manieren het volck gestorven oft om den hals gecomen syn, ende die noch open ende onaffgeschreven staen syn 113 mans persoonen, die soo met den boot als nu met het jacht Sardam levent op Batavia gearriveert syn als mede 7 vrouwen persoonen ende 2 kinderen, tsamen 122 sielen.

[584 r] Den almachtigen Godt wil ophouden vande Ed. Compagnie meerder schade ende onheyls toe te seynden Amen.

Den twee ingesloten reeckeningen syn van Jacob Jacobsz van Sardam schipper opt jacht Sardam geweest, ende van Pieter Pieterssen van Ouwenierop quartiermeester die omtrent de eylanden oft rudsen vant verongeluckte schip Batavia, met den boot door harden windt omseylende verdroncken syn, ende om dat de nieuwe boecken vant jacht Sardam niet eerder gesonden worden, voor het naeste jaer, soo seynde ick dese reeckeningen nu om datse niet verlooren souden worden ende dat de Ed. Heeren aen haer vrouwen souden connen contentement doen. Op de rugge vande reeckeningen hebbe ick mede geannoteert waer voor sy alhier inde nieuwe boecken gecrediteert sullen worden, die om de cortheyt des tyts nu niet hebbe connen mede seynden.

Hiermede erenfeste manhafte wysen voorsinnige seer discreten E. Heeren naer myn ootmoedige gebiedenisse, sall Godt bidden dat hij de Ed. Heeren will behoeden voor voorder schade, maer voortaen segenen met opghanck ende bloeyingh haers handels, ende voorts wat ter sielen salicheytt noodich is. *Actum opt Casteel Batavia desen 12en december 1629.*

Uwe Ed. alderonderdanichsten dienaar *Francisco Pelsartt.*

6 geberchde boeckenn: daar de boeken van de *Batavia* kort na de schipbreuk overboord werden gegooid, wordt hier waarschijnlijk de lijst van geborgen goederen bedoeld. Zie bijlage IV.

7 monsterrolle: waarschijnlijk het overzicht van opvarenden. Zie bijlage V.

BIJLAGE VII

Het eerste nieuws over de ramp in druk, 1630[1]

[1] Droevighe tijdinghe van de aldergrouwelijckste[2] moorderij, gheschiet door eenighe matrosen op't schip Batavia, ende uyt wat oorspronck het selfde gheschiet is: midtsgaders wat loon dat de voornaemste autheurs hier voor ontfanghen hebben: wonderlijck om te lesen. Met een droevich clach-liedt, ghemaeckt van de voornoemde moort.

[2] Alsoo in dese landen uyt Oost-Indien ghearriveert zijn, dusdanighe schepen namelijck het schip Uutrecht, Hollandia, Leyden, Dordrecht, Fredrick Hendrick, 't Zee-Paert, 't Wapen van Delft, en Rotterdam seer rijckelijck gheladen: Het volck van dese schepen brenghen mede een al te droevich ende beklaghelijcke tijdinghe, van het schip Batavia, hoe dat het voorsz schip door toe doen van quaet beleyt is teenemael omghekomen, ende de matroosen malkanderen deerlijck vermoort, een al te droevich ende beklaghelijcke sake, voorwaer aenmerckens waerdich voor officieren ende matrosen elck in zijn offitie ende dienst vroom ende eerlijck te draghen, op dat alsulcke onheylen niet meer en ghebeuren, alsmen verstaet gheschiet te zijn met het voorsz schip, waer van ick u sal verhalen het sekerste dat ick hebbe konnen vernemen, ende hoe wel dattet van de maets different vertelt wort, soo verstaetmen dattet is geschiet als datter soude zijn eenighe haet ontstaen tusschen eenighe officieren, het welcke onder de maets groote verbitteringhe heeft veroorsaeckt, vermits den meesten part den Coopman toevielen (alsoo de boosheyt int gemeen den meesten aenwas heeft) om voorsz schip of te loopen, ende eenighe andere het sochten te beletten, soo datse hebben ghetracht de goede van kant te helpen, maer eer sy haer boosheyt konden int werck stellen, is het voorsz schip ghestrant, op den vierden juny, oft sulcx nu al willens is gheschiet wort by velen ghepresumeert: maer alsoo de gasten haer hebben in de sloepen begheven, ende andere op planckeen, riemen ende dierghelijck daer sy haer mede konden behelpen, als de gasten aen landt waren hebben de moetwillige haer gereed gemaeckt om d'andere te vernielen,

1 *Droevighe tijdinghe van de aldergouwelijckste [sic] moorderij [...] op't schip Batavia*, Rotterdam, Cornelis Fransz, 1630, UBL: pfl. 1630.

2 zetfout: aldergouwelijckste

maer d'andere eer sy haer konden ter weer stellen wierter by[3] 45 verslagen ende 5 zijnt ontkomen, so datse mede seer deerlijck ombrochten de vrouwen ende kleene kinderen, t'welck laes[4] jammerlijck te beklagen is: Ende alsoo dese 5 ghevluchte noch vonden andere veertich man die aen't hooge Eylandt gedreven waren, komende van het Robben Eylandt, waer van dese 40 mannen Godt gestadich baden haer te willen verlossen ende also op het voornoemde eylant genoeck tot lijfs nootdruft was, hebben niet te min ghestadich goede wacht ghehouden: Middelerwijl hebben haer de vyanden weder reet gemaeckt om haer mede te vermoorden. Soo isser onder ander geweest een vroom soldaet, met namen Pieter Lammersz (alsoo hy zijn schoonste sach[5]) is haer ontvaren: ende alsoo sy hem nae warem om mede te vermoorden, heeft het volck dat aen landt waren haer daer teghen ghestelt, ende met steenen vande wal gehouden met hare sloepen, tot drie reysen toe, maer bleven vande ghevluchte vier doodt, ende vijf moetwillige, ende vijf gevangen, so datse weder mosten of wijcken: Als nu de gevluchte weder in stilte waren, so hebbense beraetslaecht dat sy souden[6] een man senden na den Commandeur, die doen ter tijt op Batavia was: Het welcke sy terstont [3] deden. Als den Commandeur sulcx hadde verstaen, heeft hem inder yl geprest nae 't voorsz landt om de goeden te ontsetten, maer soo haest als de Commandeur aen quam dede met goede ordre haer daer besetten, ende gedwongen by hem te komen, ende heeftse[7] doen verhooren, ende als hyse verhoort hadde, heeft hyse nae verdienste doen justiceren: waer van hy ses opghehanghen heeft, met de coopman, ende twee ghebannen op't vaste landt, soo langh dat 't een of d'ander schip haer komt verlossen, ende eenighe blyven noch gevanghen, maer hoe't met haer ofloopen sal leert den tijdt: Godt geve dat alle valsche aenslaghen moghen openbaer worden, tot schrick der boosdoenderen, ende behoudenis der goeden.

Een droevich jammerlijck liedeken, van de deerelijcke moordery, die bedreven is in Oost-Indien, voyse[8]: *Hoort toe nae dit verstant*

3 by: ongeveer
4 laes: helaas
5 hy zijn schoonste sach: hij de mogelijkheid zag
6 zetfout: sonden
7 zetfout: herftse
8 voyse: wijs

Aenhoort dit droevich liedt,
Watmen u sal ghewaghen:
Groot jammer is gheschiet
Tis wel om te beklaghen,
Wie heeft met onvert'saghen
Van sulcken strijdt ghehoort?
Wie las oyt van sijn daghen
Van sulcken grooten moort.

Ghelijck met onghena
Seer schricklijck is bedreven,
Op het schip Batavia
So u hier wort beschreven,
Veel matroosen zijn om't leven
Vermoort, en omghebracht,
Vrouwen kinderkens beneven
Och hoort eens nae dees klacht.

Door groote jalousy[9]
Is deesen moort gheresen,
En met verradery
Sochten daer veel mitsdesen
Het schip meester te wesen,
Maer door Gods stercke handt
Is Batavia met vresen[10]
Den vierden juny ghestrant.

Als sy waren ghestrant
En jammerlijck ghebleven,
Elck een pooghde nae landt
Om te berghen haer leven,
Achtenveertich zielen even
Hebben haer door Godes ghena
Met sloep en boot begheven
Nae de Ree Batavia.

9 zetfout: jajousy
10 met vresen: vreselijk

Noch twee hondert bekant
Die van het schip oock quamen,
En dat op een eylandt
Als vrienden altesamen,
En swoeren daer by namen
Malcanderen by te staen,
En middelen te ramen
Om te komen daer van daen.

Wy maeckten daer seer bly
Een schuytje t'saem midtsdesen
Maer door verradery
Is daer weer haet gheresen
Door ons Coopman mispresen
Die heefter veel toeghekocht,
Tot desen moort met vresen
Hoort hoe het is volbrocht.

[4] Alst schuytje was ghemaeckt
Den koopman met der ylen,
Heeft bloedtdorstich ghehaeckt
Met sijn ghekochte fielen
Liet boven vijftich zielen
Aen't Robben Eylant verstoort
Die heeftmen gaen vernielen
En seer tyrannich vermoort.

Doch vijf matrosen goedt
Hebben de vlucht ghenomen,
En zijn met alder spoet
Op't hoogh Eylandt ghekomen,
Daer vonden sy met schromen
Noch veertich maets beducht,
Dat waren vande vromen
Die mee waren ghevlucht.

Sy klaeghden daer malkaer
Hoe sy waren bedroghen,
En vielen oock te gaer
Op hare knien gheboghen,
Tot den hemel haer ooghen
Baden ghelijckerhandt
Dat Godt door sijn vermoghen
Haer wilden doen bystant.

Dees moordenaers Godloos
Om haer moetwil te wreken,
Kleene kinderkens seer broos
Hebben sy oock doorsteken,
Swangbaer vrouwen t'is gebleken
De borsten afghesneen,
Tis qualijck om te spreken,
Wat grouwel sy al deen.

Sy waren noch veertich man
Die quamen ons bestrijden
En vielen seer dapper an
Maer wy om te bevrijden,
Weerden ons sonder mijden
soo op't hooghe Eylant,
De moorders tot gheen tijden
Kosten komen aen strandt.

Terwijl wy dus beswaert
Te samen vochten bloedich,
Pieter Lambersz vermaert
Toonde sijn vroomheyt goedich,
quam overvaren spoedich
Al met de schuyt verblijt,
En die hulp ons wel moedich
Dat was voor haer een spijt.

Hoe wel de derdemael
Sy ons bestrijden quamen,
En swoeren sonder fael
Te vermoorden al te samen
Wy hebben t'haer blamen
Vijf moorders selfs verrast,
Den Coopman oock by namen
En bonden hem seer vast.

Den lesten aenval snoot
Die sy op ons bedreven,
Bleeffer van ons een doodt,
Drie ghequetsten daer beneven,
Doe saghen wy komen streven
De zeylen triumphant,
Van den Commandeur verheven
Die quam om't hooghe landt.

De moorders zijn seer swaer
Gheboeyt ende ghevanghen,
Den Coopman is daer naer
Met noch ses opghehangen,
De reste met verstranghen[11]
Sitten swaerlijck ghevaen
Hoe't daer me[12] is verganghen
Salmen haest verstaen.

Oorlof ghy vroome lien
Dit liedt doet u verklaren,
Van't gheen men sach gheschien
In Oost-Indien met beswaren.
Die met Batavia sijn ghevaren
Hoe't met haer is vergaen,
Men sach noyt vreemder maren
Inde cronijcken staen.

11 verstranghen: benauwdheid, angst
12 lees: mee

BIJLAGE VIII

Brief van een overlevende, 11 december 1629[1]

[15] *Brief* gheschreven op de see van *Batavia*[2], den 11 decemb. 1629.

Eersaeme ende seer discrete N.N. naer hertelijcke groeteniszen dient deesen, als dat ick noch kloeck ende ghesondt ben, daer van ick God hoochlyck heb te bedancken, verhopende dat het met ul. oock soo is: Voorders sal ick ul. in korten schrijven hoe het met ons schip *Batavia* ende het volck vergaen is, want ick weet wel dat daer veel loghens sullen omgaen: Het schip *Batavia*, met de *Maeght van Dort*, met het schip *Bueren*, met het jacht *Sardam*, ende *Assendelft*, dese vijff schepen de Caep de Bonne Esperance gepaszeert sijnde om het Suydtlandt in't ghesicht te loopen, soo sijn de vier schepen af ghedwaeldt, wy meenden het voorts[3] Suydlandt op seven en twintich graden in't gesicht te loopen, maer op den acht ende twintichsten ende een half graet gekomen sijnde, is het schip vast gheraeckt op Pinxter Maendach, wesende den vierden junij 1629 s'morgens vroech inden daechraet, de schepen van ons sijnde, ende hadden geen aszistentie te wachten, dan ons betrouwen was op sloep ende boot, maer och lacij! 'tis qualijck vergaen, wy brachten wel een ancker achter uyt, maer het was te vergheefs, den dach aenghekomen sijnde, saeghen wy een eylandt omtrendt het[4] schip legghen, daer wy met de boot ende schaloep een deel volck op brachten, een weynich waeter ende broodt bergende, ick met onsen coopman, met noch omtrendt veertich sielen op het schip blijvende, meende oock met de boot ende schaloep aen landt te vaeren, maer de voorsz boot ende schaloep voer weg met acht ende veertich sielen na *Batavia*, ende liet het volck in alsulcken desolaeten staet; het schip omtrendt acht daeghen heel blijvende, maer doen het schip begonst te breeken, voeren wy daer van met plancken ende vlotten, ende een deel met haer naeckte lichaem [16] door de baeren begevende, ghelijck ick selve ghedaen hebbe met ons honderdt persoonen

1 *Leyds veer-schuyts praetjen, tuschen een koopman ende borger van Leyden*, z.pl., 1630, p. 15-18, NSA: Mi 89-513.

2 see van Batavia: Javazee

3 waarschijnlijk een zetfout, lees: voorsz

4 zetfout: get

wesende quamender met ons twintighen af, de andere die verdroncken, wy by het ander volck ghekomen sijnde, vonden sterck te sijn twee honderdt ende acht sielen, waer van dat eenighe kinderkens van dorst storven, soo dat wy daer noch twee hondert gesont bleven, onsen coopman mede aen lant gekomen synde, heeft hem meester gemaeckt, ghelijck hy op het schip gheweest hadde, wy mosten van het gheene leven dat van[5] het schip quam drijven, als wijn ende broodt, hadden wy met de boot aen landt ghebracht, soo dat wy met twee mutskens wijn ende een weynich broodt den heelen dach daer af mosten leven, drie weeken in rust ende vreede gheleeft hebbende, biddende Godt dat hy den boot een gheluckighe reyse wilde verleenen, het welck hy ock ghedaen heeft, als ghy hier naer hooren sult, in vreede levende, wesende te vreeden met het gheene ons ghegeven worden, de koopman voordts heeft een verraedt aengherecht, stuerende een deel volck op een ander eylandt, meende haer van hongher ende dorst te laeten sterven ende versmachten, wreede daet! welck noyt *Nero* ofte ander tyran soude bedacht hebben, sulcken moorderij, dit volck was omtrendt sestich sielen, waer onder waeren vier swanghere vrouwen, ende het ander waeren al mannen ende jonghers, waer onder dat ick mede was, wy van Godt ghespijst werdende, worden de moorders boos in haer herte, meenden dat wy te langhe soude leven, hebben op dien dach daer vijf ende veertich van vermoordt, ick met noch thien mannen hebben het op een hooch eylandt ontvloden daer wy noch veertich mannen vonden, die sy op dat eyland mede gheset hadden, om haer soo te laeten sterven, doch Godt den heere heeft het wonderlijck voorsien. Wy nu genoech ghewaerschout sijnde van deese moordenaers, stelden ons ter weer piecken maeckende van pruysche deelen[6], die wy spleeten, ende setten daer spijckers op van veerthien ofte sesthien duymen groot, die van het wrack quamen drijven, de moordenaers dit [17] siende waeren verwonderdt, meenden dat wy al doodt waeren maer Godt de Heere spijsde ons soo rijckelijck, dat wy wel met thien duysendt mannen daer hondert jaer konnen gheleeft hebben, voghels ghelijck als duyven konden wy vijf honderdt op een dach vanghen, en elcke voghel had een ey by haer, soo groot als een hennen ey, wy vongen oock haesen, diergelijke sijn leven niet gesien en waeren, beter smakende dan hoender vleys, daer van yder man daegs voor sijn hooft[7] koste vangen, 2, 3, 4, 5, 6, ende somtijdts meer, wy vongen ook vis ghenaemt steenbraeszem, veertich in een uyre tijds, soo groot als cabeljou, waterputten vonden wy die 50, 60 vademen, ende 100 meer diep waeren, weesende heel soet waeter, onse vijanden quamen altemets met schaloepen, saebels, ende piecken,

5 zetfout: dan
6 pruysche deelen: lange smalle planken
7 voor sijn hooft: per persoon

doch niet stercker sijnde als ses ende dertich mannen met vyf vrouwen want het ander volck was al doodt gheslaeghen, ghelijck sy ons oock meenden te doen, wy ons lustig ter weer stellende, seven ende veertich sielen sterck wesende met een kindt hebben haer doen te rugghe gaen verwonderdt sijnde dat wy soo vet ende glat waeren, niet weetende dat wy soo veel te eeten hadden, de derde reyse by ons komende heel maegher van hongher ende dorst sijnde, wilden van ons ghevictalieerdt[8] sijn, maer sij het doende om ons te dooden, hebben wy met listicheyt[9] vijf vande principaelste moorders ghevanghen ghenomen, de andere dit siende stelden haer in't gheweer, doen wy dit saeghen, dat onse vijanden ons aen wilden komen, sloeghen wy der vier doot, den koopman ende noch vijf setten wy gevangen, in somma wy hebben onsen vijant soo langhe teghen ghestaen, tot dat de verlossinghe quam, tot den selfden dach dat het schip quam om ons te verloszen hebben sy vier van ons volck noch ghequetst, waer van dat een ghestorven is, de anderen sijn ghenesen, wy die tijdinghe brenghende met ons schuyt, en hoe dat het ons vergaen is, was den commandeur verwitticht van dit verraedt vande moorders, meenden oock het schip af te loopen, heeft gemonteerdt[10] [18] sijn volck, de stucken[11] gheladen sijnde met musket kogels, soo is een schuyt met moorders aen boort ghekomen, den commandeur haer hetende[12] dat sy haer gheweer buyten boort souden smijten, het welck de moorders datelijck ghedaen hebben aen boort komende heeft den commandeur haer altemael ghevanghen genomen, haer verhoorende, hebben de moordenaers al beleden, de commandeur last ende bevel hebbende van justitie, heeft den coopman met noch ses doen ophanghen, de andere bleven in boijen tot dat wy aen't vaste zuydt-lant quamen, dat omtrendt daer vier mijlen van leydt, daer op wy twee moorders setten, de andere op Batavia brenghende, sijn daer ghevanghen aen landt ghebracht, ende wat dien ghedaen sal werden sal den tijdt leeren, twee maenden gagie naer dat ick hoor sullen wy genieten voor onse getrouwicheyt: gy sulter wel breeder van hooren als de journaels uytgaen[13], den Ghenerael *Ian Pietersz. Coenen* is overleden in december, 1629 in sijn plaets is ghesedt den Ghenerael *Specx*, is als Admirael Ghenerael van Oost-Indien. Ick weet ul. niet veel meer te schrijven van het verhael, van het schip *Batavia* sult ghy wel meerder hooren, daer is een brief inde vloot gheschreven daer ick met de boodt niet vernoomen en ben, daerom denkt niet dat ick doot ben, dese brief had N.N.

8 ghevictalieerd: geproviandeerd
9 zetfout: listichet
10 gemonteerdt: uitgerust
11 de stucken: het geschut
12 hetende: bevelende
13 uytgaan: verzonden *of* gepubliceerd worden

gheschreven overmidts hy mijn niet en vernam, doen onse boodt met acht en veertich sielen op *Batavia* quam, maer het jacht *Sardam* heeft ons verlost, wy sijn op't schip *Batavia* drie hondert veertich sielen sterk geweest, waer van hondert negenthien afgekomen sijn, acht en veertich met de boot, ende een ende seventich met het jacht *Sardam*, Schrijft doch metten eersten hoe het *&c.*

U.L. Dienstwillighen N.N.

Coopman. Hy meent de onder-coopman.[14]

14 waarschijnlijk boekhouder Cornelis Jansz

BIJLAGE IX

Brief van een overlevende, december 1629[1]

[19] Tweede Brief.

Ick hebbe verhaeldt, dat het ons al wel gegaen is tot dat wy gekomen sijn tuschen de Cabo de Bona Esperanca ende het Suydtlant, alwaer de eerste moeyte is ontstaen, door seecker vrou, welcke swart ghemaeckt was van eenighe maets, soo in haer aensicht als onder haer kleeren, ende oock oneerlijk aenghetast, waer af men seyde de hooch-bootsman oorsaeck te sijn, oock door't aenraeden[2] vanden schiper, ende alsoo den commandeur verstondt, dat het selve niet en behoorde geleden te worden maer gestraft op dat dierghelijck niet meerder soude gebeuren, is de moeyte ende oneenicheydt grooter gheworden: daer op is gevolcht dat den vierden junius 1629 wesende den tweeden Pinxter dach, ons schip geraekt is op een droogte op de Abroilles van Houtman, by het Suydtlant, alwaer't eenige dagen bleef sitten eer het berste, wy sijn met ons acht en veertigen inde bock[3] gevallen, om naer een eyland te varen om ververschinge maer vonden niet, ten lesten sijn wy op seecker eylandt gheweest, vonden daer eenige stoopen waters, maer niet veel ten aensien[4] het volck, ende alsoo wy trachteden om weder by 't schip te komen mosten, wy 't nalaten overmits den grooten storm ende onweder, soo dat wy genootsaeckt sijn geweest na *Batavia* te loopen; ghy moocht dencken in wat noodt wy sijn geweest, wy hadden naulickx een voet breet boorts ende saten op malkanderen gepackt, mochten ons niet verroeren van vreese dat de bock omslaen soude, namen waeters in, in kort wy verwachten gestadich anders niet als de doot, ten lesten sijn wy door Godes hulpe gheraeckt in *Batavia*, naer dat wy vier hondert mijlen soo met droefheydt ghevaren hadden, ons daer wat vermaeckt hebbende, sijn eenighe van ons mede ghecommandeert naer het schip *Batavia* te gaen sien, ende sijn ten lesten naer negen weecken varens daer ontrendt geraeckt, maer och wat droef-

1 *Leyds veer-schuyts praetjen, tuschen een koopman ende borger van Leyden*, z.pl., 1630, p. 19-20, NSA: Mi 89-513.
2 aenraeden: opstoken
3 bock: boot
4 ten aensien: in verhouding tot

heyd! wat jammer! mijn pen staet stil dit te schryven derhalven sult mijn ten goeden houden dat ick't niet en schrijve [20] ick sal alleene wat verhaelen sulcks als wy verstonden uyt het overgheblevene volck, naer dat wy gescheyden waren van het schip *Batavia*, heeft den onder coopman *Ieronimus Cornelisz* sijnde een Vries (ende eertijts Apoteecker tot Haerlem, alwaer hy geweest was soomen hier seyt een navolgher van *Ian Symonsz Torrentius*) het opperste bewind aengenomen, seer heerschende ende wie hem niet wilde ghehoorsaemen, vermoordemen terstondt, de vrouwen, welcke niet tot sijnen wille stonden omgebracht ende gheschent, hy sondt een deel volcks op datse van honger ende kommer souden vergaen, naer een eylandt, daer hem docht dat niet te krijgen en soude sijn om af te leven, op dat de lieden in groote droeffenisze souden vergaen, ende merckende datse haer daer eenichsints konden gheneeren[5], heeft met sijne complicen de selve noch soecken te dooden, gelijck hy oock by naer alle dede, de kinderkens handelde hy wreedelijck, de swanghere vrouwen wierden niet verschoont, in somma hy leefde of daer gheen Godt en was, meende oock het jacht dat tot haerder verlossinge ghekomen was af te loopen, maer is in sijn boos voornemen gestut, ende hebben hem met sijn complicen ghevanghen ghekregen, ende naer dat hy eenighe daeghen ghevanghen hadde gheweest, ende veele van sijne schelmstucken beleden ende overtuygdt waren, is hy met eenighe vande principaelste belhamels opgehangen, *stervende soo hy gheleeft hadde niet gheloovende Duyvel nochte Hel, Godt ofte Engel te syn, der Torrentiaenen*[6] *ghevoelen, dus verre haer uytghespreydt hebbende,* honderdt vier ende twintich menschen soo mannen, vrouwen en kinderen, sijn door desen *Ieronimus* seer wreedelyck om het leven gheraeckt. De Almachtighe barmhertighe ende goede Godt wil ons ende ons Vaderlandt bewaeren voor sulcke pesten. Breeder te schrijven sal ick op een ander tijdt doen. *&c.*

U.E. Dienstwilligh en N.N.

FINIS.

5 gheneeren: onderhouden
6 zetfout: *Torrentiaeneu*

BIJLAGE X

Brief van Gijsbert Bastiaensz aan zijn familie[1]

Copye uyt den originelen brief van Gysbert Bastiaensz geschreven uyt *Batavia*, alhier aen sijne broeders van sijn periculeuse ende distructieuse reyse, gaende in den jare 1628 naer *Indien*.

Godt met ons, Amen.

Naer hertelijcke groetenisse ende wensinge alles goets aen mijn broeder *Jan Bastiaensz Hugo*, mijn swagher, suster, *Anneta, Sara*, suster, den rentmeester Pandelaer, mijn cozijn, Schepens, ende alle den sijnen, alle de predicanten aldaer, *Willem Reyersz Swaenenburgh, Janneken Maertens*: met een woordt alle den genen die ghy-lieden weet dat van my behooren ghegroet te werden: dit weynich dient daer toe, hoe-wel nochtans met groote droefheydt, als verschrickt zijnde om de penne op het papier te setten, om u van mijn wedervaren op de reyse te verwittigen. Even-wel de saeck nu een goeden tijdt ghepasseert zijnde, ende mijn selven onderwerpende de voorsienigheydt der Heeren, die den sijnen beproeft tot haren besten: en de wederom door des Heeren ghenade wat kracht ende sterckheydt ontfanghen hebbende; want ick naeulijckx en hebben konnen staen van swackheydt, ende dat met goede reden.

Dit is dan de somme ende inhoudt kortelijck, van mijn wedervaren in dese groote ende sware reyse: Wy zijn, gelijck als u kennelijck[2] bekent is, den 27 october 1628 uyt Texel t'zeyl gegaen, ende des selven daeghs aen de grondt met het schip gekomen, meenende dat wy aldaer met het schip souden ghebleven hebben: Maer Godt de Heer sulcks versiende, zijn los geraeckt, ende den 28 dito voorsz voort-ghezeylt, eerst tot onder Engelandt, ende voorts daer naer aen *Sierilyona*, ende ten derden aen de Kaep. Wat hem heeft toeghedraghen in die tijdt op de reyse, zijnde saken van kleynen gewichte, sal U.L. t'*Amsterdam* konnen verstaen, uyt het journael, by de E. Heeren Bewinthebbers zijnde. Van de Kaep afgevaren, heeft hem de saeck aldus toegedragen: daer is soo wat moeyten gheresen

1 *Ongeluckige voyagie, van't schip Batavia*, Amsterdam, Joost Hartgersz, 1648(2), fol. cc6r-cc8v, UBA: O 80-451.

2 kennelijck: waarschijnlijk

tysschen den schipper ende den commandeur, ende het ontstont meest uyt twee vrouwluyden, waer van de eene op het schip was mishandelt, daerom veel moeyten op het schip is gevallen: Ende wy van de andere schepen [cc6v] afgedwaelt zijnde, zijn den 4 junij, 1629 den tweeden Pincxterdagh, op een drooghte gezeylt, by het Zuydlant, alwaer dien selven dagh met mijn, noch eenighe anderen, behalven mijn huysvrouw ende kinderen, door een boot ofte sloep aen een eylandt geset, d'welck naermaels genaemt is *Batavias Kerckhof*: ende op een ander eylandt, ghenaemt het *Verraders Eylandt*, eenighe tonnen met broot en ander dingen gebracht; daer naer hebben sy naer water gesocht, op een eylandt ofte twee daer ontrent: ende geen vindende, heeft den commandeur met sijnen raedt besloten, met een boot te gaen naer *Batavien*, 't welck gheschiet is, ontrent met veertigh menschen; doen lieten sy daer noch een sloep staen aen het *Verraders Eylandt*, die daer naer werde aen ons eylandt ghebracht; tot dien eynde, op dat wy daer door water souden bekomen, het zy op een eylandt ofte op het schip: maer den onder-stierman, met noch andere boots-gesellen, in de sloep gegaen zijnde, om water te halen, zijn oock met de sloep naer de boot gevaren, ende hebben ons soo laten staen, droevigh ende ellendigh: hebbende gheenderley dranck van wijn ofte water, in vier ofte vijf etmalen, alsoo dat wy ons eyghen water[3] mosten drincken, ende veele oock van dorst zijn ghestorven. Daer naer sandt Godt reghen, ende door het middel van vlotten, die sy maeckten, kreghen wy soo wat broodt, wat wijn ende water: ende de menschen, die noch op het schip waren, raeckten daer nu ende dan af, eenige verdroncken, andere by ons aen landt komende, waer onder oock mede is geweest *Jeronymus Cornelisz* onder-koopman van het schip *Batavia*, de welcke voor opper-hooft is verkoren: den welcken koopman voorsz hem in't eerste wel heeft ghedraghen; maer een tijdt by ons gheweest zijnde, hem schandelijck heeft beginnen te verloopen, ende wreetheydt te plegen; eerst heeft hy gemaeckt een accoordt ofte heymelijck verstant, met eenighe dien hy vertrouwden, ende heeft haer sijn meenige gheopenbaert. De somma daer van was desen: Dat sy haer syde, dat sy het ghetal van de menschen, aldaer by malkanderen zijnde, ontrent 200 mosten gebracht werden tot seer weynige: seggende dat den commandeur, eer hy wech ging met den boot, hem sulcks hadde te verstaen ghegeven, ende heeft aldus sijn voornemen beginnen in't werck te stellen: heeft eenighe gemandeert dat sy op een landt souden gaen, een mijl twee ofte dry van het landt daer wy op waren, om water te soecken; want weynigh water zijnde, konden (soo hy seyde) de menschen met soo grooten hoop[4] niet lange leven. Die persoonen van dat landt weder by ons komende, hadden ge-

3 ons eyghen water: onze urine
4 met soo grooten hoop: in zo'n groot aantal

noegh vernomen dat daer gheen solaes en was voor den mensche: maer den koopman geboot haer dat sy souden segghen dat daer water was, ende goede leeftocht voor den menschen; daer op zijnder eenighe anderen gemandeert, ende eenighe oock uyt haer selven gegaen, om oprecht te weten of daer water was, ende dat sy dan souden vueren[5]: maer sy en vonden op dat hooghe landt gheen water, maer sy quamen op een ander hoogh landt, daer vonden sy water, ende doen vyerden sy. Nu, dat ging soo deur, elck syde daer moet water zijn, de menschen en souden anders niet konnen leven, soo dat nu en dan[6] een deel van de kloeckste soldaten, aldaer het water was, by malkanderen raeckten: doen heeft hy[7] met sijnen raedt, ende met de soldaten die hem toeghedaen waren, beginnen sijn voornemen in't werck te stellen. Sy hadden vlotten, daer stelden sy 8 ofte 10 man op, ende daer van die ghene op zijnde, die sy vertrouwden: voeghden daer dan by 2 ofte 3 vande kloeckste soldaten, die noch by ons waren, die nergens van wetende, op het diep dan zijnde, van de quaden dan werden ghebonden, ende in't water [cc7r] gesmeten: ende dan brachten sy tijdinghe dat sy haer op het hooghe landt, daer het water was, hadden bestelt. Sy voerden oock mans, vrouwen, ende groote jonghers, op een eylandt, naer by ons, ghenaemt het Robben Eylandt, onder dien naem[8], dat sy haer daer wat souden versorghen: ondertusschen soo gingen de voornaemste moorders, ende sloeghen een deel menschen doodt, een deel deden sy in't water loopen eenighe quamen daer nu en dan af, die op vlotten en andersins op het landt raeckten, daer het water was: daer komende, ende die ander daer vindende, verhaelden sy wat haer was wedervaren, doen merckten sy wat daer gaende was, en bleven doen ontrent met haer 50 by malkanderen; sy doen van ons blijvende, ende de voornaemste soldaten nu wech zijnde, hebben sy voorts aen het moorden ghegaen, swangher vrouwen, mans ende kinderen verworght, want sy en toonden haer anders niet als struyckroovers; het was den gantschen dagh haer spreeck-woort[9], wie wil op de oor ghestooten zijn? soo dat wy al-te-samen alle ooghen-blick verwachten dat wy souden ghedoodt werden: ende continueerlijck tot Godt suchten om een ghenadighe uytkomst. Maer de moorders hebben raedt gheslaghen, hebben mijn ende mijn dochter *Judick* noch wat willen verschoonen, om dat daer een was van den bloedt-raedt die mijn dochter ten huwelijck versocht ofte begeerden, soo hebben sy my, met mijn dochter *Judick*, in een van haer tenten, ten eten savonts ghenoodt, wy niet wetende waerom, hebben mijn vrouw en kinderen,

5 vueren: seinen d.m.v. een vuur
6 nu en dan: na verloop van tijd
7 hy: Jeronimus Cornelisz
8 onder dien naem: onder het voorwendsel
9 spreeck-woort: leus

met die dochter[10] die ick mede hadde ghenomen, al-te-samen op dien avondt vermoordt; ick thuys komende met mijn dochter, hebben seer gheweent, ghelijck ick billijck oorsaeck daer toe hadde. Daeghs daer aen zijn eenighe by mijn ghekomen, ende ick seer weenende, seyde dat ick dat niet en soude doen; ende ick hem vraeghde of ick gheen oorsaeck daer toe en hadde? seyde, dat is even-veel[11], ghy moet swijghen, ofte ghy gaet den selven gangh. O wreetheyt! o gruwel der gruwelen! Moorders, die op de weghen loopen[12], nemen dickwils de menschen haer goedt, maer laten noch somtijdts haer bloedt[13]: maer dese hebben beyde ghenomen, goedt ende bloedt. Dit is alsoo in't korte het voornaemste, alsoo dat mijn dochter en ick alle-beyden ginghen gehlijck als een os voor de bijl: ick seyde alle avonden teghens mijn dochter, morghen vroegh kondt ghy naer mijn sien, of ick vermoordt ben.

Veele dinghen die tusschen beyde zijn ghegaen slae ick voorby, als dat mijn kinderen seer sober ghetracteert wierden, dat sy by naer van hongher ende dorst verginghen, ick selver at robbe vellen: en tot mijn water dat ick tot rantsoen hadde, dede ick wat zout water by, om dat het wat strecken[14] soude; het ghebedt ende het predicken verboden sy mijn; ick gingh meest aen de strant sitten lesen, ende pluckte al-te-met wat salaet ofte wat gras dat daer was, ende dan had ick noch oly noch azijn, twee maenden lang of langer geen broodt ofte rijs gheproeft: ben oock soo swack gheweest, dat ick niet en konde staen; ick most de schuytkens, daer sy mede voeren, helpen op en af setten[15]; het was alle daghen, wat moghen wy met den man doen? den eenen die wilde mijn kappen, den anderen vergheven, dat soude wat soeter doodt zijn; den derden seyde, laet hem noch wat leven, wy moghen hem gebruycken om het volck die op het ander landt zijn, by ons te doen komen, dat waren de vijftigh die daer by een waren, die het water hadden ghevonden, want daer waren sy van vervaert[16], die en konden sy niet vermeesteren; want sy dachten, soo daer een jacht komt om te verlossen, soo sullen sy ons in de weghe zijn, ghelijck oock daer naer gheschiet is, soo ghy noch sult hooren. [cc7v] Ondertusschen de saeck van mijn dochter *Judick*, daer van ick te vooren wat hebbe beginnen te spreecken, heeft hem aldus toeghedraghen: Eenen *Coenraet van Huyssen* uyt Gelderlandt, anders een fraey jonck edelman, mede zijnde van den raedt van dese moorders gheworden, versocht mijn

10 dochter: dienstmaagd
11 dat is even-veel: dat doet er niet toe
12 zetfout: looopen
13 nemen haar goed maar laten haar bloed: nemen wel hun bezittingen, maar niet hun leven
14 strecken soude: langer mee zou gaan
15 op en af setten: aan land slepen en afduwen
16 van vervaert: voor bevreesd

dochter ten houwelijck: Maer hy syde haer ondertrouw te doen, maer wettigh te trouwen voor al de weerelt, dat soude hy doen by de eerst ghelegentheydt, daer over vielen veele woorden, te lang te verhalen: want *Judick* ende ick hadden het samen overleydt, dat in sulcken tijdt noch beter was by een man wettigh te houden[17], dan misbruyckt te werden, ghelijck aen andere vrouwen gheschieden. Derhalven, hy dede haer ondertrouw, ende alle het ghene dat daer toe behoorden, ick versocht met *Judick* dat daeghs daer aen de by-wooninge[18] soude gheschieden, d'welck oock eenighsints *van Huyssen* toe stondt: maer de andere moordenaers komende voor de tent, seyde dat het van dien avondt, en terstont soude gheschieden, ofte sy stonden vaerdig tot onsen verderve, ende alsoo is't heel dien avondt toe-ghegaen; sy is wel by hem gheweest, in dat regart, dat sy niet en is misbruyckt gheworden, ghelijck sy teghens mijn seyde; wat kondt ghy daer teghens doen? Nu is dit, meenden sy, haer gheluck, dat *van Huyssen* haer soo wel ghesint heeft: alsoo heeft mijn dochter ontrent vijf weecken by *van Huyssen* gheweest, die haer seer wel heeft beschermt, dat haer anders gheen onheyl en is aenghedaen, als by hem te blijven, daer over de andere vrouwen seer jaloers waren, meenende dat haer te veel eer gheschieden, ondertusschen verginghick haest van onghemack: mijn dochter ende ick en konden malkanderen naeuwlijcks eens secretelijck spreecken: *van Huyssen* en sprack my naeuwijcks eens aen: mijn dochter en ick waren somtijdts een quartier uurs ofte soo by malkanderen, dat ick haer seyde, gelijck vooren verhaelt is, wat sy soude doen als sy my 's morghens soude vermoordt vinden, ende dat wy ons alsoo tot Godt bereyden.

Dit aldus zijnde en de menschen vermoordt, soo langhe, tot datter seer weynigh, ontrent dertig met my, mede noch overigh zijnde, soo en wisten sy gheen raedt met dat volck die op het landt, by het water waren, te weten, ontrent vijftigh, daer voor heenen af is gesproken: Soo, om kort te zijn, sy resolveerden om met schuytkens daer naer toe te gaen, om door soete woorden en schoone beloften haer in't net te brenghen[19], ofte anders met ghewelt haer te vermeesteren, 't welck is gheschiet; ick ben mede als soldaet ghegaen, hoopende, soo ick tegen mijn dochter seyde, nu by dien lieden te komen; daer komende op een eylandt tegen haer over[20], soo waren de ander terstondt by malkanderen, ende bespotten haer, seggende: is't nu soo verre gekomen, dat dien goeden man, den predicant, moet mede komen? doen in de schuytkens daer over schepende: soo, onse koopman die boodt haer de vrede, doch maer onder bedrogh: de ander seyden, sy hadden met haer vrede niet te doen, want sy wisten wel dat

17 met een man wettigh te houden: getrouwd bij een man te slapen
18 by-wooninghe: voltrekking van het huwelijk
19 in't net te brengen: te strikken
20 een eylant tegen haar over: een eiland dicht bij dat van Wiebe Hayes

sy haer sochten te bedrieghen; en daer waren twee van de moordenaers, die elck een musquet hadden, ende die souden naer het volck schieten, ende sy en wilden niet af, doen spotten de andere met haer, doen begonden sy in vriendelijckheydt met malkanderen te spreecken; de moorders die hadden yet[21] op het papier ghestelt, sy vraeghden of ick wel by de andere partije wilde gaen? ick seyde jae; want het was dat ick sochte; want alsoo konde ick sonder moeyten tot mijn voornemen geraken doen gingh ick over en weer, ende de goeden die seyden my daer te behouden tot den andern dagh: maer dan seyden de booswichten dat sy mijn mosten weer leveren; dat ginck heenen: maer ick hadde naer ghezeydt, dat sy souden seggen [cc8r], dat ick by haer nu oock een maendt ofte twee moste blijven, dat ick haren predicant mede was, 't welck sy deden. Daeghs daer na soude den koopman[22] weder komen, om het volck dat daer was, daer het water was, om wat stof tot kleeren te brenghen, ende dan met malkander naerder spreecken om vrede te maecken, ter tijdt voorschreven, namelijck, den anderen dagh is den koopman, met *van Huyssen, Zeevanck*, ende noch drie andere ghekomen, hebben wat laecken ghebrocht, wat wijn, ende soo voorts. De andere moordenaers, met eenighe goeden, als mede de vrouwen, die bleven op het eylandt daer teghens over. Het goedt van den koopman omghedeelt, ende den wijn uytgheschoncken zijnde, soo hebben die van de moorders zijde beginnen met de goede te spreecken; sy ginghen soo wat wandelen, en begonnen soo hier en daer van de goede soldaten aen te spreecken: segghende, dat sy haer veele toe vertrouwden, ende dat sy wel wenschten dat de voornaemste van haer naer de moorders wilden luysteren, dat sy groot voordeel voor haer wisten, presenterende haer gheldt. De goede de saeck verstaende, ende merckende waer toe dit streckte, hebben malkanderen, dewijle dat dit de voornaemste van de raedt waren, ghelofte ghegheven die te vanghen ende doodt te slaen, 't welck is gheschiedt: vier ghedoodt, een ontloopen, ende den koopman ghevanghen.

Dit soo zijnde, ben ick daer by de goeden gheweest, en ghebleven, die hebben mijn van kost versorght, ende my beginnen weder wat op de been te helpen: en daer was water als soete-melck in putten; sy maeckten my twee klompen daer ick op gingh, die ick sal bewaren soo langhe mijn Godt het leven gunt; want by de moorders en konde ick niet krijghen, dewijle ick stont[23] om ghedoodt te werden alle uren; en dat *van Huyssen*, mijn dochters vrijer, nu mede waer ghedoodt, soo was ick wederom in groot ghevaer, sorgende dat mijn dochter soude werden gheschendt ofte ghekapt by de moorders: te meer, dewijle dat de goede riepen, doen sy

21 yet: iets

22 den koopman: Jeronimus Cornelisz

23 stont: gevaar liep

die hadden ghedoot, de vier voor-verhaelde, komt over, dat gheen moordenaers en zijn: en riepen, *Judick* komt by u vader; want een van haer syde teghens *Judick*, dat ghy ghedachten had om by u vader te gaen, wy souden u aen eynden kappen: en syde, u vader die heeft dat so bestelt[24], dat het volck daer soo is doodt-gheslaghen: maer mijn dochter is voorder van Godt bewaert, dat naer dien tijdt niets quaedts haer en is overgekomen. Ondertusschen, door de doodt ende ghevanghenisse van de voorseyde persoonen, was de kracht van de moorders vry wat gheswackt, doen togen sy wederom naer haer eylandt, met de vrouwen die by haer waren.

Den tijt soude mijn ontbreecken, soude ick alles verhalen, hoe wonderlijck Godt den goeden, die by malkanderen waren heeft ghezeghent, met water, met ghevoghelte, met visch, met andere beesten, met eyers met manden vol, zijnde de beesten die sy katten noemden, van sulcken leckeren smaeck als ick oyt hebben gheproeft. Haer gheweer en piecken die sy daer hadden ghemaeckt, men soude segghen hoe konnen de menschen dat bedencken? Sy deden my oock soo veel vriendtschap, kusten my, ende souden mijn wel op haer handen hebben ghedraghen. Dit aldus ghepassert zijnde, soo hebben de moordenaers weder andere overheydt ghemaeckt[25], en zijn den 17 september, 1629 weder by ons ghekomen; doen had ick een schrift ghemaeckt, dat sy t'samen souden te vreden zijn, ende de goede doch niet meer beschadigen: maer sy hebben dat ghescheurt, ende zijn naer ons toe ghekomen, en hebben met haer musquetten vier menschen ghequetst, waer van een is ghestorven; en soo haest als sy weder van het [cc8v] landt zijn gheweecken, so is terstondt het jacht van *Batavia* ghesien, die quam om ons te verlossen; daer spronghen de vrome van vreughde op; de goede terstont met haer schuytken nae boordt, om het jacht te waerschouwen, 't welck ghedaen zijnde, zijn die van het jacht op haer hoede gheweest; want dit is de oorsaeck van alle dit quaedt gheweest: gelijck daer naer, uyt de bekentenisse van de misdaders, is ghebleecken, dat sy meenden het jacht dat ons soude komen verlossen af te loopen, ende dan varen met de juweelen en geldt daer het hun goet dochte: oock mede, dat nu voort werdt ondersocht van den schipper die ghevanghen is, met anderen, dat (soo men seyt) een deel van haer, insonderheydt *Jeronymus*, met het schip *Batavia*, soo het niet en was vast gheraeckt, evenwel soude afgeloopen hebben. Dit tweede wert naerder ondersocht, te weten, het afloopen van het schip: maer van het jacht, die soude komen om te verlossen, dat is seecker; want sy souden het seer wel hebben konnen doen, hadden die goeden van het hooghe landt haer niet in de weegh gheweest, daer van ick soude goede reden gheven, had ick tijdt. De moorders zijn een deel aen boordt ghekomen, meenende

24 dat so bestelt: ervoor gezorgd
25 overheyd ghemaeckt: een andere leider aangesteld

dat de saecke noch ten besten soude afloopen; ick ben mede van het ander landt daer den koopman ghevanghen sat, met hem aen boordt ghevaren, sy zijn alle in boeyen geslooten, ende wel vast ghemaeckt: daeghs daer aen zijn sy door den commandeur *Pelsaert*, ende die met hem ginghen, de andere morders, die op *Bataviaes Kerck-hof* waren, in hechtenis ghenomen. Den commandeur met sijnen raedt haer gehoort hebbende, zijn eenighe geordineert om te hanghen: maer *Jeronymus Cornelisz* sijn rechter-handt mede af te houwen, 't welck oock is gheschiet. Maer soo daer oyt een godloos mensche in sijn uytterste noodt is bevonden, soo is hy te recht daer een gheweest; hy en hadde (naer sijn segghen) niet misdaen: jae syde in't eynde noch, soo hy op klom naer de galghe; wraeck! wraeck! alsoo dat hy tot den eynde sijnes levens een boos ende godtloos mensche is ghebleven. Godts rechtvaerdigh oordeel is in hem ghebleecken, want hy hadde te gruwelijck doen moorden; hy hadde sijn godtloosheydt op het schip dickwils betoont, met godtloose propoosten: maer ick en wist niet dat hy soo godtloos was; van de anderen, een deel zijn daer op het schip gestraft, ende een deel naer *Batavia* gevoert. Dit is alsoo in't gros de gantsche saecke, de welcke, soo sy met alle omstandigheden soude werden verhaelt, te langhe tijdt soude behoeven; want soo soude wel een groot boeck daer mede werden vervult; Soo het in sulcken ordre ende klaerheydt niet en staet, soo houdt dat ten goede om twee reden: eerst, om de kortheydt des tijdts, dewijle de schepen vaerdigh waren om naer het vaderlant te gaen; ten tweeden, om dat wy vers uyt sulcken droefheydt komende, het ghemoet noch vry ontstelt is, want ick en dacht soo veel niet te schrijven. Dit dient daer toe, om de E. Heeren Bewinthebberen te waerschouwen, by alle gheleghentheyt, datse doch goede, ghetrouwe, en Godtsalighe persoonen, insonderheyt van kooplieden ende schippers, bestellen[26], want daer op het hooghste aen is gheleghen. Alle de ontheylen, vooren verhaelt, zijn geschiet tusschen den tijdt van den 4 junij, 1629 tot den 17 september 1629 incluys, doen is het jacht ghekomen om ons te verlossen.

FINIS.

26 bestellen: aanstellen

LIJST VAN GERAADPLEEGDE BRONNEN EN LITERATUUR

A. ONUITGEGEVEN BRONNEN

Algemeen Rijksarchief, 's-Gravenhage:
Verenigde Oostindische Compagnie, Resoluties Heren XVII: 147, 148, 221.
Idem, Brieven aan GG en Raden: 315.
Idem, Resoluties Kamer Amsterdam: 228, 229, 230, 307.
Idem, Resoluties Kamer Zeeland: 7242.
Idem, Overgekomen Brieven en Papieren: 1091, 1092, 1093, 1094, 1095, 1096, 1097, 1098, 1099.
Idem, Aanstelling Adriaan Jacobsz: 4695.
Idem, Remonstrantie Pelsaert: 4906.
Idem, Kopie sententies: 4994.

Archief Geleynssen de Jongh: 12.

Gemeente-archief Amsterdam:
Notariëel archief: 353.
Doop-, trouw- en begraafregisters.

Stadsarchief Antwerpen:
Weeskamer: 159, 401, 415.
Parochieregisters.

Gemeente-archief Haarlem:
Stadsarchief kast 8.3, nr. 21: Dossier-Torrentius.
Doop- en trouwregisters.

Gemeente-archief Harderwijk:
Oud Archief, 2052.

B. GEDRUKTE TEKSTEN TOT CA. 1800

Begin ende Voortgangh van de Vereenighde Nederlantsche Geoctroyeerde Oost-Indische Compagnie, [Amsterdam, Johannes Janssonius], 1646. Facsimilé-editie: Amsterdam, Facsimile Uitgaven Nederland, 1969.

Droevighe tijdinghe van de aldergouwelijckste Moordery gheschiet door eenighe Matrosen op 't Schip Batavia [...] Met een Droevich Clach-Liedt, Rotterdam, Cornelis Fransz., 1630.

Harris, J., *Navigantum atque Itinerantium biblotheca, of, a compleat collection of voyages and travels,* Londen, 1705 (2 dln.).

Historische beschryving der Reizen, Amsterdam, Wed. S. Schouten, 1747-1767 (21 dln.).

Leyds Veer-Schuyts Praetjen, Tuschen een Koopman ende Borger van Leyden, varende van Haerlem nae Leyden, z.pl., z.n. 1630.

Montanus, A., *De Wonderen van 't Oosten ofte de Beschryving en Oorlogs-daden van Oud en Nieuw Oost-Indien,* Amsterdam, Cornelis Jansz., 1651.

Nieuwe en vermeerderde Ongeluckige Voyagie, Van't Schip Batvia, Amsterdam, Jan Jansz, 1648.

Ongeluckige Voyagie, Van 't Schip Batavia, Nae de Oost-Indien. Gebleven op de Abrolhos van Frederick Houtman, op de hooghte van 28 1/3 graet, by-Zuyden de Linie AEquinoctiael. Uytgevaren onder den E. Francoys Pelsert [...] Nevens een Treur-bly-eynde Ongheluck, des Oost-Indische Compagnies Dienaers [...] Als mede De groote Tyrannye van Abas, Amterdam, Jan Jansz, 1647. (herdruk: Amsterdam, Joost Hartgersz, 1648)

Ongeluckige Voyagie van't Schip Batavia [...] Hier achter is noch by-gevoeght eenige discourssen der Oost-Indische Zee-vaert, Amsterdam, Joost Hartgersz, 1648. (herdrukken: idem, 1648 en 1651; Utrecht, Lucas de Vries, 1649 en 1653; Amsterdam, Gillis Joosten Saeghman, ca. 1664)

Oost-Indische Voyagien Door dien Begin ende Voortgangh, van de Vereenighde Nederlandtsche Geoctroyeerde Oost-indische Compagnie, Amsterdam, Joost Hartgerts, 1648.

Prévost, A.F., *Histoire Générale des Voyages ou nouvelle collection de toutes les Relations de voyages par mer et par Terre,* Parijs, 1746-1767 (16 dln.).

Rechteren, Z. van, *Journael ghehouden door Zeyger van Rechteren op zijne gedane voyagie naar Oost-Indiën,* Zwolle, Jorrijaensz en Gerritsz, 1635.

Thévenot, M. de, *Relations de divers Voyages Curieux,* Parijs, 1672 (4 dln.).

Verscheyde Oost-indische Voyagien: Met de Beschrijvingen van Indien, Amsterdam, Gillis Joosten Saeghman, [1664-1669].

Wonderlijck verhael van het leven en gevoelen van Jan Symensz Torentius, Haarlem, Louwerens Jansz, 1630.

C. LITERATUUR OVER DE *BATAVIA* NA 1800

Drake-Brockman, H., 'The wreck of the Batavia' in: *Walkabout*, 1955-1, p. 33-39.

Drake-Brockman, H., *Voyage to disaster*, Sydney, 1963.

Edwards, H., 'They found the Batavia' in: *Walkabout*, 1964-3, p. 18-22.

Edwards, H., *Islands of angry ghosts*, Londen, 1966.

Fabricius, J., *Het beest uit de zee. De ondergang van de Oostindiëvaarder 'Batavia'*, Den Haag, 1986.

Fuhrmann-Plemp van Duiveland, M.R.C., *Der Untergang der Batavia*, Tübingen, 1979.

Green, J.N., 'The VOC schip Batavia wrecked in 1629 on the Houtman Abrolhos, Western Australia' in: *The International Journal of Nautical Archaeology*, 1975, 4.1, p. 43-63.

Green, J.N., *The loss of the Verenigde Oostindische Compagnie retourschip Batavia, Western Australia 1629. An excavation report and catalogue of artefacts*, Oxford, 1989.

Gretler, P., R. Parthesius e.a., *Batavia. De terugkeer van een retourschip*, Den Haag, 1991.

Halls, C., 'The search for the Batavia' in: *The Annual Dog Watch*, 1964.

Leijenaar, E., *De Batavia, het gruwelijke, waar gebeurde verhaal over de trotse Oostindiëvaarder*, Amsterdam, 1989.

Lort Stokes, J., *Discoveries in Australia, 1837-43*, London, 1846.

Molewijk, G.C., *Pelsaerts journaal van de ongelukkige reis van het schip Batavia*, Weesp, 1989.

Parthesius, R. (red.), *Herbouw van een Oostindiëvaarder. Batavia Cahiers*, Lelystad, 1990-heden (3 dln.).

Siebenhaar, W., 'The Abrolhos Tragedy: The First Complete Translation in English' in: *Western Mail*, Perth, 1897.

Vos, W., *Batavia. De herbouw van een Oostindiëvaarder. Bestek en beschrijving*, Batavia Cahier 1, Lelystad, 1990.

Wertheim, W.F. en A.H. Wertheim-Gijse Weenink, *Ketters en kwezels, regenten en rebellen*, Drachten, 1968.

Wertheim-Gijse Weenink, A.H. en W.F. Wertheim, 'Hel en paradijs op de Abrolhos' in: *Spiegel Historiael*, 1967-6, pp. 372-380.

D. OVERIGE GEBRUIKTE LITERATUUR

Beylen, J. van, P.A. de Groote, A. van Kampen e.a., *Maritieme Encyclopedie*, Bussum, 1971-1973.

Beylen, J. van, *Zeilvaart Lexicon*, Weesp, 1985.

Boxer, C.R., 'Isaac Commelin's 'Begin ende Voortgangh', in: *Dutch Merchants and Mariners in Asia, 1602-1795*, London, 1988.

Bredius, A., *Johannes Torrentius, schilder*, 's-Gravenhage, 1909.

Bruijn, J.R. en E.S. van Eyck van Heslinga, *Muiterij. Oproer en berechting op schepen van de VOC*, Haarlem, 1980.

Bruijn, J.R., F.S. Gaastra, e.a., *Dutch-Asiatic Shipping in the 17th and 18th Centuries*, 1979-1983 (3 vols.).

Bruijn, J.R. en J. Lucassen (eds.), *Op de schepen der Oost-Indische Compagnie. Artikelen van J. de Hullu*, Groningen, 1980.

Coolhaas, W.Ph., *Generale Missiven van gouverneurs-generaal en raden aan Heren XVII*, 's-Gravenhage, 1960-heden (9 dln.)

Coolhaas, W.Ph., 'Een Indisch verslag uit 1631 van de hand van Antonio van Diemen' in: *Bijdragen en Mededelingen van het Historisch Genootschap*, LXV (1947).

Dam, P. van, *Beschryvinge van de Oostindische Compagnie*, uitgegeven door F.W. Stapel, 's-Gravenhage, 1927-1954 (7 dln.)

Diebels, P.G.M., 'Voeding op de schepen van de VOC' in: *Leidschrift*, jrg. 4, april 1988.

Harline, C.E., *Pamphlets, printing, and political culture in the early Dutch Republic*, Dordrecht, 1987.

Heeres, J.E., *Het aandeel der Nederlanders in de ontdekking van Australië 1606-1765*, Leiden, 1899.

Heynsbergen, P. van, *De pijnbank in de Nederlanden*, Groningen, 1925.

Hoogenberk, H., *De rechtsvoorschriften voor de vaart op Oost-Indië, 1595-1620*, Utrecht, 1940.

Hoogewerff, G.J., *Journalen van de gedenckwaerdige reijsen van Willem IJsbrantsz. Bontekoe*, Werken van de Linschoten-Vereeniging LIV, 's-Gravenhage, 1952.

Joosse, L.J., *Scoone dingen sijn swaere dingen. Een onderzoek naar de motieven en activiteiten in de Nederlanden tot verbreiding van de gereformeerde religie gedurende de eerste helft van de zeventiende eeuw*, Leiden, 1992.

Kolff, D.H.A. en H.W. van Santen, *De geschriften van Fransisco Pelsaert over Mughal Indië, 1627. Kroniek en Remonstrantie*, Werken van de Ninschoten-Vereeniging, LXXXI, 's-Gravenhage, 1979.

Landwehr, J., *VOC. A Bibliography*, Utrecht, 1991.

Mooij, J., *Bouwstoffen voor de geschiedenis der protestantsche kerk in Nederlandsch-Indië*, Batavia, 1927-1931 (3 dln.).

Moreland, W.H. en P. Geyl, *Jahangir's India. The Remonstrantie of Francisco Pelsaert*, Cambridge, 1925.

Paasman, Bert, *Wie wil d'r mee naar Oost-Indië varen. Liedjes uit de Compagniestijd*, Amsterdam, 1991.

Raben, R. (ed.), *De archieven van de Verenigde Oostindische Compagnie, 1602-1795*, 's-Gravenhave, 1992 (niet gepubliceerd).

Rehorst, A.J., *Torrentius*, Rotterdam, 1939.

Roeper, V.D., *Journalen ter zee ende reysen te lande. De produktie van gedrukte teksten over reizen naar Oost-Indië*, doctoraalscriptie Universiteit van Amsterdam, 1992.

Sailing Directions for Australia, Vol. IV, Washington, 1932.

Santen, H.W. van, *De Verenigde Oost-Indische Compagnie in Gujarat en Hindustan, 1620-1660*, z.pl., 1982.

Scheurleer, D.F., *Van varen en van vechten*, 's-Gravenhage, 1914 (3 dln.).

Schilder, G., *Australia Unveiled. The share of the Dutch navigators in the discovery of Australia*, Amsterdam, 1976.

Sigmond, J.P. en L.H. Zuiderbaan, *Nederlanders ontdekken Australië*, Amsterdam, 1988.

Stapel, F.W., *De Oostindische Compagnie en Australië*, Amsterdam, 1943,

Tiele, P.A., *Mémoire bibliographique sur les jounaux des navigateurs Néerlandais*, Amsterdam, 1969 (reprint).

Tiele, P.A. *Nederlandse bibliographie van Land- en Volkenkunde*, Amsterdam, Frederik Muller, 1884.

Tresoor der zee- en landreizen. Beredeneerd register op de werken der Linschoten-Vereeniging, dl. I-XXV, bew. door D. Sepp, 's-Gravenhage, 1939.

Tresoor der zee- en landreizen, dl. XXVI-L, bew. door C.G.M. van Romburgh en C.E. Warnsinck-Delprat, 's-Gravenhage, 1957.

Troostenburg de Bruyn, C.A.L. van, *Biographisch Woordenboek van Oost-Indische predikanten*, Nijmegen, 1893.

Verhoeff, J.M., *De oude Nederlandse maten en gewichten*, Amsterdam, 1983.

Verwijs, E. en J. Verdam, *Middelnederlandsch woordenboek*, 's-Gravenhage, 1885-1952 (11 dln.).

Vries, M. de, L.A. te Winkel e.a., *Woordenboek der Nederlandsche taal*, 's-Gravenhage, 1882-heden, 26 dln.

Zadoks-Josephus Jitta, A., 'De lotgevallen van den Grooten Camee in het Koninklijk Penningkabinet', in: *Oud-Holland*, 1951-4, p. 191-211.

Zwager, H.H., *Isaac Commelin en zijn verzameling Begin ende Voortgangh* (inleiding op de facsimile-editie van *Begin ende Voortgangh*), Amsterdam, 1969.

INDEX VAN PERSOONS- EN SCHEEPSNAMEN EN ZAKEN

De scheepsnamen zijn gecursiveerd. De functies van de opvarenden van de *Batavia* en de *Sardam* zijn, indien bekend, vermeld.